VICTORIA FORNER

CRIMINALES DE PENSAMIENTO
La verdad no es defensa

_Ø_MNIA VERITAS®

VICTORIA FORNER

CRIMINALES DE PENSAMIENTO
La verdad no es defensa

© Omnia Veritas Limited – Victoria Forner – 2020

Publicado por
OMNIA VERITAS LTD

ⓄMNIA VERITAS.

www.omnia-veritas.com

A mi amigo Antonio Damas,

con la esperanza de que este libro

le ayude a comprender.

Introducción

"It is not the lie that passes through the mind,
but the lie that sinks in and settles in, which does
the hurt."

Francis Bacon

("No es la mentira que pasa por la mente la que
produce el daño, sino la mentira que se absorbe
y se asienta en ella.")

"Pour savoir qui vous dirige vraiment il suffit de
regarder ceux que vous ne pouvez pas critiquer."

Voltaire

("Para saber quién de veras os dirige, es preciso
observar a quiénes no podéis criticar.")

Nunca antes un acontecimiento histórico se había
convertido en dogma de fe indiscutible para toda la humanidad. En
la actualidad, sin embargo, historiadores, científicos,
investigadores de cualquier rama del saber son perseguidos por el
hecho de cuestionar el Holocausto. Pierre Vidal-Naquet y Léon
Poliakov, dos historiadores judíos, son los progenitores de la
declaración de fe impuesta universalmente. En ella se dice lo
siguiente: "No es preciso preguntarse cómo ha sido posible
técnicamente tal muerte en masa. Ha sido posible porque ha tenido
lugar. Éste es el punto de partida obligatorio de cualquier
investigación histórica sobre el particular. Esta verdad es la que
nos corresponde recordar simplemente. No puede debatirse la
existencia de las cámaras de gas." Establecido este axioma, negar
la existencia de las cámaras de gas y poner en duda el mito del
Holocausto constituye un crimen de pensamiento, un delito
tipificado en los códigos penales de numerosos países. Los medios
de comunicación de masas de todo el mundo, siempre sumisos, se

encargan de desacreditar y rechazar los trabajos de contenido revisionista. Sistemáticamente, sus autores acaban siendo denigrados y encarcelados por odio racial o antisemitismo. Para acabar de cerrar la mordaza a los críticos en las universidades de EE.UU., el 11 de diciembre de 2019 el presidente Trump firmó una orden ejecutiva que prohíbe criticar a Israel y a los judíos. Un alto cargo de la Casa Blanca explicó que la nueva medida interpretará el judaísmo como una nacionalidad y no sólo como una religión.

Por otra parte, es muy significativo constatar que no hay una sola ONG que haya denunciado el encarcelamiento de los revisionistas o se haya interesado por ninguno de ellos. Si se considera que la defensa de los derechos humanos y la libertad de expresión constituyen la razón de ser de las más prestigiadas, el hecho es cuando menos vergonzoso. Para comprender por qué ocurre esto, basta conocer quiénes están detrás de estas "prestigiosas" organizaciones. Veamos tres casos: Reporteros sin Fronteras ha sido denunciada por la UNESCO por recibir patrocinios de agencias de inteligencia estadounidenses; Human Rights Watch está financiada con cientos de millones por el judío George Soros, un hombre de los Rothschild; Amnistía Internacional recibe asimismo financiación de la Open Society Foundations de Soros. Altos cargos de AI son millonarios sionistas o antiguos miembros del Departamento de Estado de EE.UU. o de la CIA. Desde siempre, Amnistía ha guardado un silencio clamoroso sobre Palestina, donde casi dos millones de gazatíes están sometidos en condiciones infrahumanas, a la vez que niños y jóvenes son asesinados impunemente cada año. Curiosamente, sin embargo, AI acaba de exigir la liberación de varios separatistas catalanes condenados por sedición por el Tribunal Supremo de España. Es evidente, pues, por qué los presos revisionistas nada pueden esperar de las ONGs, pues la mayoría están al servicio del engaño y la manipulación, es decir, obedecen sus amos.

El libro que tienes en tus manos, lector, es una separata extraída de *Historia proscrita. La actuación de agentes judíos en la Hª Contemporánea*, obra en cuatro volúmenes publicada en 2017 por Omnia Veritas. Concretamente, constituye la 5ª parte del capítulo XII (cuarto libro). Por ello, durante la lectura se hallarán algunas referencias o alusiones al escrito originario del que proceden, lo cual, no obstante, no supone ningún obstáculo para la comprensión plena del texto. La escritura de las páginas que siguen a esta introducción concluyó a comienzos de 2016. Desde entonces, la vida de nuestros "criminales de pensamiento", heroica en tantas ocasiones, ha seguido su curso de manera inexorable. Por ello, se han efectuado algunos retoques y hemos añadido sucintamente lo ocurrido con algunos de los protagonistas más destacados con el fin de actualizar sus peripecias.

Dicho esto, es imperativo aludir enseguida a los revisionistas que han fallecido recientemente. Entre ellos ocupan lugar preeminente Ernst Zündel y Robert Faurisson, dos gigantes irrepetibles de la libertad de pensamiento, a los que rendimos una vez más tributo de admiración. Para esta monografía, en consecuencia, hemos redactado un párrafo breve al final de los relatos de ambos con el fin de dejar constancia de cómo ocurrieron sus muertes. Otros dos revisionistas que figuran en esta obra desaparecieron también en 2018. Sus nombres, por tanto, deben aparecer en estas líneas preliminares. El 7 de abril de dicho año nos dejó Gerd Honsik, muerto a los 77 años en Sopron (Hungría). Refugiado en España durante quince años, ya que la Audiencia Nacional había rechazado en 1995 su extradición al considerar que se trataba "de un delito político y por tanto excluido de extradición", Honsik fue víctima de la sumisión al sionismo del Gobierno socialista de Rodríguez Zapatero y del inefable juez Baltasar Garzón, quien en 2007 autorizó su extradición a Austria. El segundo nombre es el de Gaston-Armand Amaudruz, quizá el primer revisionista que cuestionó las cámaras de gas. Amaudruz murió el 7 de septiembre en Lausana a los 97 años.

Necesariamente, lo acontecido con Ursula Haverbeck, Sylvia Stolz y Horst Mahler nos ha obligado asimismo a agregar unas líneas en el interior de esta separata a los relatos que redactamos en *Historia proscrita*. Cuando en 2016 abandonamos nuestro texto sobre la persecución de la gran dama, el magistrado Björn Jönsson, de la Corte del Distrito de Hamburgo, tras equiparar la certeza del Holocausto con la evidencia de la redondez de la Tierra, la había condenado en noviembre de 2015 a diez meses de prisión efectiva. Hoy, a los 91 años, está en prisión. También finalizamos entonces la narración sobre la persecución de Sylvia Stolz con una nueva sentencia condenatoria, por lo que en este libro figura una escueta actualización de lo acontecido. En cuanto a Horst Mahler, lo último que escribimos es que, después de pasar siete años encarcelado, había conseguido en 2015 una suspensión de su condena que le permitió salir de la prisión de Brandenburgo tras una operación en la que se le amputó la pierna izquierda a causa de la diabetes. Cuanto hemos averiguado sobre la prolongación de su crítica situación lo hemos asimismo incorporado.

Entre los casos más bochornosos e indignantes de persecución de revisionistas en estos últimos años, destacan los nombres de Monika y Alfred Schaefer y Alison Chabloz. Aunque sus procesos no figuran en las páginas originarias de *Historia proscrita*, hemos considerado que su lucha por denunciar la falsificación de la realidad histórica debía ser incluida. Sus historias, pues, han quedado incorporadas a este libro. En 2016 quisimos concluir la relación de las principales víctimas de la policía del pensamiento en Alemania con la tragedia de Reinhold Elstner. Mantenemos ahora esta intención y, por tanto, hemos situado la narración sobre lo acontecido con los hermanos Schaefer antes del apartado que reproduce el testamento político del revisionista que se quemó vivo. En cuanto a la persecución de Alison Chabloz, relevante porque carecíamos hasta el momento de condenas en el Reino Unido, nos ha movido a crear un nuevo apartado: Víctimas de la persecución en el Reino Unido. "Alison Chabloz, condenada en Inglaterra por tres canciones" es el título que encabeza el relato de su desventura.

Quedan dos nombres por mencionar en esta introducción. El primero es el de Gerd Ittner. En *Historia proscrita* aparece junto a Dirk Zimmermann. Aludimos entonces a ambos de manera fugaz: nuestra obra sobrepasaba ya las 2000 páginas y hubo que renunciar a la inclusión de algunos revisionistas alemanes. Puesto que la lucha pertinaz de Ittner ha proseguido y su persecución no cesa, hemos optado por escribir en esta separata una escueta reseña sobre este activista indomable, cuya lucha se remonta al inicio del siglo XXI. El otro nombre es el de Arthur Topham, que tiene su propio espacio en nuestro manual. Para esta monografía hemos actualizado brevemente la información sobre este canadiense, cuya página *The Radical Press* fue ejemplo de voluntad de resistencia.

Sólo queda agradecer a Omnia Veritas, mi editorial, la publicación de *Criminales de pensamiento*, libro que presenta conjuntamente, por primera vez que sepamos, los casos de unos cuarenta revisionistas perseguidos implacablemente por las "democracias" occidentales. Nuestra intención es coadyuvar en lo posible a que se conozca su tristísima realidad. Asimismo, confiamos en que la publicación de esta obra permita a los lectores conocer la existencia de *Historia proscrita*, la obra matriz de la que procede, la cual abarca el estudio histórico de doscientos cincuenta años desde un punto de vista inédito, cuyo denominador común es la actuación de agentes judíos en todos los hechos de la historia contemporánea. Terminaremos estas líneas como las hemos iniciado, con otro argumento de autoridad, en esta ocasión de Goethe: "Ninguno está más totalmente esclavizado que aquellos que erróneamente creen que son libres. La verdad ha sido ocultada a sus mentes por amos que los gobiernan con mentiras. Los alimentan con falacias de modo que lo falso aparece ante sus ojos como verdadero."

La persecución de los revisionistas por crímenes de pensamiento

Como homenaje a tantas personas honestas que han arriesgado sus carreras profesionales y sus vidas por defender la libertad de expresión y de investigación en búsqueda de la verdad histórica, acabaremos el capítulo XII de esta *Historia proscrita*[1] con una visión amplia sobre el quehacer esencial de estos héroes anónimos del revisionismo, desconocidos por el gran público. Muchos de ellos han sido ya mencionados a lo largo de nuestra obra; pero ahora los iremos presentando con mayor amplitud y trazaremos así el valor y el alcance de sus contribuciones. La persecución de los revisionistas por crímenes de pensamiento constituye uno de los hechos más bochornosos que puedan darse en sociedades que se autoproclaman libres y democráticas. Es indignante, intolerable, indecente que se encarcele a intelectuales de todos los campos del saber por ejercer su derecho a estudiar e investigar hechos históricos. Este hecho injustificable debería bastar para comprender que se ha falsificado la realidad y la historia y que se pretende mantener la mentira a toda costa.

Las víctimas de la policía del pensamiento son numerosas en Europa, sobre todo en Alemania, donde desde el final de la II Guerra Mundial se ha sometido al pueblo alemán a todo tipo de humillaciones con la connivencia de sus dirigentes. También en Francia y en Austria son muchos los casos de personas perseguidas, enjuiciadas y encarceladas por ejercer su derecho a la libertad de expresión. Con objeto de facilitar la exposición y de reunir en estas páginas los principales casos que conocemos, procederemos a presentarlos por países y trataremos asimismo de guardar un orden cronológico, con el fin de seguir el proceso desde una perspectiva histórica. Comenzaremos en Alemania, donde el

---

[1] Historia Proscrita, La actuación de agentes judíos en la Hª Contemporánea, Omnia Veritas Limited, www.omnia-veritas.com.

control ideológico que se viene ejerciendo desde 1945 no es percibido en toda su magnitud por la mayoría de la población, cuyo lavado de cerebro iniciado en la infancia ha alcanzado niveles sin precedentes.

Habrá ocasión de ver a continuación hasta qué extremos ha llegado el deterioro de los derechos civiles en Alemania, un país que ha aceptado la censura de su himno nacional, mutilado, con estrofas prohibidas que nadie se atreve a cantar en público. La idea de la corrección política es la herramienta utilizada por quienes pretenden a toda costa la parálisis de la sociedad alemana. Todo aquello que no comulga con la versión oficial de los hechos es considerado políticamente inaceptable. Para mantener este estado de parálisis se cuenta con el sostén insustituible del llamado movimiento antifascista, que se dedica a atacar y descalificar con saña a quienes pretenden revisar la historia, en especial la del Tercer Reich. A diferencia de los movimientos anticapitalistas o anticomunistas, que son la expresión de convicciones personales, el antifascismo en Alemania está institucionalizado, arraigado y estructurado en todos los niveles de la sociedad, por lo que quedan descalificados moralmente quienes no expresan sentimientos antifascistas.

Hay que recordar que sólo en 1955 se otorgó a Alemania una soberanía parcial. Hasta entonces, no hubo ni libertad de prensa ni libertad académica. Para asegurar que no podrían producirse cambios políticos, se creó el Departamento para la Protección de la Constitución. Este Departamento, además de combatir a los partidos políticos comunistas, hizo todo lo necesario para anular jurídicamente a partidos nacionales y a los medios de información considerados de derechas. Por ello, no existen en Alemania ni universidades ni partidos políticos ni periódicos o medios audiovisuales significativos de tendencias derechistas. Sin embargo, en 1968 miles de estudiantes incitados por las enseñanzas de profesores de izquierdas, socialistas e incluso comunistas instalados en las universidades por los Aliados durante la ocupación, fueron lanzados a la calle con consignas procomunistas. Como consecuencia de la revuelta estudiantil de

1968 comenzó la entrada progresiva de estos izquierdistas en las instituciones del país.

A finales de siglo pasado, esta generación con ideas que van desde el socialismo al comunismo alcanzó la cúspide de su poder e influencia sobre la sociedad alemana. Sus representantes se hallan bien situados en todos los niveles y conforman una poderosa élite política. De este modo pueden mantener amplia influencia y control sobre la opinión pública y acallan de inmediato con acusaciones de "fascista" a quienes se atreven a ser políticamente incorrectos. Sus métodos son amplios e incluyen desde campañas de prensa hasta la intimidación si es preciso. El principal mecanismo de estos círculos izquierdistas en los que abundan judíos alemanes consiste en mantener actualizados los sentimientos de culpa colectiva, vergüenza colectiva o responsabilidad colectiva, los cuales ha mantenido anestesiado al pueblo alemán desde hace más de setenta años.

Antes de comenzar a presentar a las víctimas de la policía del pensamiento en Alemania y en otros países, es de interés conocer que cada año el Gobierno alemán presenta las cifras de su persecución a disidentes pacíficos, a los que agrupa junto a criminales violentos como "enemigos de la Constitución" (Ley Fundamental que entró en vigor el 23 de mayo de 1949). En el año 2011, por ejemplo, en el *Informe sobre la Protección de la Constitución* (*Verfassungschutzbericht*) se indicaba que de las 13.865 investigaciones criminales, 11.401 casos había sido por "delitos de propaganda". De estos casos, 2.464 eran individuos que habían dicho o escrito algo considerado capaz de "alterar el orden de la gente". La mayoría de estas transgresiones son atribuidas a "extremistas de derechas". Los delitos cometidos por izquierditas radicales o extranjeros no son agrupados en la categoría de "extremistas de izquierdas". Los crímenes de pensamiento en Alemania sólo pueden ser atribuidos a nacionalistas o patriotas que son considerados "nazis", "derechistas", "fascistas", calificativos que son sinónimos del "mal".

1. Víctimas principales de la persecución en Alemania

Joseph Burg, un revisionista judío perseguido por nazis y sionistas

Es de justicia comenzar estas páginas sobre la persecución de los revisionistas con un personaje admirable donde los haya, Joseph Ginsburg, mejor conocido como Joseph Burg, un judío alemán íntegro y honesto como pocos, que acabó siendo perseguido y atacado varias veces por matones extremistas de la Liga de Defensa Judía. El desprecio y el odio de sus correligionarios hacia su persona llegó hasta el extremo de negarle el derecho a ser enterrado en el cementario judío de Múnich. Joseph Ginsburg nació en Alemania en 1908 y durante los años treinta fue perseguido por el régimen nacionalsocialista. Al estallar la guerra en septiembre de 1939, vivía en Lemberg (Polonia), desde donde huyó con su familia a Czernowitz, en la provincia rumana de Bukovina, que fue ocupada por el Ejército Rojo en junio de 1940. Cuando un año más tarde Alemania atacó a la URSS, los soldados rojos abandonaron la región y bandas de ucranianos comenzaron pogromos contra los judíos. Las tropas alemanas y rumanas pararon estas acciones y evitaron que prosiguiera la violencia. Ginsburg y su familia fueron deportados hacia el este, a la región de Trasnitria, donde por lo menos se podía vivir. El frente germano-rumano se hundió en 1944 y Ginsburg y su familia regresaron a Czernowitz, donde imperaba el terror rojo y todo era caos y hambre.

Acabada la guerra, en 1946 Ginsburg y los suyos se dirigieron a Breslau y desde allí a un campo de desplazados de la UNRRA cercano a Múnich, el cual era dirigido por un judío americano, al que sirvió como factótum. En *Schuld un Schiksal, Europas Jugend zwischen Henkern und Heuchlern* (*Culpa y destino, la juventud europea entre verdugos e hipócritas*), libro publicado en 1962, Joseph Burg recuerda sus experiencias en el campo y relata que organizó la policía, la prisión, el periódico y actividades culturales. En 1949 vivía en Múnich, pero optó por emigrar a Israel. Allí rechazó de inmediato el sectarismo y el racismo de los sionistas, por lo que en agosto de 1950 decidió regresar a Múnich, donde trabajó como encuadernador.

Fue, pues, en Alemania, donde comenzó su lucha por establecer la verdad histórica. Su declaración en 1988 en el juicio contra Zündel constituye una fuente de información de gran valor. Ernst Zündel, con quien Burg colaboró estrechamente, ha reconocido que la lectura del libro *Culpa y destino* fue determinante en su vida, pues lo impulsó a comenzar la lucha contra las falsas acusaciones al pueblo alemán y lo convirtió en un revisionista. La valentía y la talla de Joseph Burg se pusieron de manifiesto cuando se atrevió a acusar al Mossad de ser el responsable del incendio de un asilo de ancianos judíos de Múnich, acaecido en la noche del 13 de febrero de 1970, una acción terrorista que costó la vida a siete personas, cinco hombres y dos mujeres. Asimismo en los 1970s estalló en Austria el llamado "asunto Kreisky-Wiesenthal". Bruno Kreisky, un judío perseguido por la Gestapo, fue canciller de Austria entre 1970 y 1983. Simón Wiesenthal lo acusó en 1975 de nombrar a cinco ministros con pasado nazi. Kreisky reaccionó indignado y acusó a Wiesenthal de ser un "racista" que había colaborado con la Gestapo y fomentado el antisemitismo en Austria. Joseph Burg acudió en apoyo del canciller y corroboró la denuncia contra el célebre "cazador de nazis". Burg declaró públicamente que Wiesenthal había sido un informador de la Gestapo.

En 1979 Joseph Burg publicó su segunda obra, *Majdanek in alle Ewigkeit?* (*¿Majdanek para toda la eternidad?*), donde relató sus visitas al campo de Majdanek, realizadas a finales de 1944 y en el otoño de 1945. En esta secunda ocasión se desplazó también a Auschwitz. En dicha obra criticó con osadía la impostura del Holocausto y denunció la estafa de las reparaciones financieras pagadas por la República Federal de Alemania. Este libro se prohibió enseguida y todos los ejemplares fueron destruidos por orden de la justicia alemana, que esgrimió el artículo 130 del

Código Penal. La acusación contra Joseph Burg fue la siguiente: "Declaraciones de odio contra el sionismo y tentativa de rehabilitación de los criminales de los campos de exterminio." Burg fue acusado de tener problemas mentales y se le obligó a seguir un tratamiento psiquiátrico. Cuando buscó refugio junto a la tumba de su esposa en el cementerio judío de Múnich, fue agredido físicamente por un comando sionista a causa de su testimonio.

La amistad entre Ernst Zündel y Joseph Burg fue cimentándose a lo largo de los años. Burg siguió escribiendo libros para denunciar la situación imperante en Alemania. En 1980, por ejemplo, publicó *Zionnazi Zensur in der BRD* (*Censura sionazi en la República Federal de Alemania*). Zündel, además de visitarlo, mantuvo con él una correspondencia continuada. En 1982, Zündel le escribió en dos ocasiones para pedirle consejos y ayuda, puesto que tenía problemas con los sionistas en Toronto. Por todo ello, cuando comenzó el segundo juicio contra Ernst Zündel por "publicación de noticias falsas", Burg viajó a Canadá para declarar como testigo de la defensa. Su testimonio tuvo lugar el martes 29 de marzo y el miércoles 30 de marzo de 1988.

Entre otras cosas, Burg declaró que había hablado con cientos de personas que trabajaron en los crematorios, pero que nunca pudo hallar a nadie que hubiera trabajado en las cámaras de gas. Sobre los crematorios en Auschwitz y Majdanek, explicó que eran operados en tres turnos al día por prisioneros que realizaban la labor voluntariamente. La solictud de voluntarios la realizaba el consejo judío o la policía judía, que colaboraban con las SS alemanas. Sobre la emigración de judíos de la Alemania nazi, denunció que los sionistas entorpecieron que los judíos que no iban a Palestina pudieran emigrar a otros países, toda vez que su único interés era poblar Palestina a cualquier precio. Burg declaró haber descubierto que fueron los líderes sionistas alemanes quienes ya en 1933 pidieron a los nazis que obligaran a los judíos a llevar la estrella amarilla. Los sionistas no lo veían como un insulto, sino como un gesto heroico, como lo era para los SS exhibir la esvástica. En 1938, dijo Burg, los líderes sionistas del Tercer Reich provocaron que los judíos lucieran la estrella amarilla en contra de los deseos de Göring y Göbbels. En su declaración, Burg fue especialmente crítico con el Estado de Israel y con los líderes sionistas, a los que acusó de inventar el Holocausto para esquilmar a Alemania con compensaciones desorbitadas, que fueron aceptadas por el Dr. Adenauer.

Escritor prolífico y judío practicante, Joseph Burg fue autor de más de una docena obras, hoy muy difíciles de encontrar porque más de la mitad fueron confiscadas mediante órdenes judiciales. En *Sündenböcke, Grossangriffe des Zionismus auf Papst Pius XII un die deutschen Regierungen* (*Cabezas de turco, ofensiva general del sionismo contra el Papa Pío XII y los gobiernos alemanes*), denunció las calumnias del sionismo contra Pío XII y los ataques contra Alemania. En 1990, dos años después de declarar en el juicio de Toronto, Burg murió en Múnich. Considerado un traidor, se le denegó el entierro en el cementario judío como hubiera sido su voluntad. Otto Ernst Remer y Ernst Zündel acudieron a la ciudad bávara para rendirle tributo y despidir los restos de este revisionista abnegado al que la historia no hará nunca justicia.

Thies Christophersen, condenado por "desacreditar al Estado"

Pocos alemanes se atrevieron a abrir la boca durante los duros años de purga y represión del nacionalsocialsmo, uno de los que se rebelaron contra el silencio impuesto fue Thies Christophersen, un agricultor que estuvo en Auschwitz desde enero a diciembre de 1944. Herido al comienzo de la guerra, quedó inhabilitado para el combate. Por encargo del Kaiser Wilhelm Institut, llegó a Auschwitz como alto mando de la Wehrmacht con la encomienda de cultivar caucho vegetal. Puesto que en el campo de trabajo había mucha mano de obra, el instituto de cultivo de vegetales fue trasladado de Berlín-Müncheberg a Auschwitz. Allí se investigaba en los laboratorios de la planta Bunawerk. Christophersen estuvo alojado en el campo Raisko y trabajaban con él en su granja de experimentación doscientas prisioneras recluidas en el mismo campo. Además, llegaban diariamente cien hombres procedentes de Birkenau, aunque también se empleaba a civiles, principalmente rusos. Entre otros trabajos, los presos analizaban en el laboratorio el porcentaje de caucho de las plantas con el fin de seleccionar para la reproducción aquellas que contenían mayor cantidad. Según Christophersen, los presos trabajaban allí ocho horas al día y disponían de una hora de descanso al mediodía.

Después de la guerra, Christophersen reanudó su actividad como agricultor. En su empeño por defender los intereses de los agricultores alemanes, editó y publicó una revista trimestral, *Die Bauernschaft* (*Los labradores*). En 1973 Thies Christophersen se atrevió a publicar en alemán el libro *Die Auschwitzlüge* (*La mentira de Auschwitz*), un opúsculo del que se editaron cien mil ejemplares, en el que niega que Alemania exterminara a seis millones de judíos durante la Segunda Guerra Mundial. Al final termina con estas palabras: "He escrito mis memorias tal cual han sido los hechos vividos y tal como los recuerdo. He dicho la verdad, así me ayude Dios. Si pudiera contribuir a dar nuevamente a nuestra juventud algo más de respeto por sus padres, que como soldados combatieron por Alemania y que no eran criminales, entonces sería muy feliz." El libro causó sensación y fue pronto prohibido por "agitar al pueblo". Christophersen, que además del libro había publicado otros escritos que insistían en la denuncia de las mentiras contra Alemania, acabó siendo acusado y condenado a un año y medio de prisión por "desacreditar al Estado" y por "ofender la memoria de los muertos".

Convertido en un perseguido político, recibió numerosas cartas con insultos y amenazas que lo obligaron a exiliarse. Tras pasar por Bélgica, se estableció en Dinamarca, donde la legislación lo protegía, lo cual no impidió que fuera víctima de matones "antifascistas": cientos de ellos atacaron su modesta casa en la pequeña ciudad de Kollund, situada justo al otro lado de la frontera con Alemania. Los criminales apedrearon la casa, la llenaron de pintadas insultantes, incendiaron el almacén donde guardaba sus libros y, usando ácido corrosivo, destrozaron su coche y su equipo de fotocopiadoras. Las autoridades alemanas pidieron al Gobierno de Copenhague que emprendiera acciones contra él y llegaron a sugerir a los daneses que revisaran sus leyes sobre racismo con el fin de poder actuar contra Thies Christophersen. Afortunadamente, los crímenes de expresión y de pensamiento no eran perseguidos en Dinamarca y un tribunal danés rechazó una solicitud de extradición presentada por la República Federal. Finalmente, puesto que la policía danesa no supo evitar el acoso y el abuso permanente a que estaba sometido, se vio obligado a abandonar Dinamarca en 1995. Gravemente enfermo de cáncer, solicitó tratamiento en Suiza, pero en diciembre de 1995 también fue obligado a abandonar el país. Por fin, halló en España un refugio temporal. Mientras, el impresor de la revista *Bauernschaft* en Alemania fue multado con 50.000 marcos.

Pese a tantas tribulaciones, en 1988 Christophersen supo viajar a Canadá para declarar como testigo en Toronto en el proceso contra Zündel. Su aparición ante el tribunal fue anterior a la de Joseph Burg. El interrogatorio de Doug Christie, el abogado de Zündel, se produjo el 8 de marzo de 1988. Meses más tarde, el mismo Thies Christophersen se encargó de reproducirlo íntegramente, palabra sobre palabra, en el número del mes de junio de su revista *Die Bauernschaft*. El abogado Christie formuló numerosas preguntas sobre los presos, que, como los soldados, se alojaban en barracones. Christophersen explicó que había camas superpuestas, armarios y baños con agua caliente y fría. Sábanas, toallas y ropa se cambiaban regularmente. El interrogatorio siguió así:

- "¿Recibían los presos correspondencia?

- El correo era entregado regularmente y los paquetes se abrían si el contenido no era muy claro en presencia de los presos. Algunas cosas no se entregaban.

- ¿Qué cosas no se entregaban?

- Dinero, drogas, productos químicos, material de propaganda...

- ¿Se maltrataba a los presos?

- No se permitían malos tratos, y si se cometían, los culpables eran castigados severamente.

- ¿Tenían los presos la oportunidad de quejarse?

- Sí, en todo momento. Incluso el comandante del campo de concentración, Nöss, y su sucesor, el capitán Lieberhenschel, habían autorizado a los presos a hablerles cuando quisieran.

- ¿Escuchó usted las quejas y reclamaciones de los reclusos?

- A decir verdad, no fueron quejas, sino más bien peticiones. La mayor alegría que les pude proporcionar a los presos fue cuando les permití recoger setas y moras o bañarse en el Sula. A veces también secuestraba las cartas privadas de algún preso si el contenido no era muy claro."

Christophersen reconoció durante el interrogatorio que no conocía la capacidad de los crematorios de Birkenau y que no los vio funcionar pese a haber estado a menudo en el campo, donde traía material del desguace de aviones y elegía mano de obra para las plantaciones de caucho. En relación con la cremación de cadáveres, aseguró que se daba ayuda médica a los presos enfermos y se intentaba salvar sus vidas, puesto que había ambulancias y salas de enfermos en el hospital militar. Como de costumbre, Christophersen aludió a las numerosas muertes a causa de la fiebre tifoidea y apuntó que la propia esposa de su superior, el Dr. Cäsar, falleció por el tifus. En cuanto a las preguntas sobre las cámaras de gas, una y otra vez aseguró que sólo supo de ellas después de la guerra y que nunca vio ninguna ni encontró a nadie que las hubiera visto.

Durante sus últimos meses de vida, Thies Christophersen se mostró dispuesto a regresar a su país para ser juzgado si se le permitía presentar expertos y testigos elegidos por él, pero los tribunales alemanes lo trataron como si fuera un enemigo del Estado y se lo negaron. Su cuenta bancaria fue bloqueada. A principios de 1996 presentó una solicitud para regresar a Alemania con el fin de asistir al funeral de uno de sus hijos, fallecido en un accidente de tráfico, pero un tribunal rechazó la petición. Pese a que Christophersen padecía cáncer, las autoridades alemanas cancelaron su seguro de cobertura y dejaron de abonarle su modesta pensión de jubilación, que le había sido respetada durante cuarenta y cinco años, y su pensión por el servicio al Ejército. Gravemente enfermo y ya en fase terminal, se arriesgó a regresar para pasar los últimos días de su vida con su familia, pero fue arrestado por última vez. Un juez alemán consideró que estaba demasiado enfermo para ir a la cárcel, por lo que se le permitió permanecer bajo la tutela de un hijo. El 13 de febrero de 1997 falleció en el distrito de Molfsee, en el norte de Alemania, donde se le negó el derecho a la celebración de un funeral.

Wilhem Stäglich, el juez que pidió justicia para Alemania

Durante los meses de julio a septiembre de 1944, Wilhelm Stäglich estuvo asignado en un destacamento cercano a Auschwitz como oficial de la defensa antiaérea. Alojado en la ciudad de Osiek, situada unos nueve kilómetros al sur del campo, mantuvo contacto con los mandos de las SS y tuvo acceso a las instalaciones del campo principal. Acabada la guerra, recibió en 1951 el doctorado en leyes por la Universidad de Gotinga. Durante años ejerció como juez de finanzas en Hamburgo, donde escribió numerosos artículos sobre temas jurídicos e históricos. Después de años de silencio, indignado y trastornado emocionalmente por los relatos sobre Auschwitz impuestos a la opinión pública, los cuales chocaban frontalmente con su propia experiencia, este juez e historiador alemán decidió emprender una investigación. Cuando comenzó a expresar públicamente lo que entendía sobre Auschwitz, tuvo que afrontar varios procesos judiciales en su contra como consecuencia de sus artículos. Por fin, en 1974 se celebró una vista disciplinaria contra el juez Stäglich y en 1975 fue obligado a retirarse de la carrera judicial. El retiro forzoso llevó aparejada una reducción de su pensión durante un periodo de cinco años. Siguieron diligencias y redadas en su casa que pretendían averiguar sus antecedentes.

En lugar de achicarse, Stäglich siguió trabajando sobre el asunto y en 1979 publicó un libro histórico para el revisionismo alemán: *Der Auschwitz-Mythos: Legende oder Wirklichkeit* (*El mito de Auschwitz: leyenda o realidad*), una obra minuciosa y detallada donde examinaba de manera crítica y sistemática documentos, testimonios, confesiones y relatos que describían

Auschwitz como un centro de exterminio. Stäglich negó la existencia de las cámaras de gas y denunció que los documentos que pregonaban el Holocausto eran falsificaciones. En 1980 el libro fue prohibido e incautado en todo el país por orden de un tribunal de Stuttgart. El 11 de marzo de 1982 la orden n° 3176 del "Bundesprüfstelle für jugendgefährdende Schriften" (Departamento Federal de escritos peligrosos para la juventud), lo catalogó como material nocivo que no debía ser distribuido a lectores jóvenes. En 1983 la policía alemana confiscó todas las copias no vendidas por orden de la Corte Federal de Justicia. El 24 de marzo de 1983, acogiéndose irónicamente a una ley de 1939 promulgada en la época de Hitler, el consejo de decanos de la Universidad de Gotinga, después de un farragoso proceso, le retiró a Wilhelm Stäglich el grado de doctor que le había concedido en 1951. Un recurso judicial-administrativo fue rechazado, como lo fueron sus escritos de protesta ante la Justicia, desestimados por el Jurado Constitucional de la República Federal de Alemania.

El 23 de noviembre de 1988, el juez Stäglich, con entereza y aplomo encomiables, dirigió una carta llena de reproches a Richard von Weizsäcker, presidente de la República Federal de Alemania entre 1984 y 1994, en la que le adjuntó el *Informe Leuchter*, que para el movimiento revisionista suponía la ratificación incontestable de sus tesis. Consideramos que merece la pena reproducir este documento. *Die Bauernschaft*, la revista de Thies Christophersen, publicó inicialmente el texto, que fue asimismo reproducido en el otoño de 1990 por *The Journal of Historical Review*, de donde lo tomamos y traducimos:

"23 de noviembre de 1988

El presidente de la República Federal

Richard von Weizsäcker

5300 Bonn

Sr. Presidente:

Usted se ha pronunciado públicamente de manera repetida sobre asuntos relacionados con la historia de Alemania en este siglo (la primera vez fue en ocasión de su discurso de 8 de mayo de 1945 ante el Parlamento de Alemania Occidental). El contenido y el estilo de sus declaraciones demuestran que están basadas en lo que es por lo menos una perspectiva sesgada, concretamente la de los vencedores en las dos guerras mundiales. En su panfleto *Sobre el discurso de Weizsäcker de 8 de mayo de 1945* (J. Reiss Verlag, 8934 Grossaitingen, 1985), sobre el cual tiene usted sin duda conocimiento, el publicista Emil Maier-Dorn así lo demostró convincentemente, proporcionando muchos ejemplos del sesgo tendencioso. Evidentemente poco impresionado, en años sucesivos continuó usted, incluso con mayor estridencia si cabe, acusando al pueblo alemán en cada oportunidad que tuvo. Finalmente, incluso creyó usted necesario dar sostén a los historiadores con su asistencia a la 37ª Conferencia de Historiadores en Bamberg, en cuyas directrices, por así decirlo, figuraba tratar el problema de Auschwitz, que había sido objeto de discusión académica durante por lo menos la última década. ¿Es posible que desconozca usted el artículo 5, párrafo 3 de la Ley Fundamental, el cual garantiza la libertad académica y de investigación? El aplauso por sus comentarios completamente partidistas y sin reservas de nuestros enemigos en las guerras mundiales y de los medios de comunicación de Alemania Occidental, que evidentemente siguen aún sus órdenes, debería haberle recordado una máxima de Bismarck, quien en una ocasión comentó que cuando sus enemigos lo elogiaban, sin duda se había equivocado.

Lamentablemente, Maier-Dorn tuvo que omitir en su panfleto cualquier comentario de sus declaraciones sobre el asunto del exterminio de los judíos, puesto que la versión oficial de esta cuestión está, según sus palabras, protegida legalmente en Alemania Occidental. Aunque esto no es del todo correcto, la valoración de Maier-Dorn da en el clavo en tanto que un sistema judicial sometido a presión política, y en consecuencia no independiente, manipula los hechos y la ley para procesar y, si no, acosar a quellos que dudan o incluso refutan la aniquilación de los judíos en las supuestas 'cámaras de gas' en los llamados campos de 'exterminio'. Este fenómeno es sin duda único en la historia de la justicia.

Ahora, sin embargo, un acontecimiento que ha sucedido hace unos seis meses ha obligado a un replanteamiento de la historia oficial. La defensa en el juicio de Ernst Zündel, un germano-canadiense, en Toronto presentó el testimonio del experto americano en cámaras de gas Fred A. Leuchter (como es sabido, todavía se llevan a cabo ejecuciones en cámaras de gas en ciertos estados de los U.S.A.), según el cual aquellos lugares en Auschwitz, Birkenau y Majdanek que fueron identificados por presuntos testigos como cámaras de gas no pudieron haber funcionado como tales. Este peritaje técnico, que mientras tanto se ha hecho famoso en todo el mundo, no puede en el futuro ser ignorado por cualquier historiador serio que reivindique una erudición objetiva. Además de la tecnología sobre las cámaras de gas, el Informe Leuchter trata sobre la composición y el modus operandi del pesticida Zyklon-B, presuntamente utilizado para matar a los judíos, así como de la tecnología en los crematorios. Ya en 1979, en la página 336 de mi obra *Der Auschwitz Mythos*, que significativamente fue confiscada por órdenes de un tribunal que seguía instrucciones de más arriba, precisé la necesidad urgente de aclarar estas cuestiones sobre el enfoque del problema del exterminio. Ni jueces ni historiadores se han preocupado sobre este estado de cosas, para no hablar de los políticos, incluido usted mismo.

Desgraciadamente, el Informe Leuchter, como todo aquello que puede exonerar históricamente a nuestra nación, es ignorado oficialmente con un silencio de muerte. Por eso me tomo la libertad de remitirle este importante documento en su inglés original, Sr. presidente, a fin de que pueda usted obtener una clara comprensión de las cosas. Este texto sólo difiere del informe original en la omisión de los análisis químicos realizados por el químico americano profesor Roth, a quien Leuchter involucró en el análisis de las muestras que él había recogido durante sus indagaciones personales en aquellos lugares de Auschwitz y Birkenau oficialmente designados como 'cámaras de gas', además de las muestras tomadas en las antiguas cámaras de desinfección con el propósito de compararlas. Estos análisis están incluidos sólo de manera resumida (en la página 16) en el texto del Informe Leuchter destinado a la distribución pública. Sr. presidente, ahora puede usted familiarizarse con la investigación más actualizada y autorizada sobre este tema de tanta importancia para nuestra nación.

Me atrevo a decir que a partir de ahí, aunque no corrija sus pasadas acusaciones, en adelante se abstendrá usted por lo menos de imponer injustificadamente la culpabilidad a nuestra nación. El alto cargo que ocupa requiere, de acuerdo con la promesa que formuló al asumirlo, que actúe usted como protector de la nación alemana, en lugar de despojarla de la última pizca de confianza política en sí misma. En sus discursos usted ha pedido reiteradamente 'coraje para enfrentar la verdad', a pesar de que la 'verdad' que usted proclamó era ya dudosa por ser tan unilateral. ¡Ahora es el momento de demostrar su propio coraje para afrontar toda la verdad, y nada más que la verdad, Sr. presidente! De otro modo deberá más tarde hacer frente, justificadamente, a los reproches por su hipocresía.

Con saludos de un ciudadano,

Wilhelm Stäglich"

Wilhem Stäglich murió en 2006 a los noventa años. En febrero de 2015, Germar Rudolf publicó una edición corregida y ligeramente revisada de su libro en Castle Hill Publishers, la editorial creada por el mismo Rudolf, con el título de *Auschwitz: A Judge Looks at the Evidence* (*Auschwitz: un juez contempla la evidencia*). Este publicación prueba que el valor de la obra de Stäglich sigue vigente. Robert Faurisson, que admiraba la honestidad del magistrado, escribió estas palabras de respeto y homenaje: "El Dr. Wilhelm Stäglich, juez e historiador alemán, ha salvado el honor de los jueces e historiadores alemanes. Lo ha perdido todo, pero no su honor."

Ernst Zündel, "Dinamo revisionista", modelo de resistencia

Ha llegado ahora el momento de rendir nuestro modesto homenaje a Ernst Zündel, el hombre imprescindible, el revisionista insigne que ha tenido el coraje y la fortaleza de enfrentarse sin desfallecer durante toda su vida a los poderosísimos tiranos que imponen al mundo la falsificación de la historia. Quizá por ello uno de los apodos que justificadamente le ha sido otorgado por su papel estelar es el de "Dinamo revisionista". Una semblanza sobre su vida y los hitos de su combate desigual por redimir a Alemania ante el mundo ayudará a los lectores no iniciados a entender y valorar la talla de esta figura insustituible en la historia del revisionismo histórico.

Nacido en Alemania en 1939, llegó a Canadá en 1958 y allí contrajo matrimonio con una canadiense llamada Janick Larouche. En 1961 abandonó Toronto y se estableció con su familia en Montreal, donde montó un próspero negocio de artes gráficas. Zündel consideraba el comunismo "una amenaza para nuestra civilización", por lo que en el ámbito de la política canadiense se implicó en actividades y campañas de denuncia anticomunistas. Una de las figuras que más influyó en él durante estos años fue Adrien Arkand, nacionalista canadiense francés que hablaba ocho idiomas, encarcelado durante los seis años que duró la guerra. Fue Arkand quien facilitó libros, artículos y otros textos que ayudaron al joven Zündel a formarse intelectualmente. Como se ha dicho antes, Joseph Ginsburg, que publicaba bajo el seudónimo de J. C. Burg, fue otra persona esencial que influyó profundamente en él durante los años sesenta. Burg se desplazó a Canadá para grabar con Zündel y residió durante un mes como invitado en su casa. El amor por la verdad y la justicia provocó la admiración mutua. Burg definió a Zündel como "un luchador por la verdad para su pueblo". Pero Burg fue sólo uno de los importantes intelectuales judíos a los que Zündel solicitó colaboración. También estableció contacto con Benjamín Freedman[2], el multimillonario judío convertido al catolicismo, y con el rabino Elmer Berger, presidente del

---

[2] En el capítulo I se ha presentado ya a Benjamín H. Freedman y hemos comentado su famosa carta a David Goldstein, editada bajo el título de *Facts are facts*, en la que desvelaba el origen kázaro de los judíos askenazis. Freedman mantuvo relaciones personales con Bernard Baruch, Woodrow Wilson, Franklin D. Roosevelt, Samuel Untermayer y otros dirigentes judíos sionistas, por lo que sabía muy bien quiénes estaban detrás de lo que él llamó *The Hidden Tyranny* (*La tiranía oculta*) en un opúsculo así titulado. En 1961 Benjamín Freedman pronunció en el Hotel Willard de Washington el famoso discurso de advertencia a América, que posteriormente se ha conocido con el título "Un desertor judío avisa a América". En él, insistía en que los sionistas y sus correligionarios gobernaban América como si fueran los dueños absolutos del país y advertía a los patriotas de Estados Unidos sobre la necesidad imperiosa de reaccionar.

"American Council for Judaism". Zündel viajó a Nueva York en 1967 para encontrarse con Berger, quien le facilitó nuevos conocimientos e informaciones sobre el sionismo. Posteriormente, en uno de los juicios, Zündel explicó así su relación con el rabino Berger:

> "... Viajé a Nueva York y entrevisté al rabino Berger, con quien he mantenido contacto desde entonces. Él fue la persona que, por primera vez, me expuso muy claramente cuáles eran las diferencias entre el sionismo y el judaísmo. Su particular filosofía de la vida y de la gente que él representa es que ellos son primero y ante todo americanos y judíos de religión, mientras que los sionistas son primero judíos, al menos así es como yo lo entiendo, lo cual les lleva en la práctica a la exclusión de cualquier otra cosa. Residen en diferentes países, pero su única lealtad radica en los principios del sionismo, los objetivos del sionismo, las políticas del sionismo. Él sentía que era una ideología peligrosa porque ponía en duda ante los ojos de la opinión pública la lealtad de los judíos que vivían en América o Canadá."

En 1968 se le denegó a Zündel la ciudadanía sin darle explicaciones. El 27 de agosto de 1968 recibió una carta de las autoridades canadienses donde se le decía textualmente: "la información por la que se ha tomado la decisión es confidencial y no sería de interés general revelarla." En 1969 Zündel y su familia regresaron a Toronto, donde refundó su empresa de artes gráficas, la cual llegó a editar libros de gran tirada y difusión que le proporcionaron pingües beneficios. Ello le facilitó la publicación de textos y entrevistas que había realizado a escritores e historiadores revisionistas como Robert Faurisson o el mencionado rabino. Berger y Burg no fueron los únicos judíos que colaboraron con Zündel en su lucha titánica por desenmascarar a los falsificadores de la historia. Roger-Guy Dommergue Polacco de Menasce, profesor francés de origen judío, filósofo, ensayista y doctor en Psicología, fue otro intelectual honesto que influyó en Ernst Zündel, con quien mantuvo correspondencia durante años. Zündel, que recibió textos de Roger-Guy Dommergue en los que afirmaba sin ambages que el Holocausto era una mentira histórica, acabaría viajando a Francia para grabar una larga entrevista en la casa del profesor Dommergue.

Ernst Zündel y su esposa se separaron en 1975, pues Zündel rechazaba abandonar sus "actividades políticas", según declaró ella misma, las cuales provocaban inquietud y temor en la familia. Pese a todo, la amistad y el contacto entre ambos y sus hijos no se rompió. En estos años, concretamente en 1978, Zündel fundó una pequeña empresa de publicaciones llamada Samisdat Publishers Ltd., que produjo una serie de interesantes filmaciones cuyo fin era ayudar a difundir las ideas del revisionismo a través de diversos testimonios. Estas y otras actividades de resistencia emprendidas por Ernst Zündel provocaron que algunos columnistas destacados como Mark Bonokoski, del *Toronto Sun*, y otros plumíferos emprendieran en comandita con líderes judíos como Ben Kayfetz, presidente del "Canadian Jewish Congress", una campaña de desprestigio para presentar a Ernst Zündel como un "fanático neonazi".

A partir de este momento los ataques del Gobierno alemán se sumaron también a los de las organizaciones judías que pretendían con su acoso en Canadá y en Alemania silenciar a Zündel. Acusaciones de "incitación al odio" y de "difusión de noticias falsas" comenzaron a ser habituales. Diversos grupos del lobby judío presionaron a los gobiernos y utilizaron los medios de comunicación para provocar la indignación pública. Fue en este contexto que entraron en escena la JDL (Liga de Defensa Judía), la infame organización calificada como terrorista por el FBI, y "Anti-Racist Action", grupos que incrementaron el hostigamiento contra Zundel con manifestaciones frente a su domicilio. Estos terroristas llegaron a sitiarlo patrullando los alrededores con perros y, además, se dedicaron a golpear las paredes de la casa, a proyectar reflectores de luz en las ventanas durante la noche y a amenazarlo con incesantes llamadas telefónicas.

El 22 de noviembre de 1979 el *Toronto Sun* informó que el fiscal general de Ontario iba a presentar cargos por incitación al odio contra Samisdat Publishing Ltd.. En respuesta a dicha amenaza, Zündel remitió por correo miles de copias del opúsculo de Richard Harwood *Did Six Million Really Die?* (*¿Murieron realmente seis millones?*) a abogados, políticos, periodistas, profesores y sacerdotes canadienses. Les pedía que evaluaran la información contenida en el libro. En el texto que acompañaba el envío, insistía en que sólo le movía la búsqueda de la verdad y que los sionistas y sus simpatizantes estaban utilizando palabras como "racismo" y "odio" para tratar de suprimir su libertad.

El siguiente revés de envergadura contra los derechos de Ernst Zündel llegó desde Alemania. En enero de 1981 el Gobierno de Alemania Federal incautó la cuenta bancaria postal que tenía en Stuttgart, a través de la cual Zündel recibía múltiples donaciones y gestionaba los pagos de libros y cintas. El 23 y 24 de marzo de 1981 el Ministerio del Interior alemán ordenó una de las mayores redadas en la historia de Alemania: unos doscientos domicilios privados fueron asaltados con el propósito de incautar libros y grabaciones catalogados como "literatura nazi". Unos diez mil funcionarios de policía y trescientos jueces y fiscales fueron movilizados para la operación. Sobre ello Zündel testificó: "la policía obtuvo las direcciones de gente que me había ayudado monetariamente violando las leyes bancarias alemanas, cogiendo las direcciones de los justificantes de donaciones y allanando las casas de estas personas." Zündel fue entonces acusado de "agitación al pueblo", un delito en Alemania.

En Canadá, la prensa se hizo eco de las redadas ordenadas por el Ministerio del Interior alemán y se acusó públicamente a Ernst Zündel de difundir desde Canadá "propaganda nazi" en Alemania Occidental. El 31 de mayo de 1981 se produjo una demostración masiva de grupos judíos cerca de la casa de Zündel en Toronto. La manifestación había sido anunciada en medios de comunicación judíos con el siguiente comunicado: "Neonazismo en Canadá. ¿Por qué es Canadá el centro de exportación de propaganda nazi? ¿Por qué los agitadores del odio esparcen libremente la mentira de que no hubo Holocausto? ¿Por qué los criminales de guerra se mueven sin castigo? Manifestación para protestar contra el racismo y la apología del odio." Los organizadores fueron la logia B'nai Brith de Canadá y el Congreso Judío de Canadá. La Liga de Defensa Judía no figuraba entre los promotores, pero sus extremistas eran mayoritarios y agitaron a una muchedumbre de mil quinientas personas, que con gritos de "¡Quemadlo! ¡Matadlo!" trataron de atacar la casa de Zündel. Por supuesto, los organizadores no trataron de contenerlos. Sólo la actuación de medio centenar de policías que protegieron la vivienda con barricadas previno mayores incidentes. Zündel, que recibió amenazas de bomba y de muerte antes y después de la manifestación, grabó todo lo ocurrido y produjo una cinta titulada *C-120 Zionist Uprising!* en la que se oyen los gritos que espolean a asaltar y quemar la casa y a matar a Zündel y a todos los habitantes.

Contra viento y marea, en combate desigual, Zündel siguió soportando todo tipo de ataques. El siguiente atropello fue la prohibición de recibir correo. En julio de 1981, dos meses después de la demostración masiva ante su domicilio, Sabina Citron, activista sionista de la Asociación para el Recuerdo del Holocausto, se quejó ante Correos de que Zündel propagaba literatura antisemítica y solicitó que le fueran anuladas las prerrogativas postales. El 17 de agosto de 1981 el inspector de Correos Gordon Holmes visitó a Zündel. Le mostró algunos folletos que él había remitido y Zündel, por su parte, le presentó fotos, textos y grabaciones de la demostración de mayo ante su vivienda y le explicó que estaba comprometido en una campaña de correo para exponer su opinión a través del servicio. El informe de Holmes a sus superiores confirmó que Zündel había colaborado en todo momento y le había facilitado libros y escritos. Por fin, el 13 de noviembre de 1981 se emitió una Orden Provisional de Prohibición contra Samisdat Publishers. Se argumentaba en ella que la empresa de Zündel utilizaba el servicio de correos para incitar al odio.

Zündel solicitó que una Comisión Evaluadora investigase la Orden Provisional de Prohibición, por si violaba la Ley de la Corporación de Correos de Canadá. Durante la vista, celebrada los días 22, 23 y 24 de febrero y 11 y 12 de marzo de 1982, el abogado de Toronto Ian Scott, en representación de la Asociación de Libertades Civiles de Canadá, intervino en defensa de Zündel y argumentó con éxito que se estaba violando la libertad de expresión reconocida en la Carta de Derechos Humanos. En su declaración, Zündel enseñó una cinta titulada *Diálogo germano-judío*, que Benjamín Freedman le había dado permiso para vender.

Zündel alardeó de su amistad con el multimillonario judío, al que conocía desde hacía quince años y con el que había dialogado en muchas ocasiones. En demostración de que no odiaba a los judíos, Zündel esgrimió los nombres de intelectuales judíos entrevistados que le habían autorizado a vender las cintas. Entre otros, citó a Haviv Schieber, antiguo alcalde de Beersheba en Israel; a Roger-Guy Domergue Polacco de Menasce, el profesor judío de la Sorbona; al rabino Elmer Berger y al profesor Israel Shahak, presidente de una comisión de derechos humanos en Israel.

Mientras en Canadá se estaba a la espera del dictamen final de la Comisión Evaluadora, a pesar de una campaña histérica en Alemania y Canadá sobre la importancia del material incautado procedente de Samisdat Publishers, el 26 de agosto de 1982 Zündel fue absuelto en Alemania por una corte del distrito de Stuttgart, que entendió que los textos en cuestión no eran literatura que incitaba al odio. Además, el tribunal ordenó al Gobierno de Alemania Federal que pagase los costes legales del proceso y devolviera a Zündel el dinero incautado en las cuentas junto con los intereses pertinentes. Por supuesto, la prensa canadiense guardó silencio y prosiguió calificando a Zündel como un "neonazi" que enviaba "propaganda nazi" a Alemania. El Gobierno alemán reaccionó a la sentencia del tribunal de Stuttgart denegándole la renovación del pasaporte. Sarcásticamente, se utilizó para ello una ley promulgada por Hitler contra judíos refugiados que publicaban materiales antinazis en el exilio.

En Canadá, finalmente, el 18 de octubre de 1982 la Comisión Evaluadora recomendó en su informe al Gobierno canadiense la revocación de la orden que suspendía los derechos postales de Ernst Zündel. De conformidad con dicha recomendación bien argumentada, André Ouellet, ministro del Gobierno, firmó el 15 de noviembre de 1982 la anulación de la orden y los derechos de Zündel fueron restablecidos, por lo que la Corporación de Correos de Canadá tuvo que devolverle numerosos sacos de correos. Todos los cheques habían caducado, por lo que el negocio de Zündel acarreó pérdidas casi ruinosas. El Congreso Judío de Canadá anunció por boca de Ben Kayfetz que se hallaban horrorizados por la decisión. No obstante, las organizaciones judías reanudaron de inmediato su hostigamiento y en 1983 pusieron en marcha una campaña para procesar a Zündel. La Asociación de Recuerdo del Holocausto y Sabina Citron escribieron al fiscal general de Ontario, Roy McMurtry, pidiéndole que se querellase contra Zündel por incitación al odio, de acuerdo con el Código Criminal. El 13 de octubre de 1983, el *Toronto Star* daba la noticia de que B'nai Brith exigía que Zündel fuera procesado por odio racial.

El abogado de Zündel en Alemania había mientras tanto recurrido la decisión de las autoridades de no renovar el pasaporte a su cliente. Durante el proceso de apelación en 1985 el abogado fue autorizado en presencia de un policía del juzgado a estudiar, pero no copiar, en los archivos gubernamentales varios documentos utilizados en el procedimiento contra Zündel. Fue de este modo como supieron que el Ministerio del Interior, que no tenía competencias en materia de pasaportes, había presionado incesantemente al Ministerio de Asuntos Exteriores desde 1980 para que se le retirase el pasaporte a Ernst Zündel. Los documentos demostraron que altos funcionarios del Servicio de Inteligencia de Alemania Federal habían viajado a Otawa con el fin de lograr que el Gobierno canadiense prohibiera a Zündel la utilización del sistema postal. Los archivos alemanes indicaban asimismo que Ben Kayfetz, del Congreso Judío de Canadá, había escrito al cónsul general de Alemania en Toronto para solicitarle copias de materiales de Zündel que deseaban examinar, pero el cónsul Koch se negó inicialmente. Parece ser que las autoridades alemanas concibieron la idea de que si conseguían privar de pasaporte a Zündel, los canadienses lo deportarían. En noviembre de 1982 el cónsul Koch se hallaba dispuesto a proceder a la renovación del pasaporte; pero, como se demuestra en los archivos examinados por el abogado de Zündel, el Ministerio del Interior presionó al de Exteriores para que enviara una directriz al cónsul de Toronto con el fin de que actuara en sentido contrario y así lo hizo. Zündel recurrió la decisión del cónsul de no renovarle el pasaporte. El 9 de mayo de 1984 el Tribunal Administrativo de Colonia decidió que la República Federal de Alemania no estaba obligada a renovar el pasaporte. Se impuso entonces un nuevo recurso ante el Tribunal Superior Administrativo de Renania del Norte-Westfalia. Fue en el proceso de esta apelación cuando se permitió al abogado de Zündel acceder al estudio de los archivos gubernamentales, hecho que permitió comprobar que desde 1980 las autoridases alemanas trataban con saña de lograr la deportación de Zündel.

Volvamos ahora a las presiones de las organizaciones judías sobre las autoridades canadienses para que se querellasen contra Ernst Zündel, ya que habían de conducir finalmente al juicio de 1985. La acusación de incitación al odio no parecía que tuviera posibilidades de prosperar, por lo que el 18 de noviembre de 1983 Sabina Citron, de la Asociación para el Recuerdo del Holocausto (Holocaust Remebrance Association), apostó por levantar cargos por "difundir noticias falsas" en publicaciones como *Did Six Million Really Die?* y *The West, War and Islam*. Los cargos de Sabina Citron fueron admitidos por la Corona, lo cual significó que el Estado asumió todos los costes del proceso de persecución en beneficio de los sionistas. Comenzó así la batalla legal emprendida por Zündel por defender sus derechos civiles, la cual iba a prolongarse durante nueve años.

El 9 de septiembre de 1984, unos meses antes del comienzo del juicio, una bomba explotó en la parte trasera de la casa de Zündel y produjo daños en el garaje y en dos coches. La metralla salió volando y algunos trozos se incrustaron en la pared del dormitorio de dos vecinos judíos. El 10 de septiembre el periódico de Toronto *The Globe & Mail* informó: "Un hombre telefoneó a *The Globe & Mail* la pasada noche en nombre de un grupo que llamó Movimiento de Liberación del Pueblo de la Liga de Defensa Judía (JDL) para reclamar la responsabilidad por la bomba." No hubo arrestos y Zündel emitió una nota de prensa en la que denunciaba la escalada de violencia de la JDL y de grupos afines contra su persona, apoyada por ciertos medios de comunicación. Exigía una reacción policial contra el terrorismo de esta organización sionista, puesto que, según argumentó: "la policía, los políticos y los medios de información conocían perfectamente cuál era la reputación de la JDL a causa de sus incendios, bombas, tiroteos, ataques y asesinatos."

Cada comparecencia de Ernst Zündel motivada por citaciones del juzgado fue aprovechada por miembros de la JDL, que lo esperaban a las puertas del tribunal, para amenazar, insultar y agredir a cuantos lo acompañaban. De ahí que acabaran por aparecer con cascos de construcción para protegerse. Tanto Zündel como su abogada Lauren Marshall recibieron llamadas telefónicas en las que fueron amenazados de muerte. El *Toronto Sun* recogió unas declaraciones de Marshall: "Con voz temblorosa, dijo que ella su cliente y sus familias eran acosados diariamente y recibían amenazas de muerte. Luego dijo a los periodistas que en una llamada le dijeron a su hija de siete años: 'Si tu mami va a la corte, la mataremos'." Zündel dirigió una carta abierta a los miembros del Parlamento y a los medios de comunicación, en la que advertía que la administración de justicia en Canadá estaba en peligro si permitía las intimidaciones y los ataques de las turbas judías.

El juicio dio comienzo en enero de 1985 y duró treinta y nueve días. La Corona trató de demostrar el Holocausto mediante la intervención de expertos como Raúl Hilberg y antiguos reclusos que declararon como testigos. Puesto que en el espacio dedicado al *Informe Leuchter* ya se ha reseñado la declaración de Hilberg ante el interrogatorio del abogado Doug Christie (*Historia proscrita)*, añadiremos ahora que entre las personas llamadas por la defensa de Zündel, además de los ya conocidos Faurisson y Christophersen, estaban, entre otros, el Dr. William Lindsey, un químico que había sido jefe de investigación de la empresa química norteamericana Dupont; el Dr. Russell Barton, quien siendo un joven médico había asistido a la liberación de Bergen-Belsen; Frank Walus, americano de origen polaco acusado falsamente de ser un criminal nazi; Pierre Zündel, hijo de Ernst Zündel; y un investigador austríaco nacionalizado sueco no mencionado hasta ahora Ditlieb Felderer, bien conocido en círculos revisionistas, cuyas actividades son dignas de reconocimiento y tendrá por ello su propio apartado más abajo[3].

---

[3] Ditlieb Felderer declaró en los dos juicios contra Zündel. En 1988 fue el primer testigo llamado a declarar por la defensa y su colaboración con el equipo de Zündel fue destacada. Felderer fue un conspicuo testigo de Jehová hasta que fue

El 28 de febrero de 1985 Zündel fue condenado por un jurado y el 25 de marzo recibió una sentencia de quince meses de cárcel, pero logró la libertad bajo fianza bajo estrictas condiciones que le prohibían escribir, publicar o hablar en público. Entre estas dos fechas, B'nai Brith, el Congreso Judío de Canadá, la Asociación para el Recuerdo del Holocausto y la JDL organizaron una campaña pública y privada para que el Gobierno canadiense deportase a Zündel a Alemania. El acto más destacado fue una manifestación de miles de personas que culminó con un mitin. El 11 de marzo de 1985 el *Toronto Star* informó sobre la masiva demostración contra Zündel, que culminó en el Centro O'Keefe de Toronto. Allí, todos los oradores exigieron la deportación entre gritos y ovaciones incesantes de la multitud. Pero no todos los canadienses aceptaron indiferentes el espectáculo. El 21 de marzo, cuatro días antes de que se hiciera pública la sentencia, el *Toronto Sun* publicó una carta al editor en la que J. Thomas criticaba los excesos de los manifestantes, cuya demostración de odio consideraba evidente: "El espectáculo de 4.000 judíos, muy bien organizados -escribió Thomas-, marchando del Ayuntamiento al Centro O'Keefe y las locuaces declaraciones de numerosos intervinientes, todos gritando simbólicamente 'Barrabás, Barrabás, dadnos a Barrabás', fue una espantosa exhibición del dictamen de las turbas... La demanda estridente y continuada de que Zündel fuera deportado sobrepasa de lejos los límites de la justicia y se

---

expulsado cuando descubrió que el exterminio de los miembros de la secta era una falsedad. Investigó en la sede de los testigos de Jehová en Nueva York, así como en los archivos de Toronto, en Suiza y en los países escandinavos. Logró que se reconociera que la cifra de 60.000 testigos de Jehová asesinados por los nazis era falsa, puesto que sólo 203 de ellos habían fallecido en los campos de concentración. Pese a que los líderes de Nueva York prohibieron a los miembros de la organización que hablaran con Felderer, en un anuario posterior publicado por los propios testigos de Jehova se reconoció que la cifra de Felderer era correcta. Ditlieb Felderer fue de los primeros en denunciar que el diario de Ana Frank era una falsificación. En su célebre libro *Anne Frank's Diary, a Hoax* ? (1979) expuso el fraude que acabaría siendo confirmado por otros investigadores. Felderer, perseguido sin tregua por los esbirros del lobby judío, fue encarcelado varias veces en Suecia. Recientemente, ha acusado públicamente a Johan Hirschfeldt, un juez judío de Suecia, de ser el responsable de actos de terrorismo contra él y su esposa filipina.

revela en sí misma como odio hacia cualquiera que se atreve a cuestionar el poder de una pequeña minoría de canadienses."

El mismo *Toronto Sun* publicó el 27 de marzo de 1985 la noticia de que, tras una reunión del Gobierno, Flora MacDonald, ministra de Inmigración, había ordenado a funcionarios de su Departamento que iniciaran los trámites para deportar a Zündel tan pronto recibieran un informe sobre su sentencia. El 29 de abril de 1985, sin considerar que podía ejercer sus derechos legales de recurso, se ordenó la deportación de Ernst Zündel. El 30 de abril el *Toronto Star* recogía en sus páginas el júbilo de B'nai Brith: "Estamos muy satisfechos de ver que el Gobierno ha actuado con rapidez. Pensamos que es el procedimiento adecuado y la decisión correcta." Sin embargo, Ernst Zündel, luchador avezado, recurrió de inmediato y el proceso de expulsión se detuvo por imperativo legal.

En 1987, Zündel logró dos victorias muy importantes que lo reafirmaron en su voluntad de resistir a toda costa. El 23 de enero de 1987 la Corte de Apelación de Ontario, que había aceptado el recurso contra su condena, ordenó que el juicio debía repetirse, toda vez que el juez Hugh Locke había actuado de manera parcial e incorrecta. Entre otros excesos, había rechazado diversas evidencias presentadas por la defensa y había proyectado al jurado películas sobre los campos de concentración nazis con el fin de influir en su decisión. Medio año más tarde llegó el segundo triunfo de Zündel, el 7 de julio de 1987 la orden de deportación quedó invalidada por haber sido emitida en contra de la legislación vigente en Canadá.

Y hubo aún en 1987 una tercera victoria de Zündel frente a Sabina Citron y las organizaciones judías habituales. En un programa de CBC Radio, Zündel le dijo públicamente a la líder sionista que "los alemanes eran inocentes del cargo de genocidio contra los judíos." Además, dirigiéndose al presentador, David Shatsky, recordó que en el juicio de enero Sabina Citron había sido incapaz de enseñar algún documento que probase que había una orden de exterminio "porque no había ninguna". Citron declaró a la prensa que estaba anonadada por la aparición de Zündel en el programa. Poco después, demandaron a la CBC Radio por daños y perjuicios. El 25 de agosto de 1987 Citron vovió a querellarse contra Zündel por haber esparcido "noticias falsas" en el programa de radio. La querella fue desestimada por la Corona el 18 de septiembre de 1987 con el argumento de que "las declaraciones de Zündel durante la emisión constituían una opinión que no incidía en el ámbito de la sección de "noticias falsas", contemplada en el Código Criminal."

Por fin comenzó el 18 de enero de 1988 el segundo juicio contra Zündel por "difundir noticias falsas". Duró sesenta y un días y ha pasado a la historia del revisionismo por la importancia trascendente que tuvo la revelación del *Informe Leuchter*. Raúl Hilberg declinó volver a viajar a Canadá para declarar, sin duda para no verse de nuevo sometido al interrogatorio del abogado Christie, quien lo había acorralado en el primer juicio. La Corona presentó a siete testigos. La defensa llamó a veintitrés para probar que no había "noticias falsas" en el libro *Did Six Million Realy Die?*, sino que sus contenidos eran veraces. La declaración más impactante de las realizadas por los testigos presentados por Zündel fue, claro está, la de Fred Leuchter, que fue reconocido por el juez presidente como un experto en el funcionamiento de las cámaras de gas. Leuchter explicó su trabajo de inspección en Auschwitz, Birkenau y Majdanek y aseguró que las supuestas cámaras de gas no podrían haber cumplido nunca la función homicida que se les atribuía. El *Informe Leuchter*, entregado a la corte como una exposición ilustrada, fue posteriormente traducido a numerosas lenguas y ampliamente distribuido en todo el mundo. Entre los testigos de la defensa testificó David Irving, historiador británico de origen judío, que se mostró convencido de que las implicaciones del Informe serían devastadoras para la historiografía del Holocausto. Significativamente, la cobertura mediática del proceso fue casi nula si se compara con la del primer juicio.

Pese a todas las evidencias presentadas, Zündel fue otra vez condenado al final del proceso y recibió una sentencia de nueve meses de cárcel. Nuevamente las organizaciones judías se apresuraron a pedir su deportación a Alemania. Zündel, que en

1988 solicitó de nuevo las razones del rechazo a su solicitud de ciudadanía sin obtener respuesta, volvió a recurrir el veredicto ante el Tribunal de Apelación de Ontario. Antes de conocerse el resultado de su apelación, el cónsul general de Alemania Federal, Dr. Henning von Hassell, dirigió varias cartas al Tribunal de Ontario en las que acusaba falsamente a Zündel de haber distribuido panfletos a los tripulantes de un barco alemán que se hallaba en el puerto de Toronto. Según el cónsul, el texto de los folletos tenía como tema fundamental la negación del Holocausto, lo cual constituía una violación de las condiciones de su libertad bajo fianza.

El 5 de febrero de 1990 el Tribunal de Apelación desestimó el recurso, por lo que Ernst Zündel tuvo que solicitar permiso para apelar a una instancia superior, el Tribunal Supremo de Cánada, cosa que hizo el 15 de noviembre de 1990. A estas alturas de la persecución, la batalla legal de un hombre sólo contra enemigos descomunales tenía ya connotaciones épicas. Hubo que esperar casi dos años para conocer la resolución del Tribunal Supremo, el cual se mantuvo firme en aplicación de la ley y el 27 de agosto de 1992 absolvió a Zündel. El Tribunal consideró que se violaba la libertad de expresión protegida por la Carta de Derechos y Libertades de Canadá. Pese a toda la campaña mediática mantenida contra Zündel durante años, algunos editorialistas acabaron por reconocer que la decisión del Tribunal Supremo era pertinente, toda vez que bajo el pretexto de la ley de "noticias falsas" se amenazaba el derecho a la libertad de expresión de todos los canadienses.

Como de costumbre, la judería organizada de Canadá echó chispas y no aceptó el veredicto del Tribunal Supremo sobre el derecho de Zündel a expresar pacíficamente sus opiniones en relación al "incuestionable" Holocausto. Con la desfachatez habitual, este grupo minoritario en la sociedad canadiense se arrogó el derecho de sermonear y criticar a los jueces y al sistema judicial. A mediados de septiembre de 1992 las organizaciones judías habían ya formado una gran coalición, a la que incorporaron a algunas agrupaciones de gentiles, y comenzaron una nueva campaña que incluía carteles y anuncios publicitarios. La edición de septiembre de *The Covenant*, publicación mensual de B'nai Brith, exhibía en portada una fotografía de Zündel a toda plana con estas palabras: "Arresten a este hombre, dice B'nai Brith: la coalición hace campaña para presentar nuevos cargos contra Zündel." En el artículo adjunto se decía que iban a llenar las calles con miles de posters confeccionados por la Liga de Derechos Humanos con el fin de presionar al fiscal general de Ontario, Howard Hampton. La Asociación para el Recuerdo del Holocausto publicó anuncios en los que se leía: "¡Zündel no debe escapar a la justicia! Manifestación urgente". Evidentemente, la justicia a la que se aludía no era la que regía en Canadá, sino la suya. El mitin se celebró el 4 de octubre de 1992 y en él Sabina Citron hizo un llamamiento a "declarar la guerra" al sistema legal canadiense. En su edición de 15 de octubre de 1992 el *Canadian Jewish News* reprodujo textualmente las palabras de Sabina Citron en las que instaba a todos a "hostigar continuamente las vidas de los políticos. Zündel debe ser acusado y deportado. Estamos hartos y no aguantaremos más."

En medio de esta vorágine desenfrenada de histerismo contra Zündel, un joven judío ya conocido, David Cole, acudió en su auxilo. Cole, que había regresado de Auschwitz con la filmación comentada más arriba (*Historia proscrita*), publicó una carta dirigida al fiscal general Howard Hampton en el *Kanada Kurier*, un periódico del grupo étnico alemán en Canadá. Por su interés, la reproducimos íntegra, extraída de *The Zündelsite*:

"Querido Sr. Hampton,

Le escribo en relación al caso de Ernst Zündel y su próxima decisión sobre la formulación de nuevos cargos contra él. Soy judío, y soy también un revisionista del Holocausto. No soy un chiflado que salgo de debajo de las piedras para esparcir odio y antisemitismo, sino todo lo contrario. He estado explicando racionalmente a la gente durante años que hay dos lados en la historia del Holocausto, y que con base a la evidencia disponible, el lado revisionista es sencillamente más creíble. El revisionismo nada tiene que ver con el odio y la malevolencia, sino con la objetividad y la tentativa de discernir la verdad de la falsedad. Si yo tratase de hacer daño a los judíos, significaría que estoy tratando de lastimar a toda mi familia. Esta sería una grave acusación lanzada contra mí.

He sido presentado en un programa de televisión en cadena en Estados Unidos (el programa de noticias de máxima audiencia '48 horas' dirigido por Dan Rather) y también he debatido el asunto con supervivientes y 'expertos' en un programa de debate nacional (el programa de Montel Williams vendido a repetidoras locales). Nunca he sido acusado de ser racista, nazi o de odiar a los judíos (no soy nada de todo ello).

El propósito de esta carta es pedirle que detenga la persecución legal contra el Sr Zündel. Soy consciente de que existen grupos de presión que tratan de convencerlo para que haga lo contrario, y me doy cuenta asimismo de que tiene que ser difícil para esta gente separar sus emociones de lo que es mejor para la libertad intelectual en Canadá. Sería por eso su trabajo, como representante del pueblo y de la ley, contemplar las cosas objetivamente y hacer lo mejor para ambos, la gente y la grandeza de la ley. ¿Cómo ha beneficiado al pueblo de Canadá la continuada persecución del Sr. Zündel, excepto como ejemplo de cómo desperdiciar el dinero de los impuestos? ¿Y cómo ha beneficiado la integridad de la ley la grosera doble moral en relación a los derechos de los alemanes en comparación con los derechos de otros grupos étnicos?

Por favor, recuerde que el tema del Holocausto no sólo concierne a los judíos; los alemanes también estaban allí y, como parte de su historia, tienen tanto derecho a estudiarlo como los judíos. En años futuros, quizá muchos años, quizá sólo unos pocos, cuando se haya impuesto la sensatez y el Holocausto pueda ser revisado objetivamente, y veamos que el mundo que conocemos no desaparece como consecuencia de ello, la hipócrita y miserable persecución de Ernst Zündel parecerá retrospectivamente bastante inútil y la historia no contemplará favorablemente a aquellos que la protagonizaron.

Atentamente

David Cole"

Durante meses, los medios de comunicación fueron utilizados para presionar a las autoridades y estrechar el cerco a Zündel, quien, inalterable en su voluntad de resistir, llegó incluso a enviar cartas a periódicos de Londres, cuyo efecto fue el contrario al deseado, pues provocaron reacciones airadas e irracionales de las comunidades judías. Sin embargo, el 5 de marzo de 1993, por enésima vez, las organizaciones judías fracasaron en su intento de acabar con la resistencia tenaz de la "dinamo revisionista". Los cuerpos policiales involucrados en la investigación no entendieron que pudiera ser acusado. La Sección de Literatura de Odio de la Policía Provincial de Ontario informó que no podían presentarse cargos amparándose en la ley de propaganda del odio, ya que los comentarios de Zündel no constituían el delito de incitación al odio. Zündel emitió una nota de prensa en la que reiteraba su posición:

"Los hechos son: mi material, mis ideas, mis apariciones en radio y televisión no generan incidentes antisemitas, porque no son antisemitas. Mi material está intentando contrarrestar incitaciones al odio antialemanas en los medios de comunicación, en películas y en libros de texto. Hay una solución sencilla para el problema: paren de decir falsedades, medias verdades y mentiras descaradas sobre los alemanes y su papel en la historia y no tendré que replicar con verdades incómodas e impopulares. ¡Sencillo! Recuerden: una mentira no se convierte en verdad sólo porque ha sido repetida millones de veces."

Las éxitos legales de Ernst Zündel y su persistente capacidad de lucha sólo podían enardecer aún más a sus enemigos, que veían como un sólo individuo les plantaba cara sin que pudieran acabar con él como de costumbre. Sabina Citron y sus adláteres redoblaron su campaña con presiones de todo tipo que llegaron hasta las más altas instancias del poder político. Citron amenazó nuevamente: "Debe ser inculpado; si no, perderemos nuestro respeto por la ley en Canadá." Se puso en marcha una campaña de recogida de firmas entre universitarios: todas las federaciones de estudiantes fueron requeridas para que se posicionaran contra Zündel, incluida la Asociación de Estudiantes Africanos. A los campus universitarios llegaron agitadores judíos que aleccionaron a los jóvenes con diatribas feroces. Además, la solicitud se hizo extensiva al colectivo de gays, lesbianas y bisexuales, a los centros de mujeres y a otras organizaciones sociales. Nuevas manifestaciones se convocaron en diversas ciudades y en mayo de 1993 la Red de Estudiantes Judíos organizó una sentada ante el edificio del fiscal general de Ontario.

B'nai Brith y el Congreso Judío de Canadá extendieron sus tentáculos y decidieron utilizar a grupos izquierdistas y anarquistas. Se trataba de movilizar a todos los sectores de la sociedad canadiense para acabar de una vez por todas con "el mayor proveedor internacional de materiales que negaban el Holocausto." En el verano de 1993 Zündel puso en marcha un programa de onda corta de alcance internacional a través de radio y televisión por satélite. Sus programas, titulados "The Voice of Freedom" (La voz de la libertad), tocaban temas revisionistas y de interés histórico en general. Estos programas se expandieron y lograron acceso a la televisión pública en Estados Unidos, donde seguidores y simpatizantes de Zündel patrocinaron el programa en distintas comunidades americanas.

El 24 de octubre de 1993 Zündel optó por formular por segunda vez la petición de ciudadanía canadiense. Lógicamente, si en el momento en que la campaña en su contra estaba en el apogeo se le hubiera otorgado la ciudadanía, habría supuesto una derrota humillante para sus perseguidores. El Ministerio de Ciudadanía e Inmigración le hizo saber que sus actividades constituían una amenaza para la seguridad de Canadá. El Congreso Judío de Canadá (CJC) y el B'nai Brith presionaron al Gobierno. La logia masónica judía emitió el 28 de julio de 1994 una declaración en la *Montreal Gazette* en la que pedía que en lugar de darle la ciudadanía fuera extraditado a Alemania: "Este hombre no merece el privilegio de la ciudadanía canadiense. No sólo sería una afrenta a las minorías de Canadá, sino que equivaldría a un mensaje a quienes esparecen odio en todo el mundo de que Canadá es un refugio para el racismo."

La continuación del relato pormenorizado de los ataques contra Zündel ocuparía demasiado espacio. Puesto que lo escrito permite hacerse una idea cabal de su lucha titánica, sólo enumeraremos ya los más brutales. El 24 de noviembre de 1993 un grupo denominado ARA (Acción Antiracista), después de haber convocado a sus simpatizantes con cientos de carteles, se concentró ante el domicilio de Zündel para lanzar huevos y pintarlo. Puesto que la casa de Zündel tenía protección policial, el mismo grupo había incendiado meses antes la casa desprotegida de un amigo llamado Gary Schipper. No obstante, el 7 de mayo de 1995 ardió también la vivienda de Zündel. Un incendiario lanzó líquido inflamable en el porche: el fuego destruyó la parte frontal del edificio y consumió por completo la tercera planta. Un esbirro de la JDL llamado Kahane Chai se atribuyó la responsabilidad. Dos semanas más tarde Zündel recibió un paquete que le pareció sospechoso. Lo llevó a la policía, la cual comprobó que se trataba de una bomba que contenía metralla y clavos. Una vez explosionado, el artefacto dejó un cráter de medio metro de profundidad. La policía confirmó que hubiera matado a quien hubiera abierto el paquete y podría haber herido, si no matado, a cualquier persona situada a menos de noventa metros de la explosión.

Más interesante es reseñar la aparición en internet de *The Zündelsite*, que se produjo también en 1995. El lector interesado puede ampliar en este sitio web la información que venimos ofreciendo. Esta irrupción en el ciberespacio se produjo gracias a la colaboración de sus amigos de "American Free Speech". En septiembre de 1995 Jamie McCarthy, co-webmaster de *The Nizkor Project*, un proyecto de páginas web que promueven el Holocausto y desacreditan los argumentos revisionistas, envió un correo electrónico a Zündel en el que lo invitaba a conectar o vincular ambas páginas con el fin de que los usuarios pudieran tener una visión que les permitiera determinar quién decía la verdad. McCarthy escribió: "Dado que usted sostiene, una y otra vez, que 'la verdad no precisa coerción', confío en que no insultará la inteligencia de sus lectores ocultándoles un punto de vista alternativo." Seguramente en contra de lo esperado, Zündel recibió agradecido el ofrecimiento: "Gracias de todo corazón por su proposición de hacer de internet el foro abierto en el que podemos discutir, de manera sensata y civilizada, lo que es de tanta importancia para todos nosotros." Después de explicar que desde principios de los años ochenta él ya había ofrecido un debate público a la comunidad judía de Canadá, aseguraba que "estaría encantado si la oferta era genuina y compartida por la gente que respaldaba *The Nizkor Project*, puesto que era precisamente lo que había estado esperando largo tiempo. Las dos páginas no tardaron mucho en quedar conectadas (linked).

El 5 de enero de 1996, Zündel invitó al Centro Simon Wiesenthal a conectar su página web con *The Zündelsite*, pero no recibió respuesta. Dos días después, el 7 de enero, Zündel anunció desde su página un debate electrónico global sobre el Holocausto. Para prepararlo, el "webmaster" de *The Zündelsite* empezó a colgar en el Protocolo de Transferencia de Archivos ("File Transfer Protocol", FTP) todos los textos y documentos, entre los que estaban el *Informe Leuchter* y *Did Six Million Really Die?*. Casi enseguida los archivos, incluso los restringidos, fueron descargados por alguien desconocido, lo cual llevó a Zündel a pensar que había habido una vigilancia continuada de su página y de sus actividades. En un editorial de la web preguntó más tarde: "¿Quién tiene el dinero, la habilidad, equipo y el personal para hacer eso?". Dos días más tarde, el Centro Simon Wiesenthal envió cientos de páginas a proveedores de internet y a rectores de universidad pidiéndoles que rechazaran transmitir mensajes que promovieran "racismo, antisemitismo, caos y violencia". *The Zündelsite* comenzó a sufrir ataques, su correo fue robado, manipulado o destruido. E-mail "bombas" llegaron incluso desde Rusia. Mensajes falsificados de Zündel empezaron a circular en la red con el fin de dañar su reputación. El 25 de enero de 1996 los medios de información publicaron la noticia de que los fiscales alemanes preparaban cargos por incitación al odio contra aquellos proveedores de internet en Alemania que ayudaban a distribuir la página de Ernst Zündel, quien realizó una llamada desesperada de auxilio: "Si hay en algún sitio expertos de internet patriotas que puedan ayudarnos a defendernos a través de medios técnicos o legales, llamen por favor. ¡Seguro que podemos utilizar su socorro!"

Patriotas o no, los defensores de la libertad de pensamiento, independientemente de si creían o no en el Holocausto, reaccionaron en contra de cualquier intento de censura en internet. En universidades de Estados Unidos, los partidarios de la libertad de expresión, entendiendo que la libertad estaba en juego para todos, comenzaron a configurar por iniciativa propia clones electrónicos (llamados "páginas espejo"). Estos refugios electrónicos fueron instalados en las universidades de Standford, Pennsylvania, Massachusetts, entre otras. Dean McCullagh un estudiante de postgrado de la Carnegie Mellon University (CMU) escribió: "Si el Gobierno alemán obliga a Deutsche Telekom a bloquear el acceso a los servidores web de CMU, del MIT (Massachusetts Institute of Technology) y de la Universidad de Standford, estará cortando las comunicaciones con tres de las universidades más respetadas de Estados Unidos." En una de las páginas espejo figuraba esta declaración del administrador web (webmaster): "Este es un archivo espejo de la mayor parte de la página revisionista de Zündel. Mis razones para este espejo no son mi concordancia con las ideas políticas de Zündel. No concuerdo..., pero pienso que el cuestionamiento de cualquier credo merece algún espacio. Por ello, creo que el proyecto de Zündel es bueno para nuestra sociedad." Sobre la batalla por el mantenimiento de *The Zündelsite*, queda por añadir que la webmaster de la página fue Ingrid Rimland, a la que conoció en enero de 1995. Ucraniana de nacimiento y nacionalizada estadounidense, Rimland, mujer de gran talla intelectual, fue desde entonces un sostén insustituible para Zündel.

Después de más de cuatro décadas en Canadá, país que desestimó dos solicitudes de ciudadanía, Ernst Zündel decidió establecerse en Estados Unidos, desde donde Ingrid Rimland administraba su sitio web. En enero del año 2000 contrajeron matrimonio en Tennessee, con lo que Ingrid, que también había estado casada anteriormente, se convirtió en la segunda esposa de Zündel. Estando casado con una ciudadana norteamericana, cabía pensar que por fin podría vivir sin ser acosado permanentemente y así fue inicialmente. Durante dos años vivió pacíficamente en una región montañosa del este de Tennessee; pero el 5 de febrero de 2003 fue arrestado en su domicilio en presencia de su esposa. Tres agentes del Servicio de Inmigración y Naturalización y dos agentes locales lo esposaron y se lo llevaron. Comenzó de este modo un calvario que iba a finalizar en Alemania siete años más tarde, exactamente el 1 de marzo de 2010.

Ingrid pidió ayuda a los amigos y simpatizantes de su marido para que denunciaran su arresto públicamente, toda vez que sólo había cometido una violación menor de las leyes de inmigración: supuestamente, no había pasado una vista procedimental y por ello se hallaba técnicamente de manera ilegal en Estados Unidos. El 10 de febrero de 2003 Ingrid explicó en un programa radiofónico todos los esfuerzos y gestiones infructuosas que había realizado para que liberasen a su esposo y expresó su temor de que si deportaban a Ernst a Alemania pudiera ser encarcelado durante años porque allí las opiniones contra el Holocausto constituían un delito. Mark Weber, director del Institute for Historical Review, participó también en el programa a petición de Ingrid. Weber se mostró honrado por ser amigo de Zündel, al que describió como un activista por los derechos civiles que había librado costosas e interminables batallas en Canadá por las libertades básicas. Días después, el 14 de febrero, se supo a través de los periódicos que las autoridades norteamericanas planeaban deportar a Zündel en las próximas semanas, pero no quedaba claro si sería enviado a Alemania o a Canadá. Por fin, después de pasar dos semanas entre rejas, Ernst Zündel fue deportado a Canadá el 19 de febrero de 2003.

Zündel solicitó la condición de refugiado, pero el 24 de febrero de 2003 el Departamento de Ciudadanía e Inmigración de Canadá notificó a la División de Protección de Refugiados que debía suspender el estudio de la solicitud, ya que se estaba considerando si Ernst Zündel constituía una amenaza para la seguridad nacional. Finalmente, el 1 de mayo de 2003 las autoridades canadienses emitieron una certificación en la que se decía que Zündel no podía permanecer en Canadá por motivos de seguridad nacional. El 6 de mayo Bárbara Kulaszka, la abogada de Zündel, presentó un recurso de inconstitucionalidad ante el Tribunal Federal de Canadá e impugnó posteriormente su detención ante el Tribunal Superior de Justicia de Ontario. Todo resultó en vano: el 21 de enero de 2004 un magistrado ordenó que Zündel siguiera detenido porque consideró que suponía un peligro para la seguridad nacional. El 1 de marzo de 2005 Ernst Zündel fue deportado a Alemania, donde fue detenido por negar públicamente el Holocausto. Toda una vida de lucha patriótica por defender el honor de su país y reclamar justicia para Alemania, acababa de la manera más deprimente. El Centro Simon Wiesenthal, el Congreso Judío Canadiense, la Asociación para el Recuerdo del Holocausto, la Liga por los Derechos Humanos (equivalente a la JDL en Canadá) por fin habían vencido: Ernst Zündel estaba a merced del terrorismo judicial de su país natal.

Encerrado en la prisión de Mannheim, Zündel, que había pasado ya más de dos años encarcelado en Canadá, iba a afrontar los años más amargos de su vida heroica. Debido a las condiciones de la detención prolongada en régimen de aislamiento, sin poder hablar con otros presos, Zündel sufría ya depresión cuando ingresó en la cárcel alemana. Según denunció Bárbara Kulaszka en escrito presentado ante el Comité de Derechos Humanos de Naciones Unidas, los derechos humanos más básicos fueron vulnerados durante el periodo canadiense de detención: no se le permitió tener una silla en su celda, cuyas luces estaban encendidas las veinticuatro horas del día y sólo disminuían levemente su intensidad durante la noche; tampoco se le permitió tomar sus hierbas naturales para la artritis y la alta presión sanguínea; se desestimó su petición de ser atendido por un dentista; no pudo ni ejercitarse físicamente ni tan siquiera caminar; el frío que hacía en la celda en invierno lo obligaba a cubrirse con mantas y sábanas, las cuales sólo eran cambiadas cada tres meses; no tenía almohada; no podía llevar zapatos; la comida estaba siempre fría y era de mala calidad. Bárbara Kulaszka denunció que Zündel tenía un bulto en el pecho que podía ser canceroso, pese a lo cual no tuvo derecho a diagnóstico.

El 29 de junio de 2005 el fiscal de Mannheim lo acusó formalmente de "incitar al odio". Según el texto presentado por la Fiscalía, algunos escritos de Zündel "aprobaban, negaban o minimizaban" acciones genocidas protagonizadas por el régimen alemán que "denigran la memoria de los judíos muertos." Los criminales de pensamiento en Alemania no pueden declararse inocentes. Si el abogado del acusado proclama la inocencia de su defendido, corre el peligro de ser arrestado por "negación del Holocausto" o "discurso de odio". En el colmo del absurdo imperante en el terror judicial alemán por crímenes de pensamiento, el juez puede prohibir la presentación de pruebas en favor del acusado. Sylvia Stolz, la abogada de Zündel en Mannheim, fue sentenciada a su vez a tres años y medio de cárcel por negar el Holocausto durante la defensa de su cliente y a cinco años de inhabilitación. Puesto que Sylvia Stolz es víctima importante de la policía del pensamiento en Alemania, comentaremos los detalles del juicio más abajo, donde ella tendrá su propio espacio, pues ha sufrido y sufre por ejercer honestamente su profesión una persecución vergonzosa, denigrante para cualquier sistema judicial digno de tal nombre.

Por su parte, Zündel insistió ante la "corte de justicia" en que el pretendido asesinato de millones de judíos era una falsificación de la historia. En sus palabras finales ante el tribunal, pidió que una comisión internacional independiente investigase el Holocausto y prometió que si se probaba que se había gaseado a los judíos, "convocaría una conferencia de prensa para pedir perdón a los judíos, a los israelíes y al mundo." En fin, dos años después de haber sido encarcelado en Alemania, la Corte de Mannheim lo condenó el 14 de febrero de 2007 por incitación al odio racial y por negación de la Shoah (Holocausto) y le impuso una pena de cinco años de prisión. En Canadá las organizaciones judías que lo habían perseguido celebraron satisfechas el fallo del tribunal. Bernie Farber, del Congreso Judío, afirmó que la sentencia enviaba un mensaje contundente al mundo entero y serviría para "consolar" a los supervivientes del Holocausto.

Cuando salió de la cárcel el 1 de marzo de 2010, exactamente cinco años después de haber sido deportado, Ernst Zündel tenía setenta años. En su rostro podía leerse un poema de tristeza y dolor infinitos. Una mirada trastornada, sin duda a causa del sufrimiento prolongado, asomaba en sus ojos azules de visionario, que, muy abiertos, miraban embelesados, iluminados por una luz extraña, inquietante, rayana en la locura. Un grupo de veinte personas lo estaba esperando al otro lado de las verjas de hierro de la prisión y sacaron sus primeras fotos en libertad. Lo recibieron con aplausos, ramos de flores y gritos de "¡bravo!". Sus primeras palabras fueron: "Estoy libre de nuevo después de siete años, tres semanas, tres prisiones y tres países."

Cinco meses después de la edición de nuestra *Historia proscrita*, Ernst Zündel, el hombre imprescindible, la "dinamo revisionista", abandonó este mundo en la selva negra, en su casa de Bad Wildbad (Baden Wurtemberg), donde había nacido. Su hermana Sigrid, que estaba con él, lo halló inconsciente y llamó una ambulancia, pero su corazón dejó de latir poco después. Tras una vida entregada a la denuncia de la mentira y a la defensa del honor y la dignidad del pueblo alemán, Ernst Zündel murió el 5 de agosto de 2017, a los 78 años, de un ataque al corazón. Suscribimos con emoción las palabras de Ingrid Zündel (Ingrid Rimland), que se refirió a la desaparición de su marido con estas palabras: "Un resplandor, ha salido de este mundo". Sólo dos meses después, el 12 de octubre, falleció también la propia Ingrid, compañera de nuestro héroe en tantas batallas por la libertad de expresión y de pensamiento.

Germar Rudolf: persecución y destrucción de un científico eminente

Germar Rudolf, licenciado brillantemente en Química por la Universidad de Bonn, recibió una beca del Gobierno que le permitió investigar para su doctorado en el prestigioso Instituto Max Planck de Stuttgart. Estaba trabajando en su tesis doctoral cuando en 1991 aceptó preparar un estudio forense para la defensa de Otto Ernst Remer, acusado en un juicio por "negación del Holocausto". Se le pidió que estudiase varios documentos, que tomase muestras, que las analizase y que emitiera un informe. Rudolf tenía especial interés en verificar las aserciones formuladas en el *Informe Leuchter* y en comprobar que los restos de cianuro se mantenían estables largo tiempo y, por tanto, podían hallarse en las cámaras de gas homicidas en el supuesto de que se hubiera usado en ellas el Zyklon B. "Inicialmente -escribió Rudolf- sólo estaba interesado en descubrir si la mezcla resultante, el ferrocianuro o azul de Prusia, es suficientemente estable como para sobrevivir cuarenta y cinco años a duras condiciones medioambientales".

Germar Rudolf viajó dos veces a Auschwitz y durante dieciocho meses estuvo trabajando con la intención de confeccionar su informe. Tomó pruebas de algunos de los edificios de Auschwitz en busca de residuos de ácido cianhídrico, o sea, rastros químicos del famoso Zyklon-B. El resultado de sus investigaciones quedó plasmado en un informe de experto titulado *Informe técnico sobre la formación y detectabilidad de compuestos de cianuro en la "cámara de gas" de Auschwitz* (*Gutachten über die Bildung und Nachweisbarkeit von Cyanidverbindungen in den "Gaskammern von Auschwitz*), utilizado como evidencia por la defensa de Remer. Años más tarde, Rudolf escribió en *Resistance is Obligatory* que el propósito del peritaje era corregir las omisiones y deficiencias del *Informe Leuchter*. Entre 1992 y 1994 este informe fue presentado como evidencia en siete u ocho procesos penales en Alemania. En todos los casos fue repudiado porque según la jurisprudencia alemana, los hechos acontecidos en el campo de Auschwitz durante el Tercer Reich son considerados obvios, por lo que no requieren prueba o demostración. Desde 1996 es un delito criminal tratar de argumentar lo contrario. Así, pues, por inaudito que parezca, los análisis técnicos fueron rotundamente rechazados.

Otto Ernst Remer, uno de los acusados en cuyo beneficio se había preparado el informe, publicó en julio 1993 el resultado de la investigación de Germar Rudolf. El folleto de unas ciento veinte páginas pasó a ser conocido como el *Informe Rudolf*, un estudio químico sobre la formación y detección de cianuro hidrogenado en las supuestas cámaras de gas de Auschwitz, complemento idóneo del *Informe Leuchter*, puesto que ambos documentos coincidían en que nunca tuvieron lugar asesinatos con ácido cianhídrico en los campos del complejo de Auschwitz. Ello provocó la imputación de Germar Rudolf. La prensa alemana, que apoyaba sistemáticamente las decisiones de los tribunales de justicia, reaccionó enfurecida y asoció al joven químico con el acusado Remer.

El resultado de todo el asunto fue catastrófico para Germar Rudolf, que vio como el Instituto Max Planck le denegó en 1993 la presentación de su tesis para el examen final de doctorado. A finales de la primavera de aquel mismo año, el Instituto hizo público un memorándum en el que informaba sobre la expulsión de Rudolf por la investigación llevada a cabo en Auschwitz. El Instituto Max Planck, desdeñando que el examen forense es una obligación moral en cualquier investigación criminal, argumentó que era repugnante discutir sobre el modo específico en que los nazis habían asesinado a los judíos. En 1995 Germar Rudolf fue sentenciado a catorce meses de cárcel y se le imputaron además nuevos cargos por la continuación de sus actividades forenses de investigación. Los ejemplares de *Grundlagen zur Zeitgeschichte* (*Fundamentos de Historia Contemporánea*), publicación en la que Rudolf había divulgado con el seudónimo de Ernst Gauss una colección actualizada de documentos de investigación sobre el problema del Holocausto, fueron incautados y destruidos por orden del tribunal.

En relación con la persecución de Germar Rudolf y de los revisionistas en general, es preciso saber que el Gobierno de Alemania Occidental, siguiendo el ejemplo del Parlamento de Israel (Knesset), aprobó en 1985 una ley según la cual "negar la aniquilación sistemática de la mayoría de los judíos europeos perpetrada por la Alemania nazi" contituye un delito criminal. Dicho esto, puede afirmarse que la persecución de Germar Rudolf es la historia de una infamia, la historia de un ultraje descarado a la inteligencia, consumado cínicamente por las autoridades de la República Federal de Alemania. No existe mejor fuente de información para conocer extensamente todo lo relacionado con la vida, el trabajo y la persecución de este intelectual que la página web *Germar Rudolf's Site*. Allí, el lector interesado encontrará cuanto pueda desear y más aún. En el sitio, por ejemplo, figuran completos todos los documentos esenciales y complementarios de su caso: informes, veredictos, peticiones de asilo, declaraciones de expertos, affidávits, demandas, apelaciones y otros textos de diversa naturaleza. Buena parte de cuanto escribiremos a continuación procede, pues, de esta fuente, pero también de los libros de Germar Rudolf y de publicaciones del IHR.

En uno de los textos de su página, Rudolf reflexiona sobre los matices semánticos de lo términos "prosecution" (imputación) y "persecution" (persecución). La imputación es legal -explica Germar Rudolf- si se produce con arreglo a los derechos y libertades civiles reconocidos internacionalmente; pero se convierte en persecución si éstos no se respetan, como en su caso. Durante el proceso de Ernst Zündel, un magistrado ordenó que Sylvia Stolz fuera reemplazada por un letrado público mientras ejercía como abogada en defensa de su cliente. Stolz fue condenada a tres años y medio de cárcel y cinco de inhabilitación por cuestionar el Holocausto en el desempeño de sus funciones ante el tribunal. Naturalmente, un sistema judicial que no sólo impide el trabajo en libertad de los abogados sino que los procesa y los acaba persiguiendo no cumple los modelos o patrones de referencia internacionales. La sección 130 del Código Penal alemán permite eliminar los derechos civiles de los ciudadanos que molestan, que suelen ser por norma aquellos que cuestionan el Holocausto o se oponen al multiculturalismo. Estos indeseables cometen un delito que puede acarrearles cinco años de cárcel. Hecho este inciso, podemos continuar el relato de la persecución de Germar Rudolf.

Además de la imputación que lo llevó ante el Tribunal de Distrito de Stuttgart que lo condenó a catorce meses, había en curso otras tres imputaciones por cargos presentados en su contra. Una de ellas tenía como motivo el intercambio de correspondencia con el Instituto de Cracovia de Investigación Forense, al que Rudolf se había dirigido, según se comentó en la cuarta parte del capítulo XII de nuestra *Historia proscrita*, con el fin de precisar cuestiones técnicas relacionadas con la investigación de esta institución polaca en Auschwitz. Como consecuencia de todo ello, la casa de Rudolf fue registrada en tres ocasiones y en todas ellas se incautaron libros, archivos, correspondencia y ordenadores, hecho que arruinó su trabajo y su investigación científica. Cuando en marzo de 1996 el Tribunal Supremo de Alemania Federal confirmó la sentencia de catorce meses de prisión, Rudolf decidió abandonar Alemania con su familia. Inicialmente se establecieron en el sur de España, pero la estancia fue breve, pues en mayo de 1996 Rudolf fue informado de que también el Gobierno español planeaba promulgar una ley antirrevisionista. Después de consultarlo con su esposa, decidió establecerse con su familia en el sureste de Inglaterra, donde esperaba que la libertad de pensamiento y de expresión fuera algo más que palabrería. Su contacto fue David Irving, quien en 2006, como se verá más abajo, acabaría también encarcelado en Austria.

Una vez en el Reino Unido, ya en 1997 comenzaron los problemas: el *Telegraph* dio la noticia de que funcionarios de la Embajada alemana en Londres trabajaban para lograr la extradición de Germar Rudolf, un fugitivo de la justicia. En 1998 su esposa comenzó a mostrarse incómoda con la nueva situación: la vida en el destierro no colmaba sus expectativas: añoraba a sus familiares y amigos y no encontraba nuevas amistades. Además de la morriña, el temor permanente de la extradición pendía sobre sus cabezas como una espada de Damocles. Por todo ello, decidió abandonar a su marido y regresar con sus dos hijos a Alemania, donde inició los trámites para divorciarse de Germar, quien quedó solo en el exilio.

En junio de 1999 Rudolf, tras superar unos momentos de incertidumbre en el aeropuerto de Heathrow, pudo viajar a Estados Unidos para pronunciar allí una serie de conferencias. Debió de ser en esta ocasión cuando calibró la posibilidad de emigrar allí. A finales de septiembre realizó su segundo viaje a Estados Unidos y recibió entonces la oferta de una pequeña editorial llamada "Theses & Dissertation Press". En el otoño de 1999 comenzó en los medios de información británicos una campaña contra el "prófugo neonazi", la cual motivó que las visitas de su familia se interrumpieran. Puesto que ya nada lo ataba a Inglaterra y para evitar la persecución en Europa, decidió por fin la emigración a Estados Unidos, a pesar de que no disponía de una "green card" (permiso de trabajo). Uno de los hechos más relevantes de su periodo inglés fue la fundación de una modesta empresa de publicaciones llamada "Castle Hill Publishers", hoy famosa en círculos revisionistas.

Ya en Estados Unidos, sus esperanzas de conseguir el anhelado permiso de trabajo se esfumaron en julio de 2000. Para evitar problemas con las autoridades de Inmigración, se estableció temporalmente en Rosarito, Baja California (México), donde alquiló una casita cerca del hogar de Bradley Smith, cabeza visible de CODOH (Committee for Open Debate on the Holocaust). Durante las diez semanas de estancia en Rosarito nació una estrecha amistad entre ambos revisionistas. En agosto Rudolf supo a través de su madre que sus padres habían decidido desheredarlo en favor de sus hijos. Anteriormente, su padre le había pedido que se esterilizara para que no pudiera procrear más. El 29 de agosto de 2000, cada vez más deprimido, Germar Rudolf lanzó una llamada de auxilio a varios amigos. Por fin decidió volar a Nueva York vía Islandia y en octubre de 2000 tramitó una solicitud de asilo político en Estados Unidos. A finales de mes recibió una nota del Servicio de Inmigración donde se le anunciaba que la solicitud había sido formalmente aceptada y que tendría que acudir a una entrevista con funcionarios del Departamento a finales de noviembre de 2000. La entrevista tuvo lugar el día 29.

El 4 de abril de 2001 se fijó la fecha de 24 de septiembre del mismo año para que una corte de inmigración viera el caso. Por consiguiente, Rudolf tuvo casi medio año para preparar documentos sobre el deterioro de los derechos civiles en Alemania y ponerlos en manos de un abogado especializado. Días antes del gran día, se habían producido los atentados del 11 de septiembre y el juez de inmigración, después de una breve discusión, decidió aplazar la vista hasta el 18 de marzo de 2002. El proceso de petición de asilo, pues, fue demorándose y la tramitación se prolongó durante años. Mientras tanto, Rudolf contrajo matrimonio en 2004 con una ciudadana norteamericana llamada Jennifer, por lo que solicitó que su estatus de inmigrante fuera actualizado o modificado por el de residente permanente. A finales de 2004, el Servicio de Inmigración de Estados Unidos le comunicó que su solicitud había sido rechazada y poco después se le hizo saber que no tenía derecho a presentar un petición de residencia permanente por su matrimonio. Consecuentemente, Germar Rudolf presentó un recurso ante el Tribunal Federal de Atlanta. A principios de 2005 fue padre de una niña.

A pesar de que el Servicio de Inmigración había dicho que no tenía derecho a residencia permanente por estar casado con una ciudadana estadounidense, casi un año después, el 19 de octubre de 2005, el matrimonio fue citado por el Servicio de Inmigración y Naturalización para una entrevista. Supuestamente, se pretendía verificar que el matrimonio era "bona fide" (genuino, de buena fe). La pareja acudió confiada a la cita con su bebé en el cochecito. Pocos segundos después de haberle devuelto el certificado de reconocimiento, dos funcionarios le dijeron a Rudolf que quedaba arrestado. El motivo de tan arbitraria decisión era la inasistencia a una cita que supuestamente se había producido cinco meses antes. El abogado de Rudolf trató de convencer a los agentes de que el arresto estaba injustificado y el oficial de policía pareció dispuesto a aceptar los argumentos, pero alegó que debía consultar con alguien en Washington. Tras una hora de llamadas telefónicas en uno y otro sentido, se ordenó desde Washington la detención definitiva y que se pusieran en marcha los trámites para la deportación a Alemania sin más preámbulos. Con grilletes en pies y manos, Rudolf fue agregado a una cadena de criminales que era conducida a la prisión del Condado de Kenosha. Allí quedó en espera de la deportación. De acuerdo con la pulsera de identificación que se le dio en la cárcel, era el único interno en toda la instalación que no era un criminal, hecho que sorprendió a guardias y prisioneros.

Ni su matrimonio ni las pruebas evidentes de que era perseguido políticamente por publicaciones legales en Estados Unidos fueron consideraciones suficientes para el Tribunal Federal de Atlanta que podía evitar la deportación. Debe tenerse en cuenta que Rudolf había presentado un recurso ante dicho Tribunal Federal contra la decisión de denegarle el derecho de asilo y que no se había producido aún el fallo, por lo que seguía pendiente de resolución. Aunque la Quinta Enmienda de la Constitución garantiza los debidos procesos para todas las personas -no sólo a ciudadanos americanos- presentes en territorio de EE.UU., la Corte Federal rechazó la petición de posponer la deportación hasta que se hubiera tomado una decisión definitiva sobre la petición de asilo. El Tribunal Supremo ni siquiera se molestó en examinar una reclamación de emergencia, que fue desestimada sin explicaciones. La pregunta que se hace Germar Rudolf es la siguiente: "¿Para qué sirve una solicitud de asilo político, si el Gobierno deporta al solicitante antes de que el tribunal que examina el caso haya decidido si hay razones para concederla?"

El 14 de noviembre de 2005 Germar Rudolf fue deportado a Alemania. Se le arrestó enseguida para que cumpliera la condena pendiente de catorce meses y fue trasladado a la prisión de Stuttgart, donde fue informado de que se habían iniciado en su contra nuevos procesos por sus publicaciones en Inglaterra y en Estados Unidos. No se entiende cómo es posible la aplicación del Código Penal alemán por actividades realizadas en otros países donde son perfectamente legales. Así, el nuevo juicio contra Rudolf se inició en Mannheim el 15 de noviembre de 2006. Acusado de "incitar a las masas", hecho que teóricamente se habría producido a través de la publicación de los resultados de su investigación histórica, resumidos en el libro *Lectures on the Holocaust* (2005), Rudolf fue condenado en febrero de 2007 a treinta meses de prisión. Según la acusación, el citado libro constituía el principal motivo de la nueva condena, dado que en él estaban expuestas de manera ejemplar todas las opiniones reprobables.

Germar Rudolf publicó en 2012, residiendo ya legalmente en Estados Unidos, el libro *Resistance is Obligatory* (*La resistencia es obligatoria*), que contiene la exposición que hizo en su defensa ante el Tribunal del Distrito de Mannheim. Todas las peticiones presentadas por el equipo de abogados defensores dirigidas a demostrar que los escritos de su defendido eran de naturaleza científica y por tanto protegidos por la Constitución alemana fueron rechazadas por el tribunal, que prohibió asimismo que testificaran los académicos dispuestos a declarar sobre la naturaleza erudita de los textos de Rudolf. Durante el juicio se prohibió a los abogados defensores de Rudolf que presentaran propuestas en apoyo a los puntos de vista de su cliente bajo la amenaza de ser imputados.

Ante esta situación kafkiana, Germar Rudolf pronunció un discurso ante el tribunal que se prolongó a lo largo de siete sesiones completas. Durante días enteros, Rudolf presentó de manera brillante a través de un texto perfectamente estructurado una disertación sobre qué es la ciencia y cómo se reconocen sus manifestaciones. Además, pese a que la jurisprudencia no era uno de sus campos de conocimiento específico, demostró que las leyes alemanas diseñadas para reprimir a pacíficos disidentes son inconstitucionales y violan los derechos humanos. Explicó en detalle por qué es obligación de todos resistir de manera no violenta ante un Estado que arroja a los calabozos a personas que discrepan pacíficamente. La Corte de Mannheim ni se inmutó y además de condenarlo a treinta meses de prisión ordenó confiscar y quemar bajo supervisión policial todos los ejemplares de *Lectures on the Holocaust*.

Veremos a continuación algunas tenues pinceladas de este discurso de defensa de Germar Rudolf, cuyo texto constituye el contenido esencial del libro *Resistance is Obligatory*. Rudolf trató de publicar su disertación ante el tribunal mientras cumplía condena, lo cual motivó una nueva investigación criminal de la fiscalía. El 10 de agosto de 2007, ya meses después de la finalización del juicio, la Corte de Mannheim emitió una orden judicial de registro de la celda de Rudolf en busca de documentos que demostrasen que estaba en vías de publicar su discurso de defensa. El 25 de septiembre de 2007 recibió la visita de varios oficiales de la policía de Mannheim que le confiscaron todos los documentos que había utilizado durante el proceso. Las razones que se le dieron fueron que sus planes de publicación del discurso evidenciaban una vez más su intención de difundir los contenidos de *Lectures on the Holocaust*, por los cuales cumplía condena. Se le hizo saber que podía incitar a las masas con la utilización de adjetivos como "presunto", "pretendido", "supuesto" o "reivindicado".

Ante la evidencia de que pocos abogados estaban dispuestos a hacerse cargo de su defensa por el temor de acabar imputados, y convencido de que quienes asumieran correr el riesgo tratarían de convencerlo durante el juicio de que se retractase, lo cual equivalía a contratarlos para perder el tiempo y el dinero, Germar Rudolf decidió afrontar el juicio como una oportunidad para exponer las kafkianas condiciones legales predominantes en la República Federal de Alemania. Su intención era escribir un libro tras la finalización del proceso. Durante siete sesiones, Rudolf pronunció un discurso prolongado que acabó siendo extenuante para los jueces, para la audiencia y para él mismo. Consciente de ello, Rudolf escribe: "Preparé estas conferencias no fundamentalmente para los oyentes, sino más bien para la posteridad y para todo el mundo, para ti, querido lector, que estás ahora con el libro en tus manos." Para que ello fuera posible, Rudolf reconoce que dependía de que los jueces, a pesar de sus condicionantes, fueran suficientemente racionales como para autorizar una defensa de tales características, circunstancia que se produjo. La presentación ante el tribunal comenzó con una aclaración de principios sobre su posición a lo largo de todo el juicio, encabezada por el título "Observaciones generales sobre mi defensa", que, por su relevancia, reproducimos íntegra:

"1. Declaraciones sobre temas históricos se realizarán sólo para

a. Explicar e ilustrar mi evolución personal;

b. Ilustrar mediante ejemplos los criterios de naturaleza científica;

c. Situar los cargos del fiscal sobre mis exposiciones en un contexto más amplio.

2. Esas declaraciones no se realizan para respaldar mis opiniones históricas con hechos.

3. No formularé propuestas preguntando a la corte que considere mis tesis históricas por las razones siguientes:

a. Políticas: Los tribunales alemanes tiene prohibido por órdenes superiores la aceptación de tales peticiones para presentar evidencias. Según se dice en el artículo 97 de la Ley Fundamental Alemana. 'los jueces son independientes y sólo están sujetos a la ley'. Disculpen por favor mi sarcasmo.

b. De oportunidad: El punto a) anterior no me prohíbe a mí la presentación de propuestas para presentar evidencias. Sin embargo, puesto que serían todas rechazadas, sería un esfuerzo inútil. Nos ahorraremos pues a todos la pérdida de tiempo y energía.

c. De reciprocidad: Dado que la legislación actual me niega el derecho a defenderme históricamente y en base a los hechos. Yo niego por mi parte a mis acusadores el derecho a acusarme históricamente y en base a los hechos, de acuerdo con la máxima de igualdad y reciprocidad. Así, considero inexistentes los alegatos históricos de la imputación.

d. Jurídicas: En 1543, Nicolás Copérnico escribió:

'Si por ventura hubiera oradores estúpidos, los cuales, junto con aquellos que ignoran todo sobre matemáticas, se atrevieran a tomar decisiones en relación a esas cosas, y merced a alguna página de la Ley tergiversada a mala fe para sus propósitos, se atrevieran a atacar mi trabajo, no merecen la menor importancia, hasta el punto de que desprecio su juicio como una temeridad.'

Ningún tribunal en el mundo tiene el derecho o la competencia para decidir con autoridad sobre cuestiones científicas. Ningún Parlamento en el mundo tiene potestad de utilizar el derecho penal para prescribir dogmáticamente respuestas a preguntas científicas. Por consiguiente sería para mí absurdo como editor de libros de ciencia preguntar a una corte de justicia que determine la validez de los trabajos que he publicado. Sólo la comunidad científica es competente y está autorizada para hacer esto."

Germar Rudolf, Stuttgart, 4 de noviembre de 2006"

A partir de esta declaración ante el tribunal que iba a juzgarlo, Rudolf fue hilvanando un discurso coherente dispuesto en torno a cuatro ejes: consideraciones científicas, consideraciones jurídicas, consideraciones específicas, resistencia ante el Estado. En el primero de estos ejes, pasó revista a su formación académica. La demostración de conocimientos científicos y técnicos fue considerable: bioquímica, la química en la electrónica, química nuclear, química teórica, mecánica cuántica, química orgánica e inorgánica, química física, matemáticas, fueron algunas de las asignaturas optativas a las que no quería renunciar, hasta que, sobrecargado de trabajo, acabó profundizando en química nuclear y en la electro-química. Rudolf trató de hacer comprender al tribunal la importancia de la curiosidad en cualquier científico que se precie. Cuando un Estado pretende con todos los medios a su alcance suprimir ciertas investigaciones y declarar ilegales sus resultados, "automáticamente -aseguró ante los jueces- se expone a levantar la sospecha de que trata de ocultar algo extraordinariamente interesante e importante. Entonces ningún científico sinceramente apasionado puede ya resistir." Rudolf aseguró convencido que la necesidad de conocer la verdad forma parte de la dignidad humana.

Como contraste a la falta de rigor científico y a la voluntad de ocultar la verdad e imponer la mentira, Rudolf sacó a relucir ante la corte de Mannheim el estudio sobre los crematorios de Auschwitz del farmacéutico francés Jean-Claude Pressac, aparecido en 1993 y utilizado constantemente por los medios de comunicación y por los historiadores oficiales como refutación a las tesis revisionistas. Denunció que en ningún momento Pressac había tenido la capacidad de confrontar y mucho menos rebatir uno solo de los argumentos revisionistas. Rudolf recordó al tribunal que él y otros investigadores habían analizado y criticado el trabajo de Pressac en un libro publicado en 1996 (*Auschwitz: Nackte Fackten*), que en español podría traducirse por *Auschwitz: los hechos al desnudo*. "Por la razón concreta de que nuestro libro, al contrario que el libro de Pressac -recordó Rudolf a los jueces-, se atenía al procedimiento científico, el Gobierno alemán ordenó que fuera secuestrado y destruido e inició una nueva querella criminal contra mí." En su afán por contraponer la actitud de unos y otros, exterminacionistas y revisionistas, Rudolf insistió en que la actitud de todo científico digno de tal nombre es examinar cualquier intento de refutación y discutirlo racionalmente, como hacen los revisionistas. Lamentó que la historiografía oficial y los tribunales alemanes e internacionales sustenten sus tesis casi exclusivamente en declaraciones de testigos en lugar de presentar documentos y pruebas concluyentes, y deploró los ataques a los investigadores que piden algo más.

Las consideraciones judiciales en la exposición de Rudolf ocupan medio centenar de páginas. Sin ser jurista, demostró en ellas su capacidad de estudio y análisis del sistema judicial de Alemania, al que comparó con el sistema judicial soviético a través de citas extraídas de *Archipiélago Gulag* de Alexander Solzhenitsyn para demostrar que en ambos los prisioneros políticos son tratados como criminales. Reconoció, no obstante, que por lo menos en Alemania no se tortura a los detenidos, hecho que agradeció. La definición de prisionero político y el deterioro progresivo de los derechos civiles en la legislación alemana fueron abordados mediante la crítica a la aplicación torticera de ciertos artículos de la Ley Fundamental de la República Federal de Alemania. "El presente juicio -dijo- tiene lugar sólo porque el fiscal alega que se ha producido un conflicto entre mi libertad científica y de expresión por un lado y la dignidad humana de un grupo particular de la población por otro." Germar Rudolf insistió ante el tribunal en que la legislación reconoce que no puede haber conflicto entre la publicación de los resultados de una investigación científica y la dignidad humana, por mucho que se quiera poner la dignidad humana de cierto grupo por encima de la del resto de la ciudadanía. Por supuesto, no aceptó la imputación de haber violado la Ley de Protección de la Juventud, a través de la cual se coharta la libertad de expresión en Alemania.

Especial interés en las observaciones judiciales tuvo la consideración sobre la arbitraria interpretación de ciertos términos realizada sistemáticamente por jueces y fiscales en Alemania, "una táctica ilegítima -dijo- de inmunización contra el criticismo." Las expresiones, entresacadas de su propia acusación, utilizadas para imputar a investigadores, escritores o publicistas fueron: "incitación al odio", "de manera capaz de alterar el orden público". En relación a los escritos, se interpreta que "insultan", que están "divulgados maliciosamente para menospreciar", "denigrar" y/o "despreciar", y, entre otras cosas, "niegan" hechos históricos o los presentan "faltando a la verdad conscientemente". Sobre esta última aseveración, Rudolf dijo textualmente a los magistrados que la pretensión de que se iba conscientemente contra la verdad "era la expresión más absurda de la jurisprudencia alemana, la cual piensa seriamente que puede determinar la verdad histórica y el conocimiento a través de veredictos. La historia - añadió- no puede ser tratada de este modo en los tribunales de justicia." Rudolf insistió una vez más en que no puede establecerse que un escrito es "insultante", "desdeñoso", "repudiable", "difamatorio", "denigrante" o "tóxico para la mente" sólo porque un lector lo interpretra subjetivamente de este modo. Su exposición sobre la peligrosa arbitrariedad de los términos usados contra los disidentes en las cortes de justicia concluyó con citas de juristas como el Dr. Thomas Wandres y el Dr. Florian Körber, quienes en distintas disertaciones habían opinado que los libros de Germar Rudolf debían gozar de la protección de la Ley Fundamentel de Alemania, que protege la libertad de expresión y de investigación científica.

El Dr. Körber había publicado en 2003 *Rechtsradikale Propaganda im Internet -Der Fall Töben* (*Propaganda de la derecha radical en Internet - el caso Töben*), una monografía sobre un revisionista australiano, el Dr. Töben, al que las autoridades alemanas querían procesar (su persecución será tratada más adelante). Rudolf citó literalmente ante el tribunal varias tesis de la obra de Körber, destacamos estas:

"La protección de la verdad histórica a través del código penal alberga el peligro de sacar o retirar partes de la historia de una discusión social esencial.

A pesar de su redacción neutral, la sección 130 III del Código Penal alemán concede una problemática protección especial a la parte judía de la población alemana mediante un 'privilegium odiosum'. Existe el peligro de que, a ojos del pueblo, un grupo aparezca como más protegido que la mayoría, lo cual fortalece la percepción de antipatía hacia el grupo protegido..."

Después de citar estas y otras tesis, Rudolf suscribió ante la corte los puntos de vista del Dr. Körber, partidario de la derogación completa del artículo 130 del Código Penal, y respaldó la idea de que una "protección especial" para los judíos, podía acabar siendo "contraproducente para ellos", cosa que debía ser evitada. Rudolf acabó esta parte del dicurso sobre consideraciones judiciales con estas palabras:

"Lo cierto es el hecho de que mis escritos y aquellos que he publicado no tienen, si se considera objetivamente, contenidos que 'inciten al odio', 'menosprecien o insulten', etc., y que tampoco puede considerarse que 'perturban la paz'. Que la acusación utilice tales términos -a falta de otra explicación- sólo demuestra lo que realmente pretende: escandalizar, crear tabús y condenarme al ostracismo mediante aseveraciones falsas."

"Consideraciones específicas" es el epígrafe del tercer gran bloque de contenidos en el discurso de defensa ante el tribunal. En él, Rudolf se refirió a cuestiones concretas contenidas en el escrito de acusación, entre las que aludió a sus teóricas simpatías con el nacionalsocialismo y, sobre todo, a su famoso libro *Lectures on the Holocaust*, considerado por todos, incluido él mismo, su obra principal, en la que a lo largo de quinientas páginas ofrece a los lectores una amplia visión de conjunto de la investigación revisionista y de sus resultados en relación al Holocausto. Tras recordar que en el escrito de acusación se pedía la incautación y destrucción del libro y tras comparar esta actitud con la de los propios nazis, pidió que, antes de entregar el libro a las llamas, los miembros del tribunal conocieran por lo menos sus contenidos. Con esta finalidad, presentó la petición de que se leyera el libro durante el proceso judicial. El tribunal decidió que los magistrados lo leyeran en privado, por lo que se interrumpió el proceso durante tres semanas para que los jueces procedieran a la lectura de la obra.

Dedicaremos algunas líneas más al cuarto bloque del discurso, titulado "Resistencia", que comienza con citas de diversos autores entre los que figura nuestro Ortega y Gasset y su obra *La rebelión de las masas*. Ortega advierte que cuando se renuncia a la vida compartida basada en la cultura, se regresa a la vida cotidiana de la barbarie. De conformidad con esta idea, Rudolf sentenció: "Que ustedes no traten de persuadirme de que cambie de opinión con argumentos, sino que por el contrario rechacen cualquier discusión y traten de enviarme a la cárcel, es exactamente este regreso a la barbarie." Seguidamente, señaló al Estado alemán como objetivo principal de la resistencia no violenta, preconizada entre otros por Gandhi, porque restringe la libertad de ciudadanos pacíficos de los que dice protegerse. Rudolf, apoyándose en textos de intelectuales autorizados, recordó la crisis de los misiles en Cuba, la guerra de Vietnam, el intento de desplegar misiles nucleares en suelo alemán por parte de la OTAN y el rechazo social a la energía nuclear como ejemplos de resistencia y/o desobediencia civil en la República Federal. "En el caso del revisionismo o en mi caso -dijo- la desobediencia o la resistencia está dirigida contra una ley inconstitucional y consiste sólo en ignorar y violar deliberadamente esta, y exclusivamente esta, ley." Rudolf acudió a una cita de la Ley Fundamental, concretamente el artículo 20 párrafo 4, para legitimar su derecho a la resistencia: "Todos los alemanes tienen el derecho a resistir contra cualquiera que trate de eliminar este orden, si no existe otro remedio." De ahí que el acusado acabase declarando ante al tribunal que en realidad estaba cumpliendo con su deber constitucional al resistir y luchar por revertir una situación en la que el Estado actúa de manera injusta y totalitaria.

Germar Rudolf acabó este cuarto bloque de su discurso de defensa rechazando por completo cualquier tipo de resistencia violenta, pues la violencia engendra violencia. Realizó, sin embargo, una llamada a colectivos e instituciones capaces de poner remedio a la situación. En concreto, apeló a iniciativas parlamentarias y legales, a las organizaciones sociales, a los intelectuales, a los medios de comunicación y al pueblo alemán en su conjunto para que se manifestase en defensa de la libertad de expresión. En relación a este último modo de protestar contra la injusticia, constató que, lamentablemente, el remedio a través de protestas públicas estaba siendo imposible, toda vez que en abril de 2006, mientras se estaba en espera del inicio de su proceso, se había prohibido en Mannheim una manifestación con el argumento de que en el transcurso de la misma podían expresarse opiniones prohibidas. "Bien, ya saben -comentó Rudolf-, si no fuera tan profundamente triste, uno debería en verdad escribir una sátira sobre esto."

Después de siete días de sesiones agotadoras, llegó el momento de que Rudolf formulara ante los jueces su propia "Conclusión". Comenzó por recordar cuáles eran los principios que había mantenido como editor e insistió en que ninguno de los libros publicados negaba los derechos humanos a otros, lo proponía o lo justificaba, lo cual no descartaba que hubiera editado textos con los que no estaba de acuerdo. Dijo haber actuado en el sentido de una idea atribuida a Voltaire, quien habría escrito: "Detesto lo que usted dice, pero defenderé hasta la muerte su derecho a decirlo." Parece ser que la atribución de la cita a Voltaire es errónea, como se reconoce en una nota a pie de página de *Resistance is Obligatory*. Nosotros, no obstante, aprovecharemos la coyuntura para citar otro pensamiento asignado asimismo a Voltaire, que quizá podría haber esgrimido el propio Rudolf: "Para enterarte de quién te domina, descubre simplemente a quién no puedes criticar." Sobre su necesidad vital de expresarse en libertad, destacamos este fragmento de la Conclusión:

"El profesor Faurisson dijo en una ocasión que él es como un pájaro cuya naturaleza es cantar. Incluso si estuviera encerrado en una jaula, no pararía aún de cantar. Y ésta es también mi manera de ser. Forma parte de mi carácter, de mi personalidad, sí, está incluso en mis genes que no pueda mantener la boca cerrada, que tenga que expresar mi opinión, en particular si creo que descubro una injusticia. En este caso nada me hará callar. Igual que un negro no puede evitar serlo, yo no puedo evitar decir lo que piensa mi mente. Castigar esto es tan injusto como castigar a un negro por el hecho de ser negro."

Dirigiéndose al juez que presidía el tribunal, Matthias Schwab, le recordó que un colega suyo ya retirado, Günther Bertram, antiguo presidente del Tribunal del Distrito, había expresado en un artículo aparecido en un semanario de temas jurídicos, *Neuen Juristischen Wochenschrift*, todos los problemas relacionados con el párrafo 130 de Código Penal. Rudolf leyó íntegramente el texto ante la corte, puesto que, según dijo, era un artículo escrito por un experto que "recalcaba claramente la naturaleza inconstitucional de la ley con la cual estaba siendo procesado." Expresó, sin embargo, su descuerdo con la opinión de Bertram sobre la Shoah, que según el jurista justificaba el tabú alemán sobre Auschwitz, y mostró también su disconformidad con el ministro federal del Interior, Wolfgang Schäuble, quien no sólo había justificado el tabú, sino que, a diferencia de Bertram, había respaldado su implementación judicial. Schäuble, ministro de Interior en dos ocasiones: de abril de 1989 a octubre de 1991 y de noviembre de 2005 a octubre de 2009, fue nombrado por Angela Merkel ministro de Finanzas de la República Federal el 28 de octubre de 2009, cargo que desempeñó hasta el 24 de octubre de 2017.. Puesto que se trata de una figura clave en la política económica de la Unión Europea, es de interés conocer el texto del ministro Schäuble que Rudolf citó ante los magistrados que lo juzgaban, publicado en el *Frankfurter Allgemeine Zeitung* el 24 de abril de 1996 en el contexto de un intercambio con Ignatz Bubis, entonces presidente del Consejo Central de Judíos de Alemania:

"Con respecto a si la mentira sobre Auschwitz es un acto criminal y con respecto a la prohibición de los símbolos nacionalsocialistas, sólo diré esto: en un sitio abstracto podríamos tener maravillosas discusiones sobre si es una tontería o no, desde el punto de vista legal, reprimir la expresión de opiniones. A pesar de ello, esto es lo que debe hacerse, porque sencillamente no estamos actuando en un sitio abstracto, sino que hemos tenido experiencias históricas concretas. No creo que esas disposiciones legales seguirán vigentes para toda la eternidad; pero aquí y ahora es correcto decir, a través de leyes que podrían ser consideradas problemáticas desde consideraciones puramente legales: hay límites y barreras en este sentido y aquí es donde se acaba la broma."

Rudolf, obviamente, consideró el texto inaceptable y lo calificó de "absurda censura mental". Para poner en evidencia la pseudológica del razonamiento, opuso un texto de su libro *Kardinalfragen*, publicado en 1996, que leyó también a los jueces:

"Ahora todo el mundo lo sabe: la persecución de los historiadores revisionistas no se produce por razones legales, puesto que las leyes creadas para el castigo de aquellos que tienen opiniones fastidiosas pueden ser calificadas como tonterías problemáticas. Por contra, algunas presuntas 'experiencias históricas' deben servir como excusa para que un debate abierto precisamente sobre esas experiencias históricas pueda ser proscrito. O dicho de otra forma:

Art. 1: El partido siempre tiene razón.

Art. 2: Si alguna vez el partido no tiene razón, automáticamente se aplicará el artículo 1."

Tras la cita, Rudolf se dirigió indignado al tribunal para declarar que "el encarcelamiento de historiadores disidentes no era una tontería problemática sino un crimen total" y pidió a los jueces que repasaran los fragmentos del Código Penal donde se hablaba de la persecución de gente inocente y sobre encarcelamientos ilegales. Recordó a continuación que el 3 de mayo de 1993, tras la publicación del *Informe Rudolf*, el director del Max Planck Institure, Dr. Arndt Simon, le informó de lo siguiente en una conversación personal:

"Cada época tiene sus tabús. Incluso nosotros investigadores debemos respetar los tabús de nuestro tiempo. Los alemanes no debemos tocar este asunto (el exterminio de los judíos), otros tienen que hacer esto. Tenemos que aceptar que nosotros, alemanes, tenemos menos derechos que otros."

El establecimieno de paralelismos entre su situación y la de Galileo Galilei ocupó la parte final de su discurso. Uno había nacido en 1564, otro cuatrocientos años más tarde, en 1964. Ninguno de los dos pudo hacer su examen final universitario. Ambos habían tenido dos hijas y un hijo. Ambos eran científicos y autores. En los dos casos la obra principal era un volumen de 500 páginas que había sido prohibido, confiscado y quemado por la misma razón: rechazar un dogma de su época que subvertía la afirmación de infalibilidad de grupos poderosos. Ambos habían sido juzgados y condenados por negar el dogma y los dos habían perdido la libertad. El prolongado discurso de Germar Rudolf acabó con las siguientes palabras:

"En mi opinión este juicio no es en realidad sobre mí y mis libros. Este juicio es un punto de inflexión. Aquí se decidirá si en Alemania será posible otra vez en el futuro mantener o recuperar una posición de liderazgo en el nivel intelectual, cultural y científico, o si Alemania permanecerá en un nivel de segundo o tercer orden. Es su obligación decidirlo. Por tanto, cuanto puedo hacer al final de mi declaración es convocarles:

'¡Señores, concedannos libertad de pensamiento!' (de Schiller en *Don Carlos*)

Y siguiendo a Martin Luther, debo concluir:

'Opino todo esto; no puedo hacer otra cosa. ¡Que Dios me ayude!'

Les agradezco su atención."

Después de pasar cuarenta y cuatro meses encarcelado, el 5 de julio de 2009 Germar Rudolf recobró la libertad. Cuando en 2011 logró por fin obtener la "green card", el permiso sin restricciones para reunirse con su familia en Estados Unidos, Rudolf pudo publicar allí *Resistance is Obligatory*.

Horst Mahler, de izquierdista radical a negacionista del Holocausto

El caso del abogado Horst Mahler es, como los de Zündel y Rudolf, extraordinario en sí mismo. Mahler comenzó a ser perseguido en 2003 por denunciar la mentira oculta tras los atentados del 11 de septiembre de 2001. Años más tarde, en 2006, comenzaron las primeras sentencias por negar el exterminio sistemático de los judíos. Ya con setenta y tres años de edad, fue condenado en 2009 a seis años de cárcel, pena que fue posteriormente ampliada a once años. Estando preso, probablemente en 2010, Mahler contrajo matrimonio con la abogada y amiga íntima Sylvia Stolz, mucho más joven que él, la cual cumplía condena por haber cuestionado el Holocausto mientras defendía a Ernst Zündel. Enfermo de diabetes, el estado de Horst Mahler fue empeorando progresivamente en prisión a causa de la falta de movimiento, de la mala alimentación y de un tratamiento médico inadecuado, hecho que denunció su hijo en una carta abierta. El 29 de junio de 2015, cerca de cumplir los ochenta años, fue hospitalizado en estado crítico a causa de una septicemia, una infección grave susceptible de extenderse a todo el cuerpo. Para evitar lo peor, hubo que amputarle un pie.

Hijo de un odontólogo, Horst Mahler nació en 1936 en Haynau/Schlesien. Su padre, un nacionalsocialista convencido, se suicidó años después de que los norteamericanos lo liberasen del cautiverio. Ya sin el cabeza de familia, en 1949 su familia se estableció en Berlín, donde Mahler estudió Derecho en la Universidad Libre de Berlín. Cuando logró establecerse por su cuenta, comenzó a defender a acusados del izquierdista movimiento estudiantil y de la oposición extraparlamentaria, APO (Außerparlamentarischen Opposition). En 1969 defendió a Andreas Baader y a Gudrun Ensslin, acusados de incendiar unos grandes almacenes. Horst Mahler iba a convertirse a principios de los años setenta en el padre de la RAF (Fracción del Ejército Rojo), pues parece ser que fue él quien convenció a Baader y a Ensslin para que formasen una "guerrilla". En marzo de 1970 la Audiencia Provincial de Berlín Occidental lo condenó a diez meses de cárcel por su conexión con unos disturbios ante el edificio Axel Springer de Berlín. Se le concedió la libertad condicional, pero en junio fue condenado a pagar una multa de 75.800 marcos por daños a la editorial Axel Springer. Decidió entonces huir a Jordania con Ulrike Meinhof, Gudrun Ensslin, Andreas Baader, escapado de la cárcel con violencia, y otros simpatizantes de la "Rote Armee Fraktion" (RAF), para unirse a las guerrillas palestinas. Allí pretendían formarse para la lucha armada. El 8 de octubre de 1970 Mahler cayó en una trampa y fue detenido en el barrio berlinés de Charlottenburg. Se le acusó de haber planificado la huida violenta de Andreas Baader de la cárcel y de haber participado en ella.

Queda claro que a estas alturas de su vida Horst Mahler no había descubierto la verdadera naturaleza del comunismo y estaba en las antípodas de comprender la falsificación de la historia y de la realidad. En mayo de 1972 el tribunal que lo juzgaba no pudo demostrar su participación en la huida de la cárcel de Andreas Baader y lo absolvió, pero siguió encarcelado por otros delitos. En octubre del mismo año llegó el proceso en el que fue acusado de organizar y participar en una organización criminal. El 26 de febrero de 1973 fue condenado por la fundación de la RAF, conocida también como banda Baader-Meinhof, y por su implicación en algunas de sus acciones violentas. La sentencia de doce años de privación de libertad fue muy discutida y considerada inconsistente en ambientes jurídicos. En julio de 1974 se le retiró a Mahler la autorización para ejercer la abogacía.

Fue en estos años tempestuosos cuando se produjo el escándalo del supuesto suicidio en sus celdas de los líderes de la RAF. Andreas Baader, Gudrun Ensslin, Jan-Carl Raspe y Ulrike Meinhof habían sido detenidos en 1972. Meinhof, que había declarado en el juicio de Horst Mahler, afrontó condiciones de encarcelamiento muy severas: tras su detención estuvo 236 días en aislamiento total. Después de dos años de audiencias preliminares, el 29 de noviembre de 1974 fue condenada a ocho años de prisión. El 19 de agosto de 1975 Meinhof, Baader, Ensslin y Raspe fueron acusados conjuntamente de cuatro cargos de asesinato, de cincuenta y cuatro intentos de asesinato y de formación de una organización criminal. Antes de que concluyera el juicio, el 9 de mayo de 1976, Ulrike Meinhof fue hallada muerta en su celda de la prisión de Stammheim: supuestamente se había ahorcado. A petición de su abogado, en 1978 una investigación internacional intentó acceder al informe de la primera autopsia, pero las autoridades se negaron. La comisión internacional emitió un informe según el cual "la reivindicación inicial de que Meinhof se había suicidado no tenía base alguna." El 18 de octubre de 1977, también Andreas Baader y Jan-Carl Raspe habían aparecido muertos en sus celdas por heridas de bala, mientras que Gudrun Ensslin se había colgado mediante una soga hecha con cable de altavoz.

Hecha esta reseña que permite apreciar cuál era el círculo de amistades de Horst Mahler, podemos centrarnos ya en la transformación que había de convertirlo en un negacionista empecinado del Holocausto. En julio de 1979 Mahler logró un régimen abierto para la ejecución del resto de su condena y por fin en agosto de 1980, después de diez años encarcelado, salió en libertad condicional tras condenar el terrorismo y declarar públicamente que repudiaba los métodos de la RAF. Es de interés mencionar que su abogado era Gerhard Schröder, quien más tarde llegaría a ser el canciller de Alemania. En 1987 se desestimó su solicitud para poder ejercer de nuevo su profesión; sin embargo, de nuevo gracias al buen hacer de Schröder, se reconsideró el asunto en 1988 y sus derechos como abogado le fueron restituidos.

Durante los diez años siguientes, el pensamiento de Horst Mahler experimentó profundas transformaciones. Ya en 1997 su ideología política había cambiado. Una de las personas que más influyó en su evolución fue Günter Rohrmoser. El 1 de diciembre de 1997, en la celebración del septuagésimo cumpleaños de Rohrmoser, Mahler pronunció un discurso en el que denunció que Alemania era un país ocupado y que debía liberarse de la esclavitud de la deuda para restablecer su identidad nacional. Un año después publicó en el semanario *Junge Freiheit* un artículo titulado "Zweite Steinzeit" (Segunda edad de Piedra), en el que explicaba su conversión al ideario "Völkisch" (idealismo romántico antimaterialista basado en los conceptos de pueblo, patria, sangre y tradición). En el año 2000 se afilió al Partido Nacional Democrático de Alemania, NPD, del que se convertiría en su abogado.

En marzo de 2001 estaba ya perfectamente identificado con las ideas revisionistas. Prueba de ello es que figuraba entre los participantes en una conferencia titulada "Revisionismo y sionismo", convocada en Beirut entre el 31 de marzo y el 3 de abril de 2001. El nombre de Horst Mahler aparecía entre conferenciantes de la talla de Robert Faurisson; Frederick Töben, doctor en filosofía y director del Adelaide Institute en Australia; Mark Weber, director del IHR; Henri Roques, autor de la tesis doctoral sobre las "confesiones" de Gerstein; Oleg Platonov, historiador ruso; y Roger Garaudy, el filósofo francés que como Mahler procedía del campo marxista y que en 1998 había sido condenado por un tribunal de París a pagar una multa de 45.000 dólares por la publicación de *Los mitos fundacionales del Estado de Israel*. Tres de las más poderosas organizaciones judías: el Congreso Mundial Judío, la Liga Andifamación (ADL) y el Centro Simon Wiesenthal, con el apoyo del Gobierno de Estados Unidos y de algunos miembros del Congreso, presionaron al Gobierno de Líbano para que prohibiera el encuentro. Como cabía esperar, los "amigos" de la libertad de expresión y de pensamiento lograron su propósito y las autoridades libanesas anunciaron nueve días antes de la fecha del inicio que la conferencia quedaba suspendida.

Como se ha dicho antes, la persecución de Mahler en Alemania comenzó a causa de su denuncia sobre los atentados del 11 de septiembre de 2001. En el año 2003 fue acusado de "alterar el orden público" e "incitar al pueblo". Mahler declaró ante el tribunal que no era cierto que Al-Qaeda tuviera algo que ver en los atentados. En 2004 fue imputado por difundir vídeos y otros documentos que negaban el Holocausto. En 2006 las autoridades alemanes le retiraron el pasaporte para impedir que pudiera asistir en Teherán a la "Conferencia Internacional para la Revisión Global del Holocausto", sobre la que ampliaremos información cuando tratemos la persecución del profesor Faurisson. En 2007 se levantaron contra él nuevos cargos a causa de una larguísima entrevista para la revista *Vanity Fair* realizada el 4 de octubre en el Hotel Kempinski del aeropuerto de Múnich. Fue publicada el 1 de noviembre de 2007 y el autor de la misma, Michel Friedman, antiguo vicepresidente del Consejo Central de Judíos en Alemania, denunció a Mahler alegando que lo había saludado con el brazo en alto a la manera hitleriana y había gritado "¡Heil Hitler, Herr, Friedman!". Friedman presentó al entrevistado como un nazi demente que inspiraba a la extrema derecha alemana con sus teorías antisemíticas y que había evitado la prohibición del NPD cuando era su abogado. Durante la entrevista, Mahler le dijo al periodista judío que el pretendido exterminio de los judíos en Auschwitz era una mentira. Como consecuencia de la denuncia de Friedman, el 23 de noviembre de 2007 Mahler fue condenado a seis meses de prisión sin fianza.

En febrero de 2009, la agencia internacional Associated Press daba la noticia de que Horst Mahler, un neonazi de setenta y tres años que en 1970 había sido el fundador de la Fracción del Ejército Rojo, grupo terrorista de extrema izquierda, había sido condenado a seis años de prisión. La imputación se había producido por publicar en internet vídeos que negaban el Holocausto y por la distribución de CDs que incitaban al odio antijudío y a la violencia. Mahler, cuya experiencia como abogado le permitía saber que no podía esperar nada del tribunal, no perdió el tiempo durante el juicio en tratar de excusarse o en buscar atenuantes, sino que inició su intervención presentando una demanda contra sí mismo. Al escucharlo, el magistrado Martin Rieder, que presidía la corte en Múnich, calificó sus palabras de "graznidos nacionalistas". Según Associated Press, el juez Rieder lo acusó de "servirse del tribunal para difundir su mensaje de odio." En su alocución de una hora, Mahler se reafirmó en que "el Holocausto era la mayor mentira de la historia" y tuvo palabras de admiración para el obispo católico inglés Richard Williamson, quien en una entrevista reciente a la televisión sueca había negado el exterminio de los judíos.

La indignación de Rieder ante la arrogancia y el desafío de Mahler provocó que en su sentencia de 21 de febrero de 2009 aumentara en un año la condena sobre el máximo de cinco recomendado por la legislación. Para justificarse, el juez explicó que el acusado era "contumaz e imposible de reeducar". Sobre el veredicto, el Centro Simon Wiesenthal de Jerusalén dijo: "Refuerza el mensaje de que no hay tolerancia para la negación del Holocausto y recuerda seriamente a los tribunales que no deben permitir ser utilizados por negacionistas para propagar sus mentiras." Tres semanas más tarde, el 11 de marzo de 2009, la condena fue ampliada en cuatro años y nueve meses por un tribunal de Potsdam, lo cual, si se considera la avanzada edad de Mahler equivalía a una cadena perpetua. Una vez más Mahler había negado el Holocausto y puesto en duda muchos de los crímenes de guerra atribuidos a Alemania.

Horst Mahler había optado por presentar cargos contra sí mismo ante la corte de Múnich para dar ejemplo al movimiento de desobediencia civil que iba formándose en Alemania. Muchos de sus simpatizantes, sin embargo, entendían que sería más útil fuera de la cárcel. "¿Por qué haces esto?", le habían preguntado sin acertar a compender una actitud que desaprobaban. Para darles respuesta, Mahler logró escribir un texto para la opinión pública antes de ingresar en prisión. En dicho escrito, considerado una especie de testamento político, pretendía hacer comprender que no sólo estaba en juego el derecho a expresar una opinión, sino el derecho a la supervivencia:

"Si uno se da cuenta, como yo lo hago, de que la religión del Holocausto es el arma principal para la destrucción moral y cultural de la nación alemana, entonces se entiende con claridad que lo que está en juego aquí es nada más y nada menos que el derecho colectivo a la defensa propia, es decir, el derecho de Alemania a sobrevivir. ¡La supervivencia afecta a todos! ¿Cree el mundo de veras que los alemanes permitiremos sumisamente que se nos destruya como Pueblo, que permitiremos pasivamente que nuestro espítitu nacional sea extinguido sin lucha? ¿Qué juristas pueden argumentar que la defensa propia es un acto delictivo? Como Pueblo y como entidad colectiva tenemos una naturaleza nacional y espiritual. La manera más segura de terminar con Alemania como entidad espiritual es destruir nuestra alma nacional y nuestra identidad, de manera que no lleguemos a saber quiénes o qué somos. Destruir nuestro espíritu nacional es precisamente el propósito de nuestro enemigo al exigir que aceptemos incuestionablemente su dogma del Holocausto y que renunciemos a recalcar que su fantástico Holocausto nunca ocurrió. ¡No hay evidencia de él! Una vez que comprendamos el hecho de que nos enfrentamos a la amenaza de aniquilación, no albergaremos dudas de quién es nuestro enemigo: es el viejo asesino de naciones. Si entendemos esto, no aceptaremos más pasivamente sus mentiras y tergiversaciones."

Como puede advertirse, Mahler reclamaba con determinación la resistencia como una necesidad existencial de Alemania. Una parte del texto estaba dedicada a explicar los años de lucha armada de la Rote Armee Fraktion (RAF). Mahler explicaba que él y sus compañeros pretendían luchar entonces contra "el Sistema" y que creían lo que "el Sistema" les había enseñado en las escuelas sobre el Holocausto. Admite que incluso "compraron" la propaganda antialemana que difundían los americanos. Su toma de conciencia, según se desprende de este escrito, se produjo en 2001 cuando tuvo que defender como abogado a Frank Rennicke, un cantautor patriota que había sido acusado y condenado por negación del Holocausto. Como consecuencia de la asunción de la defensa de Rennicke, comenzó una investigación que le puso sobre la senda de una nueva comprensión de los hechos históricos. Veamos otro fragmento del testamento político de Mahler:

"Queda claro que los vencedores o el vencedor de la II Guerra Mundial (el único vencedor auténtico fue la judería internacional) hicieron grandes esfuerzos para asegurarse de que la base de la dominación judía, principalmente el culto religioso del Holocausto, sería legalmente irrefutable. Esta fue su meta cuando crearon la República Federal, y queda claro que el Tribunal Supremo adoptó hace mucho tiempo una judicatura diseñada para perpetuar el Holocausto. La misión de proteger el Holocausto subyace en ambas, en la Ley Fundamental y en la República Federal. Ésta es la base de la dominación de Alemania por sus enemigos. El ministro de Asuntos Exteriores alemán Joschka Fischer lo explicó muy claramente cuando se refirió al Holocausto y al respaldo de Israel como la razón de ser de la República Federal."

En su escrito, Mahler apelaba a sus compatriotas a resistir y a recuperar el sentimiento de orgullo de ser alemanes. Se reafirmaba en su convicción de que lo que había hecho era lo mejor que podía hacer y reconocía que luchando solo y dependiendo de sí mismo no podía hacer otra cosa que "repetir la verdad una y otra vez", puesto que había dejado escrita en internet la promesa de que "nunca cesaría de repetir esta verdad." En cuanto a los once años de cárcel que se disponía a afrontar, admitía que con sus setenta y tres años a cuestas cualquier cosa podía ocurrir, hecho que asumía con una frase del Evangelio de San Mateo: "Quien no esté dispuesto a coger su cruz, no es digno de mí." Mahler mostraba finalmente su esperanza en el poder y la fuerza de la Iglesia. Pese a lamentar que su dirección había sido corrompida y socavada por los judíos, confiaba en que "podía ser la roca en que el barco de la Gran Mentira podía estrellarse y desaparecer." El texto terminaba con el convencimiento de que sólo la verdad traería la libertad:

"Yo he querido dar un ejemplo. He dicho a menudo que la nuestra es la revolución más fácil que se haya podido hacer nunca. Necesitamos sólo que unas miles de personas se levanten y digan la verdad claramente como ha hecho el obispo Williamson y como yo he tratado de hacer, junto a otros que han padecido persecución judicial por decir la verdad y distribuir *Lectures on the Holocaust* de Germar Rudolf. La victoria final de la verdad es inevitable, como lo es la derrota del imperio global sionista."

Habiendo examinado el control absoluto de las naciones y de los pueblos a través de la economía, de los medios de comunicación y de políticos cooptados, y visto cuanto acontece en las cortes de justicia de Alemania y de otros países europeos, la idea de que se produzca una revolución, la "más fácil que se haya producido nunca", de miles de personas que griten la verdad no parece acertada. Debe admitirse que sólo mediante un poder absoluto puede obligarse a los tribunales de un país a proceder como lo hacen en la República Federal de Alemania. Se mire como se mire, es aberrante que un acusado diga ante la corte que no miente, que tiene pruebas de que dice la verdad, que las quiere enseñar, y que los jueces le contesten que no quieren ver dichas pruebas, puesto que ha negado el Holocausto. La perversión alcanza cotas delirantes si se considera que cuando el abogado defensor trata de demostrar que su cliente dice la verdad, es advertido de que su proceder es ilegal, que lo van a incapacitar y que irá a la cárcel. En concreto, el juez que apartó a Sylvia Stolz de la defensa de Ernst Zündel le dijo que podía comprender que un acusado se comportara como lo hacía Zündel, pero que entonces el abogado tenía el deber de decirle a su cliente que lo que hacía era ilegal. Ésta es la fórmula monstruosa de la justicia del Holocausto.

Dos años después de la entrada en prisión de Horst Mahler, Kevin Käther, un joven revisionista alemán partidario de seguir su ejemplo, y su abogado Wolfram Nahrath organizaron una demostración ante el centro penitenciario de Brandenburgo, a unos ochenta kilómetros de Berlín, donde se hallaba encarcelado Mahler. Se trataba de pedir su libertad, la de Sylvia Stolz y la derogación del artículo 130 del Código Penal. Käther también se había autoinculpado ante un tribunal y, pese a haber recibido en 2010 una condena de veinte meses, había logrado sorprendentemente la libertad condicional. El 26 de marzo de 2011 se concentraron en el aparcamiento de la prisión cerca de trescientas personas, entre las que se encontraban revisionistas que habían viajado desde Francia, Bélgica, Gran Bretaña, Austria, Suiza, Japón y de otros lugares de Alemania.

El abogado Nahrath se dirigió a los manifestantes para hacerles saber que el acto estaba autorizado desde las doce del mediodía hasta las cuatro de la tarde. A continuación leyó un texto emotivo en el que describió a Mahler como un idealista, un luchador por la libertad. Wolfram Nahrath denunció la hipocresía de las mal llamadas democracias, que condenan la represión de los derechos humanos en China a la vez que encarcelan a sus propios disidentes por crímenes de pensamiento. Como ejemplo de la doble moral, recordó que mientras Horst Mahler cumplía una condena inhumana para un hombre de su edad, se había otorgado el premio Nobel de la Paz al disidente chino Liu Xiaobo. Hicieron asimismo uso de la palabra el Dr. Rigolf Hennig y Úrsula Haverbeck, ambos de "Europäische Aktion". Haverbeck, recientemente condenada a dieciocho meses a pesar de tener casi noventa años, dijo con una lucidez extraordinaria que Alemania "había sido profundamente herida" y que la BRD (Bundesrepublik Deutschland) "no era el Estado del pueblo alemán". El político británico Richard Edmonds habló en representación de un grupo de revisionistas ingleses y calificó de "escándalo" y "cinismo" lo que ocurría no sólo en Alemania, sino en la Unión Europea. Lady Michèle Renouf, conocida modelo revisionista inglesa que regenta la página web *Jailing Opinions* (*Encarcelando opiniones*), fue la última en hacer uso de la palabra.

En enero de 2013 Horst Mahler había terminado de escribir en la cárcel un libro que nunca será editado, pero que puede leerse en alemán en formato PDF, *Das Ende der Wanderschaft. Gedanken über Gilad Atzmon un die Judenheit* (*El fin de la caminata. Reflexiones sobre Gilad Atzmon y la judería*). La obra había nacido tras la lectura de un libro enviado a la prisión por un amigo, *The Wandering Who?*, obra publicada en 2011 por Gilad Atzmon, un disidente judío antisionista exiliado en Londres[4]. El

---

[4] Sobre Gilad Atzmon podríamos escribir una larga nota, puesto que merece ser conocido y reconocido. Nacido en Tel Aviv en 1963, después de vivir la guerra de Líbano en 1982 como soldado del Tsahal, Atzmon se convirtió en un amigo del pueblo palestino y en activista de su causa. En 1994 emigró al Reino Unido y en 2002 obtuvo la nacionalidad británica. Tras estudiar filosofía en la Universidad de Essex, comenzó a ser conocido por sus actividades como saxofonista de jazz. A causa de sus críticas al sionismo y de sus puntos de vista revisionistas sobre el Holocausto, es considerado un antisemita y muchos de sus enemigos sionistas lo acusan de ser "un judío que se odia a sí mismo por el hecho de ser judío". Su

libro de Mahler consistía en una serie de consideraciones históricas sobre los contenidos del libro de Atzmon, a quien en el prólogo fechado el 3 de enero de 2013 agradecía de corazón su honestidad y su coraje: "Quiera Dios concederle una larga vida, salud y fuerza creadora. El mundo necesita a Gilad Atzmon -y sabed: no sólo un Gilad Atzmon es necesario, sino muchos Gilad Atzmons". Dos años más tarde, el 11 de junio de 2015, el Departamento Federal para Materiales Nocivos para los Jóvenes en Alemania incluyó el libro de Horst Mahler en la lista de libros dañinos. Entre las personas que a las 11.30 de la mañana del 11 de junio se presentaron ante el consejo de dicho Departamento para defender que no se prohibiera la obra de Mahler estaban el párroco Friedrich Bode y Gerard Menuhin, hijo del famoso violinista de origen judío Yehudi Menuhin y autor de *Tell the Truth and Shame the Devil*, donde considera el Holocausto una mentira histórica descomunal.

A finales de junio de 2015, sólo unos días después de la prohibición del libro, Axel Mahler, hijo de Horst, escribió una carta al párraco Friedrich Bode para comunicarle que su padre se hallaba en la UCI en estado crítico. Cuatro años habían transcurrido desde de la manifestación en Brandenburgo en favor Horst Mahler y la "revolución de miles de personas que gritasen claramente la verdad" seguía sin producirse. Evidentemente, unos centenares nada significaban para las autoridades alemanas, que se desentendían además de la situación carcelaria desesperada del revisionista disidente. Axel Mahler le explicaba a Bode en su escrito que la diabetes de su padre no había sido adecuadamente tratada y que padecía una infección severa que le hacía temer por

---

discografía consta ya de más de una docena de títulos, entre los que destacaremos el CD *Exile*, editado en 2004 y considerado por la BBC álbum del año. Se trata de un trabajo emocionante en el que casi todos los temas, entre los que destacan *Jenin*, *Al Quds* o *Land of Canaan*, hacen referencia al sufrimiento del pueblo palestino. Dos palestinos, el músico Dhafer Youssef y la cantante Reem Kelani, colaboraron con Gilad Atzmon en este disco. Antes de publicar *The Wandering Who?*, Atzmon había escrito ya otros dos libros. La obra que nos ocupa constituye una investigación sobre las políticas identitarias y la ideología contemporánea de los judíos. Entre los múltiples temas examinados críticamente están el odio de los racistas judíos hacia los gentiles y el papel desempeñado por la religión del Holocausto.

su vida. Por ello, decía, estaban considerando "emprender acciones legales contra las autoridades judiciales por mantenerlo encarcelado."

El 4 de julio de 2015 Úrsula Haverbeck se dirigió por carta al Prof. Dr. Andreas Voßkuhle, del Tribunal Supremo, exigiéndole en un tono muy severo y crítico que considerase el sufrimiento del abogado y filósofo Horst Mahler y que la justicia alemana dejase de someterse a los dictados de Israel, representado por el "Zentralrates der Juden in Deutschland" (Consejo Central de los Judíos en Alemania). Con gran coraje y asumiendo el riesgo, se refirió al Holocausto como "la mentira más grande y persistente de la historia" y escribió textualmente: "Eine Untat ohne Tatort ist keine Tatsache" (Un crimen sin el lugar del delito no es una realidad). Úrsula Haverbeck terminaba rogando encarecidamente que se actuase con rapidez antes de que fuera demasiado tarde. El 14 de julio de 2015, la prensa daba la noticia de que se había amputado el pie izquierdo a Horst Mahler, quien se encontraba estable después de la operación. Tras la intervención, Mahler siguió encarcelado. Cada vez más angustiado, en octubre de 2015 se decidió por fin a pedir ayuda a través de una nota desesperada:

"Queridos amigos, durante mucho tiempo he dudado si debía pedir ayuda. Pero ahora mi vida está en peligro. Mi pierna izquierda ha sido amputada y los médicos tratan de evitar más amputaciones. Finalmente, un abogado ha aceptado ejercer mi defensa ante un tribunal. Sin embargo, puesto que estoy económicamente arruinado, no puedo pagarlo. Además, la puesta en práctica de mi libertad condicional debe ser financiada. Si lograra salir de la prisión, serían necesarias algunas reformas en mi casa para permitir la vida de un inválido.

¡Por favor, ayuda! ¡Muchas gracias por adelantado!

Horst Mahler."

Pocos días después de la publicación de esta petición, el 6 de octubre de 2015 algunos medios de información publicaron la noticia de que Horst Mahler, que estaba a punto de cumplir ochenta años, había salido de la prisión de Brandenburgo, en la que había pasado casi siete años encarcelado por un crimen de pensamiento.

El 6 abril de 2017, ya con 81 años, Mahler recibió una notificación de la Fiscalía donde se le comunicaba que el 19 de abril debía reingresar en la cárcel para cumplir los tres años y medio (1.262 días) de condena que le quedaban pendientes. Ante esta perspectiva, Horst Mahler pronunció el 16 de abril una conferencia en la que denunció por última vez el complot judío. El día 19, después de grabar un vídeo corto en el que explicaba por qué no estaba dispuesto a volver a la prisión, tomó una decisión arriesgada: huyó a la Hungría de Viktor Orbán con el fin de solicitar "asilo en un Estado soberano". Allí, fue arrestado en Sopron el 15 de mayo. El fiscal general de Budapest aludió a una EAW (European Arrest Warrant) para justificar la detención. El 6 de junio un tribunal de Budapest ordenó que debía ser entregado y una semana después la policía del "Estado soberano" lo puso en un avión con destino a Alemania. Hemos sabido gracias a una información de Lady Michèle Renouf que a finales de octubre de 2018 la vida de Mahler corría peligro. Tras sufrir un colapso en su celda, se hallaba en la sección de detenidos del Hospital Municipal de Brandenburgo, ingresado con neumonía y un proceso de necrosis.

Sylvia Stolz, la abogada irreductible

Lo ocurrido con la abogada Sylvia Stolz se ha ido comprendiendo a medida que íbamos narrando los avatares de Zündel y Mahler. En cualquier caso, lo ocurrido con esta bravísima mujer es digno de un espacio adecuado en nuestra *Historia proscrita*. Daremos comienzo a su desdichada "aventura" en diciembre de 2005, cuando participaba como abogada defensora en el juicio contra el Dr. Rigolf Hennig, coronel médico en la reserva acusado de haber menospreciado a la "Bundesrepublik" en el periódico *Reichsboten*, que él mismo publicaba. Exactamente, Hennig fue acusado de negar la legitimidad de la República Federal. El lunes 12 de diciembre, el fiscal Vogel amenazó arrogantemente a una letrada de la defensa, Sylvia Stolz. Vogel le advirtió que si continuaba en su línea de defensa se exponía a ser imputada también ella por incitación y desprecio a la "Bundesrepublik" y que no dudaría en acusarla. En lugar de amedrentarse, la abogada expresó gratitud a Vogel porque, según le dijo, "con su actitud reforzaba su tesis de que el proceso era un juicio espectáculo". Stolz expresó su opinión de que lo que se aplicaba no era la ley alemana, sino la voluntad de un poder dominante extranjero.

A lo largo del proceso, que se prolongó hasta casi finales de diciembre de 2005, Sylvia Stolz demostró una competencia encomiable y acudió a la cita de textos de intelectuales judíos como Harold Pinter, que acababa de recibir el premio Nobel de literatura, y Gilad Atzmon, al que hemos presentado antes. Atzmon acababa de dar el 2 de diciembre de 2005 una conferencia en Bochum, en la que había afirmado públicamente que la historia de la Segunda Guerra Mundial y el Holocausto eran "una falsificación absoluta iniciada por los americanos y los sionistas." Stolz citó también textos de *Lectures on the Holocaust* de Germar Rudolf y pronosticó que esta obra "acabaría de raíz con la religión del Holocausto". Finalmente, el Dr. Hennig fue condenado a seis meses de prisión por denigrar a la República Federal.

Casi simultáneamente al proceso del coronel médico Rigolf Hennig, la corte de Mannheim que debía juzgar a Ernst Zündel había iniciado ya las sesiones preliminares preparatorias. Sylvia Stolz, cuya experiencia y capacidad en temas de nacionalismo y persecución de revisionistas eran bien conocidas, formaba parte del equipo de letrados escogidos para defender a Zündel, entre los que figuraban también Jürgen Rieger y el austriaco Herbert Schaller. Sylvia Stolz estaba asistida a su vez por el abogado Horst Mahler. La primera de las audiencias tuvo lugar el martes 8 de noviembre de 2005. Más de treinta periodistas y cerca de ochenta simpatizantes de Zündel, algunos llegados de Canadá, Francia, Reino Unido y Suiza, se dieron cita en la corte de Mannheim, famosa por su fervor antirrevisionista.

Tan pronto hubo pronunciado el nombre, fecha de nacimiento, profesión y dirección del acusado, el juez presidente, Ulrich Meinerzhagen, procedió a atacar al equipo de abogados de la defensa. Leyó en voz alta la resolución de un tribunal local de Berlín que prohibía a Horst Mahler ejercer su profesión. Meinerzhagen citó extensamente declaraciones y comentarios revisionistas de Mahler relacionados con la cuestión judía y con el Reich. Exigió a continuación que fuera sustituido como asistente de la abogada Stolz, quien señaló de inmediato que no había motivo. El juez insistió en que entendía que la influencia de Mahler en la defensa era considerable, a lo cual Stolz replicó que era asunto suyo determinar qué escritos utilizaría en su defensa y que todo ello era responsabilidad suya. El juez amenazó con desalojar a Mahler por la fuerza y mantenerlo detenido durante un día. Intervino entonces el abogado Rieger para decirle al juez que tales ataques contra la defensa no se daban ni siquiera en el Gulag. Sylvia Stolz insistió en que no iba a renunciar a la asistencia del abogado Mahler; pero sin más palabras el juez ordenó a los policías que se lo llevaran. Viendo que no podía hacer más, Stolz optó por tomar ella la decisión de apartar a su asistente, lo cual posibilitó que pudiera sentarse entre el público, cuyo clamor era muestra evidente de su estupor. Meinerzhagen amenazó entonces con desalojar la sala.

Siguieron nuevas advertencias intimidatorias para el equipo de abogados: el juez presidente dejó claro que cualquier "incitación al odio" sería atajada con vigor y amenazó directamente a los letrados con aplicarles el párrafo 130 del Código Penal. Puntualizó acto seguido que no escucharía "puntos de vista pseudocientíficos, puesto que el Holocausto era un hecho históricamente verificado." Esta afirmación provocó alboroto y risas entre el público. La cosa no acabó aquí, ya que el juez Meinerzhagen se estaba sólo calentando. De inmediato volvió a la carga y dijo que no estaba seguro de que Sylvia Stolz fuera adecuada para ejercer la defensa de Zündel, toda vez que probablemente acabaría siendo culpable de la violación del párrafo 130. Para prevenir esta circunstancia, hecho que provocaría una dilación en el proceso judicial, el juez aconsejó al acusado que prescindiera de ella. Zündel dejó claro que deseaba ser representado por la Sra. Stolz. El tribunal decidió entonces suspender la sesión para deliberar sobre el asunto.

Tras la deliberación, el tribunal anuló el nombramiento de Stolz como primera abogada de Zündel. A continuación el Dr. Meinerzhagen añadió que tampoco Jürgen Rieger era un abogado adecuado para el acusado, puesto sus opiniones revisionistas eran bien conocidas y cabía temer que pudiera proceder inadecuadamente en esta materia. Para que todo el equipo de defensa tuviera su ración, el juez se dirigió luego al Dr. Schaller, a quien consideró asimismo poco apropiado a causa de su edad, la cual no garantizaba su capacitación para el trabajo. Quedó claro para todos que el magistrado presidente pretendía eliminar el brillante equipo de letrados de Ernst Zündel con el objeto de nombrar a otros de su elección. Naturalmente, los abogados trataron de no dejarse intimidar. Tras la reprobación de Sylvia Stolz como abogada principal de Zündel, el juez Meinerzhagen preguntó cómo iba el acusado a solucionar el asunto. Zündel declaró que prescindiría de su tercer abogado de elección (Ludwig Bock, que no asistía a la vista) y Sylvia Stolz ocuparía su lugar[5]. La hora del almuerzo sirvió en esta ocasión de pretexto para interrumpir la sesión.

Por la tarde, el abogado Rieger leyó un texto en el que solicitaba a la corte que abandonara la actitud discriminatoria. A continuación llegó el turno de Sylvia Stolz, quien declaró que la defensa estaba siendo públicamente amenazada para que no dijera nada prohibido por el tribunal y que ello constituía un atropello que sólo podía ser fruto de una mente enferma. Acto seguido, Stolz solicitó que se excluyera al público en futuras sesiones, argumentando que el tribunal amenazaba con perseguir a la defensa por violación del párrafo 130 del Código Penal (este párrafo sólo es aplicable cuando el "crimen" se comete en público. Con la exclusión del público, la defensa pretendía poder expresar ante la corte "pensamientos prohibidos" sin correr el peligro de

---

[5] Puesto que no somos juristas, carecemos de competencia para explicar el funcionamiento de los tribunales alemanes. Parece ser, en todo caso, que en las cortes regionales la legislación alemana exige que el acusado tenga un abogado con atribuciones específicas autorizado por el tribunal y puede tener otros tres más de su elección. En el caso del juicio contra Ernst Zündel, Sylvia Stolz era quien tenía estas atribuciones legales específicas, que fueron anuladas por el juez presidente.

persecución). La abogada añadió que si la corte deseaba que el juicio fuera público, el equipo de defensa correría un grave peligro de persecución. La respuesta del tribunal fue la suspensión de los procedimientos hasta el martes 15 de noviembre de 2005.

Para la prensa objetiva y para el público no cabía duda de que el juez presidente Meinerzhagen había tratado de destruir la defensa de Ernst Zündel. Además, al amenazar a los abogados antes incluso de que comenzaran su defensa, el juez había quebrantado normas básicas del procedimiento judicial. Sylvia Stolz, manteniendo en todo momento una actitud sosegada y un comportamiento perfectamente adecuado, había desarrollado una estrategia brillante. Si la corte decidía que el juicio no fuera público, los jueces quedarían confrontados con la evidencia contenida en las *Lectures on the Holocaust* de Germar Rudolf y con la petición de Horst Mahler de "escuchar las evidencias sobre la cuestión judía", lo cual podía ser agobiante para el tribunal, que debería explicar por qué se llevaba a cabo un juicio secreto. En caso de optar por un juicio abierto, se había amenazado a los defensores con imputarlos, lo cual ponía en evidencia a la corte de Mannheim ante la opinión pública y ante los juristas de todo el mundo.

A las 10.00 de la mañana del 15 de noviembre de 2005 un centenar de simpatizantes de Ernst Zündel se habían reunido en el exterior del edificio. Sin embargo, había menos periodistas y sólo dos cámaras. A las 10.40 se permitió el acceso a la sala, que quedó abarrotada. La entrada de Zündel fue recibida con un aplauso cerrado. Tan pronto hizo acto de presencia el juez, dijo que no toleraría ni aplausos ni rumores y advirtió que había ordenado a la policía que desalojase a quienes incumplieran sus normas y les tomase el nombre. A continuación, consideró infundada la pretensión de que la corte hubiera adoptado una actitud discriminatoria y declaró que no había razones para que el acusado tuviera dudas sobre los jueces. En segundo lugar, corroboró su desaprobación de Sylvia Stolz y repitió los motivos expuestos en la sesión anterior. Meinerzhagen insistió en que la Sra. Stolz no era adecuada porque no podía garantizar un procedimiento ordenado, lo cual conllevaría conflictos entre el acusado y la defensa. El juez presidente rechazó la petición de la abogada Stolz de excluir al público de las audiencias. Precisó que el público sólo podía ser excluido si suponía una amenaza, lo cual no era el caso. Por el contrario, afirmó que era la defensa la que representaba una amenaza para el juicio a causa de su intención de incitar a la gente. Meinerzhagen añadió que era de esperar que, si el público estaba ausente, la defensa presentaría solicitudes y propuestas incitantes. Sin dar opción, el siguiente movimiento del magistrado fue anunciar que suspendía el juicio, puesto que el tribunal debía sustituir a la Sra. Stolz y el nuevo abogado necesitaría tiempo para familiarizarse con los materiales. Mientras tanto, el acusado debería permanecer en prisión, lo cual consideró justo, habida cuenta de la magnitud de su delito. Para rematar la faena, el Dr. Meinerzhagen afirmó que el juicio había quedado suspendido por culpa de la defensa.

En este momento Jürgen Rieger manifestó su disconformidad y declaró que el juez no había informado a la defensa sobre su intención de suspender el proceso judicial, algo que tenía obligación de hacer. Rieger alegó que la defensa no había tenido la oportunidad de preparar una declaración sobre esta decisión. El juez replicó que se había, en efecto, informado a la defensa, lo cual era una mentira descarada. Tras una batalla procedimental sobre las decisiones que cabía adoptar, Sylvia Stolz encontró el momento de solicitar al tribunal que le permitiera hacer una declaración sobre su sustitución; pero Meinerzhagen contestó que no procedía. Stolz replicó diciéndole al juez que su actitud era impropia y estaba fuera de lugar. "El juicio queda aplazado", insistió el juez. "No he tenido oportunidad de hacer mi declaración", se quejó la abogada. "¡No me importa! ¡El juicio queda suspendido!"

En poco más de una hora el juez presidente había liquidado el asunto. Lógicamente, el público reaccionó con indignación y se profirieron gritos de protesta y desaprobación, como "esto es un carnaval", "escándalo", y cosas similares. Ya fuera de la sala, los abogados y amigos más próximos de Zündel se reunieron para evaluar lo ocurrido y llegaron a la conclusión de que el proceso se reanudaría en febrero o en marzo de 2006 y que el juez perseguiría a la defensa tan pronto comenzara sus actuaciones. Estos hechos coincidieron con la llegada de Germar Rudolf al aeropuerto de Frankfurt, donde fue arrestado y conducido enseguida a la prisión de Stuttgart.

Como habían vaticinado los abogados, el juicio se reanudó en febrero de 2006. El jueves día 15 Ulrich Meinerzhagen rechazó tres peticiones de la defensa para que se autoexcluyera por sus puntos de vista sesgados o tendenciosos. En cuanto a Sylvia Stolz, la amenazó con imputarla si cuestionaba el Holocausto. En la sesión del día 16 se produjo un serio enfrentamiento entre Stolz y Meinerzhagen. La abogado interrumpió en varias ocasiones y planteó una batería de objeciones y nuevas solicitudes. Rechazó que ella hubiera insultado a la corte y que tratase de sabotear el juicio, acusaciones vertidas por el juez. Concretamente, Meinerzhagen dijo que sospechaba que Stolz "pretendía hacer imposible el proceso judicial provocando que el juicio colapsara". Además, anunció que presentaría una queja a la asociación pertinente de abogados solicitando que se tomaran medidas contra ella. En lugar de someterse, Stolz replicó que "no estaba dispuesta a doblegarse a su voluntad" y girándose hacia la sala repleta de simpatizantes de Zündel acusó a Meinerzhagen de querer "amordazarla". La situación se tensó hasta el extremo cuando la abogada hizo caso omiso a la exigencia del juez de que pidiera disculpas. Meinerzhagen multó a tres seguidores de Zündel por cantar versos prohibidos del himno nacional de Alemania y envió a otro cuatro días a la cárcel por haberlo insultado. Intervino luego el abogado Ludwig Bock, quien dijo al tribunal que precisaba estudiar la autoría de docenas de declaraciones y textos, la mayoría procedentes de *The Zündelsite*, presentados por los fiscales. El juez presidente aplazó de nuevo el juicio por tres semanas para que los abogados pudieran analizar las publicaciones en *The Zündelsite*.

El 9 de marzo de 2006 se iniciaron de nuevo las sesiones y se produjo por fin el enfrentamiento que iba a suponer la ruina de Sylvia Stolz y el fin de su carrera como abogada. En el momento de máxima indignación, Stolz declaró que la corte "era un instrumento de dominación extranjera" y describió a los judíos como "enemigos de la gente". El juez solicitó la retirada del proceso de Silvya Stolz y suspendió otra vez la vista. El 31 de marzo un tribunal superior de Karlsruhe apartó del caso a Sylvia Stolz por su obstrucción ilegal del proceso "con el único objetivo de sabotear el juicio y hacer de él una farsa". Pese a este veredicto, el 5 de abril Stolz desatendió el fallo de Karlsruhe, que consideraba sin fuerza legal, e hizo acto de presencia en la corte de justicia de Mannheim. El juez Meinerzhagen le ordenó que abandonase la sala, pero ella se negó a obedecer. Dos mujeres policías tuvieron que sacarla a la fuerza, momento en que la abogada gritó: "¡Resistencia! ¡El pueblo alemán se está rebelando!" Algunos de los simpatizantes de Zündel abandonaron asimismo la sala. Por enésima vez, el juez presidente suspendió el proceso judicial, que no se reanudaría ya hasta el mes de junio de 2006.

La sentencia de tres años y medio de cárcel y cinco de inhabilitación para ejercer su profesión se produjo en enero de 2008. Sylvia Stolz fue condenada por un tribunal de Mannheim, que consideró que durante la defensa de Ernst Zündel había incitado al odio racial. En la sentencia se hacía constar que la acusada había negado el Holocausto y había declarado que el exterminio de los judíos europeos durante la Segunda Guerra Mundial era "la mentira más grande de la historia." Sylvia Stolz cumplió su encarcelamiento en tres centros diferentes. Cuando el 26 de marzo de 2011 se produjo la concentración de trescientas personas ante la cárcel de Brandenburgo donde cumplía la condena Horst Mahler, la mayoría de las pancartas mostraban la misma solidaridad para Sylvia Stolz, cuya liberación inminente era esperada entonces con expectación.

Cuando a las 9.00 de la mañana del miércoles 13 de abril de 2011 salió de la prisión de Aichach, en Baviera, un buen grupo de abogados internacionales por la libertad de expresión y simpatizantes llegados de Francia, Italia y Gran Bretaña la esperaban en la puerta principal para celebrar su liberación con flores y regalos. Entre ellos estaba Michèle Renouf, la cual había viajado una vez más desde Inglaterra para solidarizarse con la abogada revisionista. Entre aplausos, Sylvia Stolz salió cargada con gran cantidad de documentos escritos, acumulados y organizados cuidadosamente a lo largo de sus años de cautiverio.

Tras cargar el material en una furgoneta, marcharon todos juntos a una taberna cercana, donde Günter Deckert había reservado la sala principal para la celebración.

El 24 de noviembre de 2012, veinte meses después de su liberación, Sylvia Stolz pronunció en Chur, capital del cantón Graubünden de Suiza, una conferencia cuyo título en alemán era: *Sprechverbot-Beweisverbot-Verteidigunsverbot. Die Wirklichkeit der Meinungsfreiheit* (*Prohibición de expresión-prohibición de evidencia-prohibición de defensa legal. La realidad de la libertad de pensamiento*). Se trataba de la VIII Conferencia de la "Anti-Zensur-Koalition" (AZK). El organizador de la conferencia Ivo Sasek, presentó a Sylvia Stolz como una persona extraordinariamente cualificada para hablar del tema y aludió a su experiencia en el juicio de Ernst Zündel, a su arresto en la corte de justicia y a su condena. La presentación terminó con estas palabras: "Bienvenida Sylvia Stolz. Si no la dejaron hablar allí, nosotros la dejaremos hablar aquí. Confiamos en que usted conoce sus limitaciones. Estoy seguro de que es así."

Tras agradecer la cálida bienvenida a Ivo Sasek y al público, más de dos mil personas, Stolz pronunció sin leer en ningún momento un discurso bien estructurado, sosegado, aderezado oportunamente con silencios elocuentes. Su voz, cálida en extremo y suave como la de una niña, mantuvo un tono calmado y sereno a lo largo de toda su disertación, que fue rigurosa en la terminología jurídica, sumamente sensata y del todo convincente. La conferencia, pronunciada en alemán, puede verse en "You Tube" subtitulada en inglés. Claro está que por razones de espacio no podemos reproducirla íntegramente; pero sí ofreceremos unos trazos. En su presentación, Sylvia Stolz regaló a la audiencia un pensamiento bellísimo de Johann Gottfried von Herder, que en su opinión recogía la esencia de todos los seres humanos: "Creer en la verdad, sentir la belleza y querer lo que es bueno."

Los principios que deben regir el funcionamiento de cualquier corte de justicia digna de tal nombre ocuparon la primera parte de la conferencia: los derechos del acusado y las obligaciones del tribunal de evitar su indefensión y de establecer la verdad a través de evidencias. En relación a la necesidad de presentar evidencias estableció una comparación con las pruebas que los tribunales exigen habitualmente en casos de asesinato, es decir: dónde tuvo lugar, cuándo se cometió, qué armas utilizó el criminal, las posibles huellas dactilares, dónde se halló el cuerpo de la víctima, análisis forenses para determinar la causa de la muerte, etc. Sin embargo, insistió Stolz, en ninguno de los casos de "negación del Holocausto" ninguna de estas pruebas específicas se han demostrado o presentado nunca:

"No hay detalles relacionados con el escenario del crimen, el método de asesinato, el número de víctimas, el periodo de tiempo de los crímenes, los autores, los cuerpos. No disponemos de rastros físicos del asesinato. Los testimonios no especifican, no hay tampoco documentos o pruebas similares de evidencia. La intención de exterminar a toda la judería o a una parte de ella durante el régimen nacionalsiocialista no ha sido demostrada en ningún lugar. No hay documentos que demuestren decisiones previas, planes u órdenes. Cuando se producen juicios a negadores del Holocausto, no se hallan estas cosas especificadas. Tampoco encontramos referencias a otros veredictos en los que se especifican estas cosas. Este es el problema. En tanto que la corte no consigna los lugares del crimen en los que se supone que las supuestas matanzas en masa han tenido lugar; en tanto que la corte no reclama por lo menos una prueba específica de evidencia; en tanto que éste sea el caso, simplemente estos asesinatos de masas no pueden ser demostrados."

En otro momento, Sylvia Stolz leyó al público un fragmento bochornoso del veredicto de los juicios sobre Auschwitz que tuvieron lugar en Frankfurt. En él, dijo la abogada irónicamente, cabría esperar alguna especificación sobre detalles del Holocausto. Estas son las palabras del tribunal:

"El tribunal carece de casi todos lo medios de evidencia de un juicio normal por asesinato, necesarios para obtener un imagen veraz de los hechos en el momento del crimen. No hubo cuerpos de las víctimas, ni informes de autopsias, ni informes de expertos sobre las causas y el momento de la muerte, no hubo evidencias sobre los asesinos, sobre las armas del crimen, etc. La verificación de los testimonios de los testigos sólo fue posible en escasas ocasiones.... Por todo ello, para esclarecer los crímenes de los acusados, el tribunal dependió casi exclusivamente de las declaraciones de testigos...."

Apoyándose en su propia experiencia, Stolz denunció que, por contra, cuando se presentaban evidencias en representación de un negacionista del Holocausto y se solicitaba a la corte que estableciera que tal y cual cosa eran ciertas porque habían sido ratificadas por informes de expertos, entonces el tribunal no admitía las pruebas y se acusaba a los abogados de negar el Holocausto. Sylvia Stolz lamentó que la opinión pública europea nada supiera sobre el trato que recibían los acusados, sobre las amenazas y castigos que sufrían los abogados sólo por hacer su trabajo y sobre el modo en que se abortaba la administración de justicia en los tribunales alemanes. Puso como ejemplo su propio caso, cuando una corte de Baviera decidió retirarle la licencia:

"Presenté evidencias en relación a la presupuesta 'obviedad' del Holocausto. Una vez más las pruebas no fueron admitidas y la razón que se dio fue que la corte, a la luz de libros y fotos disponibles no mantenía ninguna duda sobre la 'obviedad' del Holocausto. Tanto yo como mi abogado pedimos al tribunal que señalase qué libros y qué fotos les conferían tal certeza en relación a la 'obviedad' del Holocausto. Estas peticiones fueron rechazadas porque: 'el Holocausto y los crímenes violentos de los nacionalsocialistas contra los judíos era obvios'. Por tanto, no se nos dio ninguna respuesta sobre qué materiales constituían la base de la certeza de la corte. Todo lo que conseguimos fueron referencias generales a 'periódicos, radio y televisión, enciclopedias, diccionarios y libros de historia'."

Tras recordar los momentos más decepcionantes de su experiencia con el juez Meinerzhagen durante el juicio contra Ernst Zündel, Sylvia Stolz finalizó la conferencia regresando a la frase de Herder con que había iniciado su discurso. Estas fueron sus palabras finales:

"Regresaré ahora a la frase con la que empecé esta conferencia. 'Creer en la verdad, sentir la belleza y querer lo que es bueno' implica la habilidad para identificar y etiquetar las mentiras, la habilidad para identificar lo inhumano, la habilidad para identificar y calificar la injusticia. Implica también rasgos de carácter, lo cual es de particular importancia a nuestra edad. El conocimiento de nuestra inmortalidad, de nuestra constancia e incorruptibilidad. Con este carácter debemos ser capaces de moldear un mundo para los muchos niños que más temprano estaban hoy aquí. Un mundo en el que se nos permita decir la verdad sin castigo."

En enero de 2013, un abogado judío de Berna llamado Daniel Kettiger presentó una querella criminal contra Sylvia Stolz ante la Fiscalía de Graubünden. Kettiger acusó a Stolz de haber violado el artículo 261 del Código Criminal suizo, relacionado con una ley racial de Suiza. También Ivo Sasek, el organizador del acto de la AZK, fue denunciado por este abogado, guardián inflexible de la censura. El hecho de que durante la conferencia Stolz hubiera dicho que el Holocausto jamás había sido probado en una corte de justicia porque que no se habían presentado nunca las evidencias fue motivo suficiente para presentar cargos criminales contra ella. El 25 de febrero de 2015, una corte de Múnich rechazó los argumentos de Sylvia Stolz y de su abogado Wolfram Nahrath sobre el derecho a ejercer la libertad de expresión en Suiza y condenó a la abogada a veinte meses de prisión por la conferencia pronunciada en Chur en noviembre de 2012. Stolz y su abogado apelaron e interpusieron recurso ante el Tribunal Federal o Constitucional (Bundesverfassungsgericht), el cual emitió una sentencia definitiva y vinculante el 15 de febrero de 2018. Más abajo, en el apartado de los hermanos Schaefer que hemos incorporado a esta edición, se explican los detalles de la apelación al Tribunal Constitucional. En la mañana del 23 de mayo de 2019 Sylvia Stolz fue arrestada en su casa e ingresada en la cárcel para cumplir, finalmente, una condena de dieciocho meses. En el momento de actualizar estas líneas, pues, prosigue su encarcelamiento, por lo que hacemos votos para que esta mujer admirable recobre por segunda vez la libertad tan injustamente arrebatada.

Günter Deckert, símbolo persistente de la libertad de expresión

Günter Deckert, líder del NPD (Partido Nacional Democrático de Alemania), perdió en 1988 su trabajo como profesor de Instituto a causa de su activismo político. En noviembre de 1990 participó en un acto de presentación de Fred Leuchter, en el que declaró que el Holocausto era un mito perpetrado por un grupo explotador que estaba utilizando una mentira histórica para amordazar a Alemania. Asimismo, en 1991 compartió mesa con el historiador David Irving en una conferencia pronunciada en la localidad alemana de Weinheim. Estos hechos le valieron una denuncia y en 1992 fue sentenciado a un año de prisión. Como era obligado, Deckert recurrió el veredicto y en marzo de 1994 la Corte de Mannheim, que por aquel entonces no era aún el tribunal que hemos conocido al estudiar la persecución de Ernst Zündel y Sylvia Stolz, ordenó un nuevo juicio con el argumento de que el tribunal inferior no había logrado probar todo los hechos necesarios.

En el verano de 1994 comenzó de nuevo el proceso, en el que dos de los tres jueces que formaban el tribunal, Wolfgang Müller y Rainer Orlet, tuvieron palabras de comprensión hacia Deckert. Müller lo describió como "un hombre inteligente y de carácter", que actuaba movido por convicciones profundas. Por su parte, el juez Rainer Orlet declaró que Deckert había "expresado intereses legítimos" al cuestionar las interminables pretensiones políticas y económicas de los judíos sobre Alemania cincuenta años después del fin de la II Guerra Mundial. En un informe de sesenta y seis páginas, Orlet recordaba que mientras en Alemania se perseguía a personas por expresar opiniones, "criminales de masas de otras naciones seguían impunes." Este juez añadía que Deckert "no era un antisemita" y que había dejado una buena impresión en el tribunal como "persona responsable y de buen carácter." A pesar de todo, la corte de justicia consideró a Deckert culpable y confirmó la sentencia de un año de cárcel; pero no tuvo que ingresar en prisión porque se le concedió la oportunidad de seguir en libertad condicional siempre que no reincidiera.

Como de costumbre, los alaridos de protesta de los grupos de presión judíos fueron automáticos. En el centro de la diana quedó colocado el juez Rainer Orlet, cuyas opiniones fueron consideradas negacionistas del Holocausto. El ministro de Justicia Thomas Schäuble se apresuró a reconocer que la declaración del magistrado era "una bofetada en la cara de las víctimas del Holocausto." Por otra parte, la Asociación de Jueces Alemanes la consideró "una metedura de pata". Comenzó entonces un juicio paralelo que iba a provocar la jubilación voluntaria del Juez Orlet, decisión que tomó para evitar la destitución obligada del cargo. El 23 de enero de 1995, Ulrich Maurer, líder parlamentario en Baden-Württemberg del SPD (Partido Socialdemócrata de Alemania), pidió la destitución del juez Orlet por haber redactado en junio de 1994 un veredicto escandaloso sobre Günter Deckert. Esta medida disciplinaria era la única manera de cesar a Orlet de la 6ª Gran Sala de lo Penal de la Corte de Distrito de Mannheim. El ministro Schäuble tuvo que escuchar acusaciones de la CDU (Unión Cristianodemócrata) de tener una doble moral y una doble vara de medir.

El 9 de marzo de 1995, el *Berliner Zeitung* publicó una información según la cual el mismo juez Rainer Olmert podía acabar en el banquillo de los acusados. El periódico comentaba que la destitución de Rainer Orlet ante el Tribunal Constitucional de Alemania sería el primer caso de destitución de un juez en la historia de la República Federal de Alemania. Además de provocar el retiro voluntario del juez, la campaña logró que en el mes de abril se abriera un nuevo juicio contra Günter Deckert. En diciembre de 1995 Deckert ingresó en el Centro de Detención de Bruchsal, en el Estado de Baden Wurttenberg, con una condena efectiva de dos años de cárcel por "incendiarismo político peligroso."

Cumpliendo esta condena de dos años, Günter Deckert fue nuevamente llevado a juicio a causa de una carta que dirigió desde la cárcel al vicepresidente del Consejo Central de Judíos en Alemania, Michel Friedman. Supuestamente, le habría pedido que abandonara Alemania. Esta carta provocó una nueva acusación por incitación al odio racial. Se celebró un nuevo juicio en Mannheim y el 12 de abril de 1997 Deckert fue condenado a otros dos años y tres meses adicionales de cárcel. Su abogado, Ludwig Boch, fue multado con 9.000 marcos por basar su defensa en la idea de que el Holocausto era una "leyenda" inventada por los judíos. David Irving se apresuró a dirigir un texto de protesta a *The Daily Telegraph*, en el que se declaraba amigo de Deckert y denunciaba la agresión permanente a la libertad de expresión en Alemania.

Tras pasar dos años entre rejas, en lugar de recuperar la libertad, Deckert comenzó a cumplir el 31 de octubre de 1997 su nueva pena. Las protestas internacionales apenas trascendieron a la opinión pública, aunque algunas embajadas alemanas en varios países recibieron cartas en las que pedían la liberación del prisionero político Günter Deckert. El 10 de diciembre de 1998, por ejemplo, Rainer Dobbelstein, alto funcionario alemán en Londres, justificaba en una carta de respuesta a un londinense indignado, Milton Ellis, que la intervención de la correspondencia de Günter Deckert estaba justificada por ley debido a sus ideas extremistas.

En octubre de 2000 el "peligroso neonazi" pudo salir del centro penitenciario de Bruchsal, donde había pasado casi cinco años. Cuando parecía que este luchador revisionista había ya pasado lo peor, en 2012, ya con setenta y dos años a las espaldas, fue de nuevo condenado a prisión. ¿Cuál había sido en esta ocasión el crimen de Günter Deckert? En 2007 había traducido al alemán *Auschwitz. Los primeros gaseamientos, rumores y realidad*, un libro de Carlo Mattogno publicado en 1992 en versión italiana y en 2002 en versión inglesa. En 2008, por orden del fiscal Grossmann de Mannheim, la policía del pensamiento irrumpió en su casa. Era la duodécima "visita especial", según le contó a una amiga en una carta de marzo de 2012. Se llevaron el ordenador y dos copias del libro de Mattogno. En el verano de 2009 una corte de Weinheim, la ciudad donde vivía Deckert, aceptó la acusación. Los cargos eran "promoción e incitación al público por medio de la negación del Holocausto y la difamación de la memoria de los muertos." El 28 de julio de 2010 Deckert acudió al juicio sin abogado. Un sólo juez lo condenó a cuatro meses, pero le concedió la libertad condicional, que sería puesta a prueba durante un periodo de tres años, y a una multa de 600 euros. Además, hubo de pagar los costes. Tanto el fiscal Grossmann, que había pedido seis meses, como el propio Deckert recurrieron el veredicto. De nuevo el caso llegó a la archifamosa corte del Distrito de Mannheim. El nuevo juicio dio comienzo el 14 de noviembre de 2011 y acabó el 2 de febrero de 2012 con un veredicto que condenó a Deckert a seis meses de prisión. En la carta mencionada, Deckert explica lo siguiente a su amiga:

> "El juicio duró tanto tiempo porque cambié de táctica para hacer entender a la corte por qué estaba a favor del revisionismo. Ofrecí todos los argumentos y pruebas que podían presentarse ante un tribunal sin ser acusado otra vez. Al principio pareció que el juez Roos tenía dudas en relación con el problema de condenar a una persona por publicidad y difusión de un libro. Pero al final se agarró a la sugerencia del fiscal Grossmann, quien dijo que la posibilidad de acceder al libro a través de internet cumplía los requerimientos del párrafo 130."

El 2 de febrero de 2012 se emitió el veredicto y el 6 de febrero se hizo pública la sentencia de seis meses de prisión. Al recibirla, Deckert declaró valientemente: "Una sentencia de prisión no me obligará a creer." Anunció que recurriría ante el tribunal de Karslruhe; pero la apelación fue desestimada. Finalmente el 23 de noviembre de 2012, la Oficina del Fiscal de Mannheim le comunicó que a las 15.00 horas del día 17 de diciembre debía ingresar en prisión. Deckert protestó con vehemencia, pues aspiraba a pasar la Navidad con su familia. Por una vez hubo comprensión y se aplazó el ingreso hasta el 2 de enero de 2013. Quedó así confirmada una realidad vergonzosa: sin que apenas nadie protestase y sin que los medios lo denunciaran, en Alemania se podía condenar a una persona honesta y decente por traducir un libro de historia. He aquí las palabras de Günter Deckert:

> "Amigos, camaradas y luchadores por la verdad sobre la historia de la II Guerra Mundial. ¡Ha llegado el momento! A pesar de que mi apelación constitucional no ha sido aún decidida, pronto debo entrar en la cárcel para cumplir mi sentencia de cinco meses. Tengo que presentarme en la prisión el 2 de enero de 2013. Mi liberación se producirá el 2 de junio... '¡Lo que no me mata me hace más fuerte!'. Con este pensamiento en la cabeza, mis mejores saludos y lealtad de camarada a nuestros familiares y a nuestra

gente. Deseo a todos un muy buen año 2013 lleno de éxitos y la mejor salud posible."

Cuando el 13 de abril de 2011 Sylvia Stolz salió de la prisión de Aichach, Günter Deckert había organizado para ella la comida de celebración en una taberna bávara. En febrero de 2013, Stolz, que seguramente debía de conocer ya que un abogado judío la había denunciado por su conferencia en Suiza, quiso solidarizarse con su amigo y publicó un extenso artículo cuya traducción al español podría ser *El terror de opinar*. En él desmenuzaba el texto de la sentencia y demostraba técnicamente todas las incoherencias del proceso legal que se había seguido contra Deckert, cuya indefensión quedaba en evidencia por causa de los abusos procedimentales habituales en todos los procesos por negación del Holocausto.

Udo Walendy, encarcelado por publicar textos revisionistas

Nacido en Berlín en 1927, Udo Walendy, que va camino de cumplir 90 años, tuvo tiempo de servir en el ejército de su país antes de que finalizara la guerra. Acabada la misma, estudió periodismo y ciencias políticas en Berlín, donde comenzó a implicarse en la publicación de libros revisionistas. En 1956 se diplomó en politología y durante un tiempo trabajó como profesor en la Cruz Roja Alemana. Ya en 1964 publicó su propio libro *Wahrheit für Deutschland -Die Schuldfrage des Zweitens Weltkriegs* (*La verdad para Alemania - el asunto de la culpabilidad por la Segunda Guerra Mundial*). En 1965 creó su propia editorial, "Verlag für Volkstum und Zeitgeschichsforshung" (Editorial para investigación de historia contemporánea y folklore). En 1974, diez años después de la publicación de *Wahrheit für Deutschland*, Udo Walendy fundó la revista *Historische Tatsachen* (*Hechos históricos*), un revista seria, centrada en la investigación rigurosa de hechos sobre el nacionalsocialismo y el Tercer Reich que la historiografía oficial prefiere ignorar. En el número 31 de la revista, por ejemplo, investigó los primeros informes soviéticos sobre Auschwitz impresos el 1 y 2 de febrero en *Pravda*, en los que nada se dice ni de fosas donde se quemaban cadáveres ni de cámaras de gas ni de pilas de zapatos y gafas ni de dentaduras ni de montones de cabellos.

Los problemas legales para Udo Walendy comenzaron en 1979, año en que el Gobierno incluyó su libro en una lista negra de material peligroso o dañino para la juventud. Walendy emprendió una larga batalla legal que iba a durar quince años. Finalmente, en 1994 la Corte Constitucional Federal dictó sentencia en el sentido de que los derechos del autor estaban siendo violados, puesto que el libro era defendible desde el punto de vista académico. La prueba del valor de esta obra es que *The Barnes Review* la reeditó en 2013 y un año más tarde, el 1 de septiembre de 2014, Castle Hill Publishers, la editorial de Germar Rudolf en el Reino Unido, publicó una reedición actualizada y corregida del libro, traducido nuevamente del alemán. También en el año 1979 Walendy pronunció la primera conferencia del Institute for Historical Review (IHR), que había sido fundado en 1978. Desde 1980 fue miembro del Comité Asesor Editorial del *Journal of Historical Review*, la prestigiosa publicación del Instituto. En Estados Unidos pudo conocer personalmente a Arthur R. Butz, cuya obra emblemática tradujo al alemán y luego la editó. El libro no tardó en ser prohibido por las autoridasdes alemanas. En 1988 Udo Walendy testificó en Toronto en el segundo juicio contra Ernst Zündel. Entre sus actividades revisionistas, cabe mencionar también su estrecha relación con la revista digital belga *VHO* (*Vrij Historisch Onderzoek*), donde pueden hallarse muchos de los libros que ha publicado en alemán.

La persecución de este veterano publicista e historiador revisionista dio un salto cualitativo cuando el 7 de febrero de 1996 un escuadrón de veinte policías asaltaron su residencia y su empresa. Sin respetar la "ley de protección de datos", se incautaron de documentos, discos y copias descargadas de los archivos de la computadora y se llevaron a Udo Walendy para tomarle las huellas dactilares. Poco después, dos tribunales alemanes consideraron que algunos artículos aparecidos en *Historische Tatsachen*, la revista que él editaba y publicaba, incitaban al odio. El 17 de mayo de 1996, la corte del Distrito de Bielefeld sentenció a Walendy a quince meses de prisión efectiva, a pesar de que no tenía antecedentes. El tribunal rechazó cualquier consideración sobre el valor académico de los trabajos en cuestión. Medio año más tarde, en noviembre de 1996, una corte de Dortmund le impuso una multa de 20.000 marcos por poseer doce ejemplares de *Mein Kampf*. Sin ninguna prueba, el tribunal consideró que Walendy se disponía a distribuir dichos ejemplares del libro de Hitler, prohibido en Alemania: "La distribución planificada de los libros -declaró la corte- manifiesta una mentalidad extrema y por tanto particularmente peligrosa. Los libros son propaganda para el desmantelamiento del sistema legal y constitucional de la República Federal de Alemania y el establecimiento de un sistema de injusticia nacionalsocialista... Esto debe ser juzgado con toda severidad."

Un año más tarde, en mayo de 1997, otro tribunal en Herford remató la jugada y sentenció a Walendy a una pena adicional de catorce meses de cárcel. El juez Helmut Knöner consideró que Walendy no había publicado mentiras a sabiendas, pero no había ofrecido interpretaciones alternativas. La corte citó un pasaje de un número de *Historische Tatsachen* en el que Walendy informaba con aprobación sobre las investigaciones de Fred Leuchter sobre las "cámaras de gas" en Auschwitz. En la sentencia se decía que la cita del texto de Leuchter "carecía de sentido crítico y repetía los supuestos hallazgos del 'experto'. El acusado los respaldaba." Asimismo, el tribunal criticó a Walendy por haber reproducido en el n° 66 de la revista un artículo publicado el 13 de junio de 1946 en el periódico suizo *Basler Nachrichten*, cuyo título era: "Cuán elevado es el número de víctimas judías", en el que se desacreditaba la cifra impuesta de los seis millones. La corte de Herfod no quiso tener en cuenta que no se trataba del punto de vista del editor, sino de los autores de los textos. Como es sabido, muchos periódicos advierten en su sección de opinión que el editor no se responsabiliza de las opiniones vertidas en los artículos publicados. Walendy explicó al tribunal que para asegurarse de que los artículos que publicaba en *Historische Tatsachen* no violaban la ley, sometía rutinariamente los textos a la supervisión de cuatro abogados. La corte rechazó las opiniones de los cuatro abogados por irrelevantes.

En 1999, ya en plena campaña de acoso legal, la propiedad de su casa editorial fue transferida a su esposa. Por si no hubiera suficiente con el encarcelamiento, en 2001 se produjo un nuevo intento de censurar *Wahrheit für Deutschland*, el libro de Walendy que en 1994 había recibido una sentencia favorable del Tribunal Constitucional Federal. Ante las escasas posibilidades de que se revocase la sentencia del Constitucional, las autoridades gubernamentales acabaron por abandonar el plan.

Úrsula Haverbeck. La condena indecente de una anciana venerable

Ursula Haverbeck, sin ninguna consideración a sus 88 años de edad, fue condenada en 2015 a diez meses de cárcel por negar el Holocausto. Esta condena aberrante que provoca vergüenza ajena pone en evidencia ante quien la quiera ver la servidumbre y la miseria de la República Federal de Alemania. Sin duda, cualquier persona honrada ha de condenar este abuso de un Estado que ha perdido hace mucho el sentido de la decencia. Sin embargo, los medios de comunicación, en lugar de criticar la condena repugnante, sirvieron la noticia a sus lectores como si fuera algo lógico, puesto que se trataba de "una abuela nazi". En realidad, como dijo el magistrado que la sentenció desde una superioridad moral obscena, "no tiene sentido mantener un debate con alguien que no puede aceptar los hechos." Sin embargo, aunque el juez no pudiera percibirlo a causa de sus limitaciones y de su miopía, Úrsula Haverbeck es una gran dama y así es reconocida entre los revisionistas. Pese a su ancianidad venerable, se expresa con una inteligencia y una lucidez asombrosas. Ni en sus textos ni en sus discursos o entrevistas, perfectamente cohesionados, podrá hallarse una sola incoherencia.

Úrsula Haverbeck nació en Berlín en 1928. Cuando en 1945 acabó la guerra mundial, era una adolescente de diecisiete años. Por tanto, vivió el terror aéreo, la barbarie de las violaciones perpetrada por las huestes comunistas, los campos de la muerte de Eisenhower, los pogromos y la limpieza étnica de los alemanes en toda Europa, la hambruna propiciada por el Plan Morgenthau... Su marido, Werner Georg Haverbeck, fallecido en 1999, fue un profesor, intelectual e historiador que dejó escritas numerosas obras de todo tipo. Había participado en el liderazgo del NSDAP y luchó como soldado en el frente oriental. También Úrsula Haverbeck es una mujer de gran erudición que estudió pedagogía, filosofía, historia y lingüística, por lo que posee varios títulos universitarios. Ambos fundaron en 1963 el "Collegium Humanum", que fue pionero entre los movimientos medioambientales. En las últimas décadas del siglo XX se mostraron muy activos en la defensa de la lengua y la cultura alemanas y en la lucha por la preservación de la naturaleza. Entre 1983 y 1989, Úrsula Haverbeck fue presidenta de la sección de Alemania de la Unión Mundial para la Protección de la Vida.

Ya centrada en sus actividades revisionistas, Úrsula Haverbeck y otros investigadores tuvieron acceso a partir del año 2000 a documentos originales del Gobierno nacionalsocialista sobre Auschwitz, los cuales habían sido confiscados por la URSS al final de la guerra. Dichos textos se hallan ya en manos del Instituto de Historia Contemporánea y pueden ser consultados por el público en general si se está dispuesto a pagar la suma de 124 euros. Tanto ella como otros historiadores han suministrado algunos de estos documentos relevantes a varios Ministerios del Gobierno de Alemania y a los poderes judiciales. A pesar de que han solicitado que se abra una investigación oficial, nunca han obtenido respuesta. En dichos papeles queda claro que Auschwitz no fue un campo de exterminio, sino un campo de trabajo para la industria de la defensa y que había órdenes de preservar la salud de los presos en la medida de lo posible.

En estos años conoció a Horst Mahler y el 9 de noviembre de 2003 participó en la fundación de la Sociedad para la Rehabilitación de los Perseguidos por la Refutación del Holocausto, ("Verein zur Rehabilitierung der wegen Bestreitens des Holocaust Verfolgten"), de la que fue directora. Zündel, Faurisson, Rudolf, Töben, Stäglich, Honsik, Graf y otros revisionistas destacados se adhirieron a esta Sociedad, que en 2008 quedaría prohibida por el Ministerio del Interior. Las primeras sanciones por sus actividades revisionistas llegaron a causa de artículos publicados en *Stimme des Gewissens* (*La voz de la*

8

conciencia), publicación del Collegium Humanum: en 2004 fue multada con 5.400 euros y en 2005 con otros 6.000 euros. En ambas ocasiones las autoridades confiscaron la publicación.

En 2008 el Collegium Humanum fue ilegalizado: Charlotte Knobloch, presidenta del Consejo Central de Judíos en Alemania, había pedido públicamente la prohibición del Collegium Humanum y su publicación *Stimme des Gewissens*. La respuesta de Haverbeck se produjo en forma de carta abierta, en la que en un tono indignado pedía a Knobloch que "no interfiriera" en asuntos que no eran de su competencia. En alusión a los orígenes kázaros de los judíos askenazis, invitaba a Knobloch a regresar a Asia si no le gustaba la vida en Alemania. Estas palabras y otras por el estilo provocaron la presentación de una querella criminal. En junio de 2009 la Corte del Distrito de Bad Öynhausen le impuso a Haverbeck una nueva sanción de 2.700 euros por ofensas a Charlotte Knobloch.

Úrsula Haverbeck tuvo una iniciativa que explicaría quizá la dureza con que fue tratada posteriormente. El 20 de noviembre de 2014 presentó una denuncia penal, hecho sin precedentes en la Alemania de posguerra, contra el Consejo Central de Judíos en Alemania, al que acusó de persecución de gente inocente. La demanda se amparaba en el párrafo 344 del Código Penal y tenía que ver con los procesamientos contra alemanes inocentes por revisión del Holocausto. El delito de falsos procesamientos puede ser castigado hasta con diez años de prisión; sin embargo, ya en el mes de diciembre de 2014 se desestimó la querella y se abandonó la investigación. Por contra, la Fiscalía examinó la posibilidad de emprender acciones contra Haverbeck por falsas acusaciones.

El 23 de abril de 2015 se produjo el hecho asombroso que provocó la sentencia de Úrsula Haverbeck a diez meses de prisión. Incomprensiblemente, la ARD, televisión pública alemana fundada en 1950, emitió durante el espacio de su revista *Panorama* una entrevista histórica grabada en marzo con la gran dama del revisionismo. La emisión fue uno de los hechos más desconcertantes en Alemania desde la II Guerra Mundial. Debe tenerse en cuenta que, por detrás de la BBC, la ARD, un consorcio de emisoras públicas con 23.000 empleados, es la segunda estación de televisión más grande del mundo. Millones de televidentes quedaron impactados en sus hogares por las declaraciones inauditas de Úrsula Haverbeck. Nunca antes desde un medio público alemán se había permitido que alguien insinuara siquiera la verdad sobre la II Guerra Mundial. Es evidente que la ARD corrió el riesgo de una demanda multimillonaria por la emisión de un programa en el que se cometió el delito de denunciar que el Holocausto era una mentira auspiciada por el régimen de Bonn, en manos de la criminal ocupación financiera judía transnacional. Desconocemos las consecuencias que tuvo la emisión de la entrevista para los periodistas de *Panorama* y para la dirección de ARD. En cualquier caso, ello nos incumbe en menor medida, pues lo que interesa es el contenido de las declaraciones. Angela Merkel había declarado en enero de 2013 que Alemania "tiene una responsabilidad eterna por los crímenes del nacionalsocialismo, por las víctimas de la II Guerra Mundial y, sobre todo, por el Holocausto." A tenor de estas palabras, nadie medianamente instruido puede negar que los alemanes han estado sometidos desde el fin de la guerra al férreo control del sionismo. Eso fue exactamente lo que denunció la gran dama.

La entrevista, de la que ofrecemos a continuación un extracto, puede verse en You Tube subtitulada en inglés. Comienza así: "Usted ha afirmado que el Holocausto es la mentira más grande y persistente de la historia." Tras citar los trabajos del profesor Faurisson, Haverbeck se reafirma y apunta que es una mentira universal que opera en todo el mundo. Luego menciona evidencias de la inexistencia de las cámaras de gas, de que el Zyklon-B era un desinfectante e insiste en que el Holocausto es la mayor mentira que se ha impuesto nunca. El entrevistador le recuerda que ello supone una bofetada en la cara, pues todos han aprendido que el Holocausto ocurrió y que provocó la muerte de seis millones de personas. "¿Puede explicar brevemente una vez más por qué el Holocausto es para usted la mentira más grande de la historia?" Haverbeck reitera que es la más persistente y la que mayor impacto ha tenido y tiene. Explica que en lugar de respuestas se obtienen sentencias y añade: "Cuando se necesita una ley que impone el Holocausto y se amenaza con castigo si alguien

investiga libremente existe un problema, ¿no? La verdad no
necesita ninguna ley".

La entrevista prosigue con consideraciones sobre el
sufrimiento terrible de la generación de alemanes a la que
pertenece Úrsula Haverbeck, quien recuerda que quince millones
de alemanes, entre los que estaba ella, fueron expulsados de sus
casas. Denuncia los asesinatos, las violaciones y otros hechos
criminales que nadie recuerda en Europa. En este contexto
temático, la gran dama niega rotundamente la cifra de 25.000
muertos en Dresde ofrecida por las autoridades y da una cifra
contrastada de 235.000 víctimas. Concluye con la afirmación de
que sólo la verdad podrá reconciliar a todos. El párrafo 130 del
Código Penal aprobado en 1994, irreconciliable con el artículo 5
de la Constitución sobre la libertad de expresión y la libertad de
investigación, es el siguiente tema. Haverbeck repasa los absurdos
conocidos y menciona el estudio químico de Germar Rudolf, su
condena y la de Mahler: "Esto debe indignar profundamente a
cualquier persona decente", concluye cada vez más excitada.

Pese a que la emoción de la octogenaria es evidente, el
entrevistador insiste: "¿Así, pues, mantiene públicamente que el
Holocausto nunca existió?" "Sí, naturalmente, eso es", responde
Haverbeck, que de inmediato recuerda que las órdenes en los
campos de concentración eran estrictas, que los comandantes no
podía extralimitarse, y que dos de ellos fueron incluso ejecutados.
"Entiendo, pues, -interrumpe el periodista- que los campos de
concentración existieron, pero que no hubo un programa de
exterminio masivo como lo entendemos hoy." Haverbeck explica
entonces la importancia de la actividad industrial en Auschwitz y
aporta pruebas, entre ellas los Informes Leuchter y Rudolf, que le
permiten concluir que nunca hubo cámaras de gas porque
"Auschwitz no fue un campo de exterminio, sino un campo de
trabajo." La anciana esgrime textos y documentos probatorios de
que no miente, lo cual genera otra pregunta: "¿Sí existen tantos
documentos, porque no se habla de ellos?" Respuesta: "Usted
mismo podría responder. Porque no es deseable." "¿Para quién?"
"Para aquellos que han montado la mentira". Sigue una
conversación sobre la publicación y ocultación de materiales y de

textos prohibidos o censurados, que culmina con el lamento de que revertir la enseñanza recibida por los alemanes en las escuelas durante medio siglo es un serio problema. Haverbeck explica que no hubo exterminio de los judíos, pero sí persecución, deportación y reasentamiento. "Los propios sionistas querían esto -añade- y por ello incluso colaboraron. Los sionistas querían tener un Estado... Ellos tenían el mismo objetivo: querían su propio Estado y sobre todo querían a los judíos alemanes porque eran los más inteligentes." El fraude del diario de Ana Frank, la falsedad de que Alemania fuera la causante de las dos guerras mundiales, los embustes de Eli Wiesel sobre los campos de concentración, la constatación de que los montones de cuerpos de Bergen-Belsen habían muerto de tifus, hambre y enfermedades, son otros temas de la conversación de 49 minutos. En este punto, Haverbeck recuerda: "Al final de la guerra todos moríamos de hambre. Mi madre pesaba sólo 40 kilos. Todos estábamos esqueléticos..." El entrevistador insiste: "¿Cree usted que podría convencer a la mayoría de alemanes de que el Holocausto, tal y como lo conocemos, no ocurrió, que nunca ha sucedido?" Haverbeck responde que es preciso que alguien lo haga "porque de otro modo sufrirán inútilmente por toda la eternidad. Y sufren. Y se les dice que tienen que hacerlo. Este complejo de culpa está profundamente arraigado. Y por encima de todo están luego las exigencias: dadnos más submarinos, dadnos más de esto, haced eso otro, y así sucesivamente. Todo en función de nuestro pasado..."

La entrevista se realiza en la enorme biblioteca de Úrsula Haverbeck. Surge el tema del odio. Entonces, la gran dama menciona el *Talmud* como ejemplo de máxima expresión del odio de los judíos hacia los gentiles: "Todo lo que tiene usted que hacer es leer el *Talmud*. Tengo allí -dice girando la cabeza- los doce volúmenes en la más reciente y autorizada traducción, una edición de 2002..." El diálogo finaliza con una advertencia: "Las cosas que usted dice y en las que cree, concretamente, que el Holocausto no tuvo lugar, según afirma, podrían costarle la prisión." Respuesta: "Bien, entonces, si la gente cree que eso es lo mejor, es sólo un riesgo que debo asumir... Es el precio que hay que pagar. Pienso siempre en Schiller, el Campo de Wallenstein: '¡Levantaos, mis camaradas, a los caballos, a los caballos!... Y si no ponéis en riesgo vuestras vidas, nunca recibiréis la vida como premio.'"

Como consecuencia de la expresión de las ideas que acabamos de resumir, en junio de 2015 la gran dama del revisonismo fue arrestada. La Fiscalía ordenó la entrada de la Policía Criminal del Estado de Baja Sajonia en el domicilio de Úrsula Haverbeck y de otros tres colegas historiadores en busca de evidencias de sus crímenes de pensamiento. La operación se produjo de noche. Un grupo armado de la policía política pateó la puerta e irrumpió violentamente. Puede decirse que la casa quedó arrasada, puesto que la mayoría de libros y otros objetos acabaron en el suelo durante la búsqueda encaminada a encontrar documentos u otras pruebas que pudieran servir para incriminar a Úrsula por incitación al odio y negación del Holocausto. La misma escena tuvo también lugar en los domicilios de los otros tres revisionistas, cuyos libros y documentos fueron incautados por la policía. Lo desconcertante de todo el asunto es que la dirección de programación de la ARD permitiera la emisión de la entrevista, sobre todo si se tiene en cuenta que el periodista advierte a la historiadora revisionista que puede acabar en prisión por lo que ha dicho. El arresto de Úrsula Haverbeck era previsible desde el principio.

El 11 de noviembre de 2015, la Corte del Distrito de Hamburgo la sentenció a diez meses de prisión por poner en duda que en Auschwitz los judíos fueron exterminados mediante gaseamientos. La acusada se presentó al juicio sin abogado y se defendió a sí misma con buen estado de ánimo. Unas cincuenta personas que la acompañaron trataron de sentarse en la sala, pero un grupo de "activistas" había ocupado con anterioridad los asientos con el fin de dejar fuera a los amigos de Úrsula, muchos de los cuales tuvieron que permanecer en el exterior por falta de espacio. Fue acusada de haber concedido una entrevista a la revista televisiva *Panorama* en la que declaró que Auschwitz no había sido un campo de exterminio, sino de trabajo, y que el asesinato en masa de los judíos no había sucedido. Las palabras de Haverbeck al juez fueron: "Mantengo todo lo que dije." Dirigiéndose al fiscal le preguntó: "¿Cómo prueba usted como abogado la acusación de que Auschwitz fue un campo de exterminio?" Su petición para que pudiera declarar un historiador revisionista que aportase pruebas de que en Auschwitz no se había gaseado a nadie fue rechazada por el juez Jönsson, quien dijo que era inútil discutir con alguien que no acepta los hechos.

Este magistrado, en el colmo de su altanería, se desentendió olímpicamente de que la no aceptación de los hechos se producía en sentido contrario, habida cuenta de que son los tribunales alemanes los que se niegan sistemáticamente a examinarlos y rechazan pruebas y evidencias sobre el delito que se está juzgando. El magistrado Jönsson equiparó la certeza del Holocausto con la evidencia de que la Tierra es redonda: "Tampoco tengo que dar pruebas de que el mundo es redondo." Finalmente, después de expresar de manera hipócrita su tristeza por el hecho de que la anciana utilizara todas sus energías en "fomentar el odio", el juez sentenció que "era una causa perdida." La acusación del Estado mantuvo que la acusada no había cambiado su "fanática idea delirante", por lo que, a pesar de su avanzada edad, debía ser sentenciada a diez meses de prisión efectiva. El juez estuvo de acuerdo.

Así, pues, en 2016 abandonamos nuestro relato sobre la persecución de la gran dama cuando el magistrado Björn Jönsson, de la Corte del Distrito de Hamburgo, la había condenado en noviembre de 2015 a diez meses de prisión efectiva. Agregaremos ahora que a ésta se sumaron dos condenas más: una en 2016 por escribir cartas a un alcalde y a un periódico en las que negaba el Holocausto y otra en agosto de 2017 por incitación al odio. Su ingreso en prisión estaba fijado para el 23 de abril de 2018. Úrsula no se presentó. A instancias del Comité Internacional de Auschwitz, que presionó a la policía para que la "buscase intensamente", el lunes 7 mayo fue detenida en su domicilio de Vlotho. A pesar de sus 89 años y de estar bajo tratamiento médico, fue encarcelada en la prisión de Bielefeld-Senne para cumplir condena de dos años. La crueldad y la inmoralidad de la República Federal, un Estado "democrático" que encarcela a nonagenarios por sus ideas, no tienen precedentes. En marzo de 2019 nuestra heroína, ya con 90 años, se disponía a encabezar el cartel electoral de Die Rechte al Parlamento Europeo. El 8 de noviembre del mismo año Ursula Haverbeck cumplió en la cárcel 91 años con la esperanza de que la justicia alemana considerase positivamente su petición de condonación de los meses que le quedaban de condena, concesión, por otra parte, habitual para la mayoría de presos en Alemania. El 12 de diciembre de 2019 la agencia Associated Press informaba que un tribunal alemán había decidido que la anciana no debía ser liberada. Si no ocurre alguna circunstancia que lo impida, pues, Ursula Haverbeck continuará en prisión hasta el 7 de mayo de 2020.

Monika y Alfred Schaefer : "Sorry Mom I was wrong about the Holocaust"

Es preciso regresar al proceso de Sylvia Stolz para relatar la persecución y encarcelamiento de los hermanos Schaefer, otro asunto bochornoso y lamentable. Cuando abandonamos el caso de la abogada irreductible, escribimos que el Tribunal Regional de Múnich (Landgericht) la había condenado el 25 de febrero de 2015 a veinte meses de prisión por la conferencia pronunciada en Chur (Suiza) en noviembre de 2012. En la sentencia figuraban los términos "instigación al pueblo" (Volksverhetzung) y "abusos". Este segundo aludía a que, a pesar de su exclusión del Colegio de Abogados, Sylvia Stolz había firmado en los documentos del juicio con la denominación "Rechtsanwältin" (abogada). El 3 de mayo de 2016 el Bundesgerichtshof (Tribunal Federal) anuló el fallo del tribunal de Múnich con respecto a la consideración de "abusos". Mantuvo por completo, sin embargo, el conjunto de la sentencia condenatoria del Landgericht de Múnich. En consecuencia, dicho Tribunal Regional debía, conforme a la decisión del Alto Tribunal (BGH), reflexionar sobre la totalidad de la pena en su conjunto; pero no sobre la sentencia. El 15 de febrero de 2018 el Tribunal Regional de Múnich dio a conocer el resultado de su proceso de revisión, que se plasmó en una rebaja de dos meses en la condena, la cual pasó a ser de un año y medio.

En enero de 2018 habían comenzado las audiencias para culminar el proceso de Sylvia Stolz en el Landgericht de Múnich. Entre el público asistente se encontraban los hermanos Alfred y

Monika Schaefer, que habían viajado a Alemania para visitar a unos familiares. El 3 de enero, cuando apenas hacía una hora que había comenzado la sesión, el fiscal pidió sorpresivamente un receso, que fue aprovechado para proceder a la detención de Monika Schaefer. El mismo fiscal entró acompañado por tres supuestos policías debidamente armados, que la esposaron y la sacaron de la sala de mala manera en contra de su voluntad. B'nai Brith de Canadá había alertado a las autoridades alemanas y éstas la vigilaban desde su entrada en el país. Evidentemente, Monika protestó. Dijo que era una persona libre, una ciudadana canadiense que no había hecho nada malo. Entonces el fiscal le dijo textualmente lo siguiente: "Si usted quería seguir en libertad debería haber permanecido en Canadá." Sin más explicaciones, fue recluida en una prisión de alta seguridad de Múnich, donde permaneció seis meses sin ser juzgada, aislada, sin poder recibir inicialmente correspondencia ni visitas de sus familiares y amigos. En nuestra opinión, una actuación tan escandalosa como ésta viene a confirmar una vez más la perversión intrínseca del sistema judicial de Alemania y su sumisión descarada al sionismo y al lobby del Holocausto (jewdicial system).

Si consideramos ahora cuál fue el motivo del arresto abrupto de Monika Schaefer en Múnich, el estupor y el desconcierto aumentan. Un año y medio antes de su detención, en junio de 2016, Monika, una mujer culta que habla idiomas y toca el violín con virtuosismo, publicó en la red un vídeo grabado por su hermano que se ha hecho famoso en círculos revisionistas. Su título: "Sorry, Mom, I was wrong about the Holocaust". En él se disculpaba con su madre por haberla mortificado con el sentimiento de culpa, inculcado a todos los alemanes desde su infancia a través de la educación y la propaganda. Tras decir que sus padres emigraron a Canadá (su madre en 1951 y su padre en 1952), donde ella había nacido, Monika explica en el vídeo que, siendo niña, se sentía avergonzada de sus orígenes y recuerda que cuando un día acudió a la escuela vestida con traje tirolés fue objeto de burlas y le gritaron "Heil Hitler". A continuación, expresaba su deseo de disculparse con sus padres, ya fallecidos, por haberles recriminado su pasado y echado en cara su inacción. Monika recuerda en el vídeo que su madre la miraba entristecida y le prometía que nunca supieron nada. Explica por fin que fue en 2014 cuando empezó a comprender por qué su madre no sabía nada, pues descubrió que el Holocausto es, como dijo textualmente, "la mayor y más perniciosa y persistente mentira de toda la Historia". El vídeo termina resaltando la incoherencia de tener un hospital en un campo de exterminio y negando la existencia de las cámaras de gas. Antes de despedirse interpretando con su violín una melodía alegre, se dirige al espíritu de su madre y le pide de nuevo disculpas. Esto es todo. Sin duda, un crimen horrendo.

Hasta 2014, Monika Schaefer había mantenido políticamente posiciones consideradas de izquierda. Concretamente, había sido candidata en el condado de Yellowhead (Alberta) por el Partido Verde. Parece ser que se presentó sin éxito en las listas de los Verdes en las elecciones de 2006, 2008 y 2011. Por supuesto, tan pronto se conocieron las opiniones de Monika sobre el Holocausto, el Green Party of Alberta (GPA) se apresuró a condenarlas "en los términos más enérgicos" y comenzaron los trámites para expulsarla del partido lo antes posible, hecho que se consumo en agosto de 2016. En la carta de respuesta a su expulsión, Monika Schaefer les recriminó su silencio sobre los atentados del 11 de septiembre de 2001 y les hizo saber que había comprendido que "los Partidos Verdes parecen estar controlados por el mismo poder oculto que controla a los demás partidos dominantes." Entre otras recomendaciones, les invitaba a conocer el *Informe Leuchter*, a preocuparse un poco por el pueblo palestino y a respetar la libertad de expresión.

A partir de la detención y encarcelamiento de su hermana, Alfred Schaefer, armado de coraje, no pudo contener su indignación y comenzó una campaña internacional de denuncia. El mismo mes de enero de 2018 concedió una extensa entrevista a Jonas E. Alexis para la publicación digital *Veterans Today*. *Journal for the Clandestine Services*, en la que se despachaba a gusto. Entre otras cosas, explicó que para comprender cuanto acontece en nuestros días es preciso retroceder en la historia. He aquí la cita textual de uno de sus comentarios: "La razón primordial para crear el mito del Holocausto fue desviar la atención de los genocidios que los judíos han diseñado, instigado y perpetrado tras el telón de acero bajo el disfraz del comunismo y bolchevismo." Más adelante decía lo siguiente: "Los judíos saben por qué deben controlar todos los medios de comunicación. Son la ventana a través de la cual elaboramos nuestra percepción de la realidad y del mundo. Son el instrumento a través del cual interpretamos todo. La gente es alimentada con las ideas que sirven al plan diseñado en su agenda. Esto es tan verdad hoy como lo fue en el pasado para fomentar guerras y revoluciones." Naturalmente, con manifestaciones públicas como éstas, Alfred Schaefer quedó expuesto y se situó en el punto de mira de los propagandistas del Holocausto, que se apresuraron a poner en marcha su persecución. Ello no le importó en absoluto y prosiguió produciendo vídeos y denunciando la situación de su hermana. Las querellas contra Alfred Schaefer, que tenía nacionalidad alemana y en lugar de regresar a Canadá optó por permanecer en Alemania, estaban cantadas. A finales de enero de 2018 comenzaron los registros en su domicilio. Concretamente, el día 23 unos diez policías se presentaron en su casa y les requisaron a él y a su esposa los ordenadores y los teléfonos móviles.

El 1 de febrero de 2018, apenas un mes después de la detención de su hermana, Alfred Schaefer recibió una notificación en la que se le instaba a presentarse en una comisaría el día 25 del mismo mes. Supuestamente, se le quería interrogar por un discurso pronunciado el 25 de noviembre de 2017 en Bretzenheim, con ocasión de un acto de homenaje en memoria del millón de soldados alemanes asesinados en los diecinueve campos de la muerte (Rheinwiesenlager) de Eisenhower (En el tercer volumen de *Historia proscrita*, concretamente en el capítulo X, dedicamos diez páginas a narrar lo ocurrido en los campos de la muerte en 1945). Consciente de que pretendían su detención para encerrarlo en prisión como a su hermana Monika, Alfred envío una carta a la Policía. En ella decía que sus palabras en Bretzenheim estaban publicadas en inglés en internet y que si necesitaban una versión en alemán él mismo se la facilitaría. En cuanto al contenido de su discurso, explicaba que había hablado de su padre, Otto Schaefer, prisionero de guerra en uno de los campos del Rin. En la carta recomendaba a la policía la lectura de *Other Looses*, el libro de

James Bacque, que, como ya dijimos en el citado capítulo X de nuestra obra, es fuente indispensable para conocer el genocidio de los PWTE (Prisoners of War Temporary Enclosures). Reproducimos textualmente las palabras que aluden a su Padre y la acusación a los judíos: "Tuvo que contemplar cada día como hombres jóvenes que gozaban de salud cuando eran abandonados en los campos morían de la manera más terrible. Eran encerrados como ganado en un enorme campo sin protección alguna de los elementos, sin comida, y ni siquiera se les daba agua. La inanición masiva de aquellos alemanes era un plan deliberado. Los judíos querían exterminar a tantos alemanes como fuera posible. Su intención de hacer exactamente eso está bien documentada por ellos mismos en publicaciones como *Germany must perish*, escrita por el judío Thedodor Kaufmann. Mi padre, que fue galardonado en 1976 con la "Order of Canada", debe su vida a un guardia del campo que le ayudó a escapar...".

Pese a que estaba claro que Alfred Schaefer iba acumulando "delitos" y sería juzgado en Múnich junto a su hermana Monika por incitación al odio, tuvo que afrontar previamente un proceso que se celebró en el Tribunal de Distrito de Dresde, donde en abril de 2018 fue juzgado por haber asistido el 11 de febrero de 2017 a un mitin junto a Gerd Ittner en Zwingerteich, ciudad en la que se concentraron unas 200 personas para recordar el 72 aniversario del bombardeo de Dresde. Según la imputación, Schaefer había afirmado que Dresde no era un objetivo militar para los aliados y que en la ciudad había sólo mujeres, niños y refugiados de los territorios del este. Ante el tribunal, Schaefer dijo que agradecía el procesamiento porque le iba a permitir exponer la verdad. Entre otras cosas, denunció ante los jueces la criminalización del pueblo alemán y el poder de los banqueros internacionales. Negó asimismo los crímenes que se atribuían al nacionalsocialismo. El tribunal lo condenó por "incitación" a una multa de 5.000 euros. En mayo se hizo pública la sentencia, en la que se argumentaba que, aunque el acusado no hizo mención al Holocausto, había minimizado los crímenes de los nazis. También Gerd Ittner y un tercer orador en Zwingerteich fueron acusados.

Los arrestos de Alfred Schaefer eran continuados, pero permanecía en libertad bajo palabra de no abandonar Alemania, aunque debía presentarse en una comisaría de policía dos veces por semana. El 6 de julio, cuando ya había empezado el juicio contra él y su hermana Monika, en el cual Alfred había conseguido proyectar una serie de vídeos, cinco policías armados se presentaron a las dos de la tarde en su domicilio. Allí lo esposaron delante de su mujer y de Lady Michèle Renouf, que se hallaba con ellos, y se lo llevaron detenido. El juicio en Múnich, pues, había comenzado por fin el 2 de julio de 2018. Los cargos habían sido presentados por los vídeos que ambos hermanos habían producido y publicado en internet, en los que negaban el Holocausto. Monika, ciudadana canadiense de 59 años, era acusada por seis delitos de "incitación al odio", mientras que a su hermano Alfred, de 63 años, le atribuyeron catorce delitos de "incitación al odio".

Lady Renouf estaba en Múnich para acompañar y dar aliento a los hermanos Schaefer. En una crónica del primer día del proceso, ella misma explica que su abogado Wolfram Nahrath, que aquel día defendía también a Monika Schaefer, le aconsejó que no entrase en el edificio del tribunal y mucho menos en la sala, pues temía que pudiera usarse contra ella la misma estrategia utilizada para detener a Monika. En febrero de 2018 Lady Renouf había asistido en Dresde a los actos en memoria del bombardeo genocida de 1945 y estaba siendo investigada en Alemania por su discurso, con el fin de acusarla de "instigación al pueblo" (Volksverhetzung). Lady Renouf, que obtuvo del abogado de Sylvia Stolz la información que sigue a continuación, relata que Alfred consiguió abrazar a su hermana cuando apareció esposada en la sala. Saludó con el brazo en alto al estilo romano y adoptó una actitud desafiante. Los jueces Hofmann y Federl lo consideraron una ofensa y un menosprecio a la corte; pero él les dijo que los consideraba ilegítimos a ellos y a la República Federal de Alemania. Fue advertido entonces por los jueces de que sería severamente multado si persistía en su actitud ofensiva. Cuando Alfred Schaefer comenzó su declaración inicial, el juez Hofmann le pidió que la resumiera, lo cual provocó que los abogados defensores pidieran una interrupción de dos horas para redactar el rechazo de los jueces, puesto que consideraron que se atentaba claramente contra los derechos del acusado al tratar de impedir su derecho de defensa. Los abogados de Alfred y Monika Schaefer pidieron que el juez Hofmann, que presidía el tribunal, fuese apartado del proceso por sus prejuicios hacia Alfred Schaefer. El propio magistrado presidente decidió que el juicio seguiría bajo su autoridad hasta el 4 de julio, día en que se sopesaría el asunto. Naturalmente, la petición sería rechazada.

En la sesión de la tarde, el juez se quejó por la amplitud de los temas que Alfred Schaefer pretendía exponer en su escrito de presentación, por lo que suprimió doce páginas. Pese a ello, la lectura duró cuatro horas. Schaefer esgrimió acusaciones históricas y actuales para solicitar la desestimación del caso presentado contra él y su hermana. Apenas hubo terminado, el juez anunció que el acusado debía permanecer dos días bajo custodia policial por el desprecio mostrado a la autoridad del tribunal. La audiencia había ya terminado cuando Sylvia Stolz, que se encontraba entre el público, gritó: "¡Esto es terror!". El juez le preguntó qué pretendía decir cuando calificaba como "terror" las normas del tribunal. Ella respondió: "estoy arruinada por palabras". El abogado Wolfram Nahrath ya se había quitado la toga, toda vez que la sesión había concluido. Aun así, el juez, en lugar de entender que la protesta se había proferido una vez acabada la audiencia pública, insistió en que Sylvia Stolz había interrumpido el proceso judicial y, en lugar de imponerle la multa habitual, ordenó su internamiento en una celda durante dos días por menosprecio a la corte.

El juicio se prolongó a lo largo de todo el verano de 2018 y concluyó ya en el otoño, a finales de octubre. Los lectores interesados en seguir con mayor detalle las sesiones del proceso pueden acudir a las "Newsletter" del Adelaide Institute, donde hallarán abundante información. Nosotros destacaremos sólo algunas ideas significativas de los discursos finales de súplica que los hermanos Schaefer pronunciaron ante el tribunal de Múnich, por lo que nos situamos ya en los últimos días, cuando se produjo la sentencia.

Según denunció el 22 de octubre el abogado W. Nahrath en su discurso final, Alfred Schaefer había sido tratado por el fiscal como un "enemigo de la humanidad". Alfred intervino el día 25 de octubre. Enseguida se reafirmó en sus convicciones. Consideró que sería indigno renunciar a expresar opiniones cuando se tiene la certeza moral de que se está en lo cierto. Repasó a continuación los cargos en su contra, momento en que fue interrumpido por el juez para advertirle de que no tenía derecho a cometer nuevas afrentas en su declaración. En cualquier caso, la posibilidad de acumular nuevos delitos por sus palabras estuvo flotando en el ambiente, como por ejemplo cuando se refirió a los *Protocolos de los Sabios de Sión*, tema tabú que propició que el juez se apresurara a tomar notas enfáticamente.

Pese a todo, en su intervención de cuatro horas Alfred Schaefer no se privó de formular la acusación de que algunos judíos habían organizado el 11 de septiembre de 2001, cuyas consecuencias fueron los ataques a Afganistán, Irak y la llamada "guerra contra el terror". Lamentó que el *Informe Leuchter*, presentado durante el juicio, hubiera sido ridiculizado. Aludió al famoso discurso de Benjamin Friedman, *A jewish Defector Warns America*, que también había sido expuesto ante el tribunal. Denunció que todo estaba basado en mentiras que se imponían inexorablemente como verdades. Tuvo también un momento para recordar a Úrsula Haverbeck y preguntó a la corte cómo se podía encarcelar a una anciana de 89 años. "Todo esto ocurre -dijo irónicamente- en representación de la organización de derechos humanos B'nai Brith." Cuando trató de argumentar sobre el tema de la inmigración, el juez le advirtió nuevamente de que lo que dijera podía ser condenable. La sesión se interrumpió poco después, por lo que Alfred Schaefer concluyó su exposición en la mañana del día 26. Enseguida dejó constancia de la decepción que tanto él como su hermana experimentaron con la figura de Noam Chomsky, que había sido inicialmente un icono para ellos. Ya al final de su intervención, afirmó que estaba preparado para picar como una abeja y morir por su pueblo. Aseguró que estaba dispuesto a ir a la cárcel por lo que había dicho y que no tenía miedo de sostener la verdad. En este momento Alfred miró hacia los asientos de la sala en que estaba su esposa y la emoción fue evidente, hasta el punto de que por un momento pareció que trataba de reprimir las lágrimas. Concluyó, en fin, solicitando que se buscasen soluciones a los problemas mundiales y expresando su deseo de paz. Su última petición fue: "Pensemos en las futuras generaciones".

A las 12.35 del día 26 de octubre llegó el turno de Monika Schaefer, que quiso formular en pie su discurso de súplica. Recordó su arresto en aquel mismo edificio y las palabras que le dirigió el fiscal. Enseguida esbozó unas pinceladas sobre su pasado. Destacó que en 2011, cuando militaba en el Partido Verde, había enviado un informe al Parlamento de Canadá con sus investigaciones sobre el 11 de septiembre de 2001, el cual fue ignorado. Destacó que los Verdes le exigieron en 2014 que retirase una carta sobre el ataque sionista a la franja de Gaza que causó miles de muertos y heridos y resaltó que, además, le pidieron que se disculpara públicamente. Afirmó ante el tribunal que ello "era imposible" porque ella "sólo podía guiarse por la verdad". Tras esta decepción, explicó a la sala, fue entendiendo por qué el Partido Verde defendía al sionismo. Comprendió también que a quienes debía pedir disculpas era a sus padres y así decidió grabar "Sorry Mom…" Experimentó entonces -dijo- la difamación y la exclusión que sufren "las personas que rompen el tabú". Aludió a la pasión por el violín, su gran compañía durante los meses de encarcelamiento, y recordó que había tocado y enseñado en escuelas, en bodas y, voluntariamente, en residencias de ancianos. Monika declaró ante el tribunal que, precisamente por ser tan bien conocida, debía ser destruida socialmente. Denunció la campaña de odio desatada en su contra y ofreció muchos ejemplos: fue golpeada en la calle, le pincharon las ruedas del coche, le arrojaron gravilla, unos jóvenes le escupieron en la calle, la excluyeron de la unión de violinistas de Alberta… Tras exponer estos hechos preguntó a la corte: "¿Quién incita al odio contra quién?" Monika deploró que el Gobierno de Canadá hubiera prohibido al cónsul asistir al proceso para saber qué le ocurría a una ciudadana canadiense. Acabó asegurando que ya no estaba avergonzada de su origen alemán, que estaba orgullosa de sus padres y de sus antepasados. "En vez de un mundo basado en mentiras -concluyó- necesitamos educación esclarecedora."

Tras un receso, a las 17.30 de la tarde del mismo día 26 el juez pronunció el veredicto, en el que se decía que ambos hermanos habían esparcido odio. Se consideraba que habían cometido un delito de sedición contra gente de religión judía y también contra extranjeros. Alfred y Monika Schaefer fueron declarados culpables. Alfred recibió una condena de tres años y dos meses de prisión por once delitos de "incitación al odio". Monika fue condenada a diez meses de cárcel por cuatro delitos de "incitación al odio". El magistrado concluyó lo siguiente: "los vídeos están hechos con empeño criminal, sabiendo que la evidencia pseudocientífica es capaz de perturbar la paz legal e incitar al odio contra las minorías". En cuanto a los discursos de súplica de los acusados, se consideró que no tenían nada que ver con los hechos. "En el acusado Alfred Schaefer -decía la sentencia- el odio debe de haber ya devorado el alma. Puede pretender estar interesado en la historia de Alemania, pero ello no debe degenerar en tanto odio". El juez dio a entender que Alfred Schaefer podría tener que afrontar un nuevo proceso, puesto que algunas de las cosas que había dicho o hecho (saludo romano) podrían ser imputables según el Código Criminal.

Puesto que Monika Schaefer llevaba ya diez meses encarcelada, pudo recuperar la libertad y regresar por fin a Cánada, donde su vida cotidiana no iba ya a ser la misma. En enero de 2019, por citar un ejemplo, en una tienda de fotocopias de la que era cliente habitual, la propietaria se negó a atenderla, le señaló la puerta y le pidió que saliera del comercio. Tras una breve discusión en la que Monika pidió explicaciones, la mujer le dijo que no quería servir a una persona que odia. En cuanto a su hermano Alfred, preso en una cárcel de Munich, lo último que hemos sabido antes de concluir estas líneas es que el 28 de enero de 2019 se disponía a afrontar un nuevo proceso por otras acusaciones adicionales presentadas en su contra.

Reinhold Elstner, el revisionista que se quemó vivo

En la República Federal de Alemania cerca de dos mil personas son detenidas anualmente por delitos de opinión y nadie se preocupa de ello porque sólo son "neonazis". Podríamos seguir con otros revisionistas honestos que sin otro crimen que pensar libremente acabaron entre rejas, como por ejemplo Dirk Zimmermann, que en 2007 envió copias de *Lectures on the Holocaust* a tres figuras locales: al alcalde de Heilbronn, a un clérigo luterano y a otro católico. Tras haber enviado los libros, presentó una querella contra sí mismo y en 2009 fue condenado a nueve meses de cárcel. Otro caso es el de Gerhard Ittner, sentenciado en 2015 por un tribunal de Múnich. Anteriormente, en 2005, había sido condenado a dos años y nueve meses, lo cual motivó su huida a Portugal, donde fue detenido en abril de 2012 y extraditado en septiembre. Tres años después, en noviembre de 2015, el Tribunal de Nürnberg-Fürth lo condenó otra vez a dieciocho meses por los delitos habituales. Cuando se dictó la sentencia, llevaba ya un año en prisión preventiva y pudo salir en libertad. En febrero de 2017 participó junto a Alfred Schaefer en el aniversario del bombardeo genocida de Dresden, por lo que fue de nuevo investigado por "incitación". El 12 de mayo de 2018, día en que cumplía 60 años, sin exhibir orden de arresto y sin identificarlo, tres policías lo detuvieron en Bretzenheim. Días después ingresó en la prisión de Nürnberg, donde estuvo seis meses en prisión preventiva sin ser presentado ante un tribunal. El 10 de noviembre del mismo año fue excarcelado. Todo indica que la persecución de Gerd Ittner continuará. Sirvan estas escasas líneas, redactadas para *Criminales de pensamiento*, como reconocimiento a su coraje.

Presentar más ejemplos nos llevaría innecesariamente a eternizar nuestra obra. Por ello, acabaremos con un caso extremo, desconocido en general, el de Reinhold Elstner, al que hemos reservado el útimo lugar como colofón de la persecución de los revisionistas en Alemania. Este jubilado de 75 años, químico, ingeniero y veterano de la Wehrmacht, el 25 de abril de 1995 se dirigió a las escaleras del "Feldhermhalle" (salón de los héroes) de Múnich, se roció con líquido inflamable y se prendió fuego. Las personas que lo vieron trataron de rescatarlo para salvarle la vida, pero doce horas después Elstner había muerto. Las razones de una acción tan desgraciada quedan explicadas en un texto escrito antes de suicidarse, en el que explica su sacrificio. Lo reproducimos in memoriam.

"Alemanes en Alemania, en Austria, en Suiza y en el mundo, ¡Despertad por favor!

50 años de infinitas difamaciones, de continuadas mentiras odiosas, de demonización de un pueblo entero son suficientes.

50 años de insultos increíbles a los soldados alemanes, de un chantaje permanente que cuesta billones, y de odio 'democrático' son más de lo que uno puede soportar.

50 años de venganza judicial sionista son suficientes.

50 años tratando de crear desencuentros entre generaciones de alemanes mediante la criminalización de los padres y los abuelos son demasiados.

Es increíble que en este año de aniversario nos inunde una cascada de mentiras y difamaciones. Puesto que tengo ya 75 años, no puedo hacer ya mucho más; pero puedo aún quitarme la vida inmolándome; una última acción que puede servir como señal a los alemanes para que recobren el juicio. Si con mi acto un solo alemán despertase y gracias a él encontrase el camino hacia la verdad, entonces mi sacrificio no habría sido en vano.

Sentí que no me quedaba otra opción tras comprender que ahora, después de 50 años, hay poca esperanza de que la razón se imponga. Como alguien que fue expulsado de su casa después de la guerra, siempre tuve una esperanza, la misma que se concedió a los israelíes después de 2000 años, a saber, que los alemanes expulsados tendrían derecho a regresar a su hogar. ¿Qué pasó con el derecho de autodeterminación promulgado en 1919, cuando millones de alemanes fueron obligados a vivir bajo gobierno extranjero?. Hasta hoy hemos tenido que sufrir por estos errores, y puedo decir que no puede responsabilizarse de ello a los alemanes.

Soy un sudete alemán tengo una abuela checa, y por el otro lado parientes checos y judíos, algunos de los cuales fueron encarcelados en campos de concentración como Buchenwald, Dora y Theresienstadt. Nunca pertenecí ni al partido nazi ni a cualquier otro grupo que estuviera en lo más mínimo relacionado con el nacionalsocialismo. Siempre tuvimos las mejores relaciones con nuestros familiares no alemanes y, cuando fue necesario, nos ayudamos mutuamente. Durante la guerra, nuestro establecimiento de comestibles con panadería fue responsable de la distribución de comida a los prisioneros de guerra franceses y a los trabajadores del este que vivían en la ciudad. Todo se hizo correctamente y ello garantizó que al final de la guerra nuestro negocio no fuera saqueado porque los prisioneros de guerra franceses lo custodiaron hasta su repatriación. Nuestros parientes que habían estado detenidos en los campos de concentración volvieron ya a casa el 10 de mayo de 1945 (dos días después del fin de las hostilidades) y ofrecieron su apoyo. Especial fue la ayuda de nuestro tío judío de Praga, que había visto en la capital checa el baño de sangre de los alemanes que quedaron allí provocado por los partisanos. El horror de estos asesinatos a sangre fría podía verse aún en la expresión de sus ojos. Obviamente, un horror que él mismo como antiguo prisionero del Reich no había experimentado durante su encarcelamiento.

Fui un soldado de la Wehrmacht del gran Reich alemán, luchando desde el primer día en el frente del este. A esto debo añadir unos pocos años de trabajo esclavo en la URSS como prisionero de guerra.

Recuerdo bien la Kristallnacht (noche de los cristales rotos) de 1938 porque aquel día encontré llorando a una chica judía, una chica con la que había estudiado. Pero quedé mucho más impresionado cuando vi en Rusia cómo todas las iglesias habían sido profanadas, cómo eran usadas como establos y tiendas de armas; vi a los cerdos gruñir, a las ovejas balar y el repiqueteo de las armas en lugares sagrados. Lo peor para mi fue cuando vi las iglesias convertidas en museos del ateísmo. Y todo esto ocurrió con la connivencia activa de los judíos, esa pequeña minoría de la cual tantos miembros eran los matones criminales de Stalin. Los más destacados de ellos eran del clan de Kaganóvich, siete hermanos y hermanas, que eran tan criminales de masas que los supuestos asesinos de las SS pueden ser considerados en comparación inofensivos.

Después del regreso de los campos de prisioneros rusos a mi "patria" (¡Qué burla hablar de "patria" a un prisionero que ha sido expulsado de la tierra de sus ancestros!) oí por primera vez sobre las brutalidades de los campos de concentración, pero al principio nada escuché de cámaras de gas o del asesinato de seres humanos mediante el uso de gas venenoso. Al contrario, se me dijo que en campos de concentración como Theresienstadt y Buchenwald (Dora) había incluso burdeles para los internos en los confines del campo. Luego, con ocasión de los 'juicios de Auschwitz', el Sr. Broszat, del Instituto de Historia Contemporánea, declaró que la cifra famosa de seis millones es sólo un número simbólico. A pesar del hecho de que el Sr. Broszat declaró también que no hubo cámaras de gas para el asesinato de seres humanos en los campos instalados en suelo alemán, durante años las pretendidas cámaras fueron enseñadas a visitantes en Buchenwald, Dachau, Mauthausen y otros. Mentiras, sólo mentiras hasta hoy.

Todo quedó muy claro para mí cuando leí docenas de libros escritos por judíos y los llamados antifascistas. Además, podía recurrir a mi propia experiencia en Rusia. Viví durante dos años en la ciudad hospital de Porchov, donde ya en el primer invierno surgió el peligro de una epidemia de tifus y todos los hospitales y centros de atención primaria eran despiojados con lo que llamábamos entonces 'K.Z. Gas', concretamente 'Zyklon-B'. Allí aprendí cuán peligroso era manejar este gas venenoso aun cuando no formé parte de los equipos que fumigaban los edificios. En todo caso, desde entonces no he tenido otra opción que estudiar todas las obras sobre los campos de concentración que relatan cuentos fabulosos sobre las cámaras de gas. Esta debe de ser la verdadera razón por la que todos los informes de las víctimas sobre los campos de concentración son considerados como la verdad por los tribunales y no necesitan ser probados.

En 1988 la televisión alemana emitió un informe sobre Babi Yar (un barranco cerca de Kiev) donde se informó que las SS habían matado a pedradas a 36.000 judíos. Tres años más tarde una señora llamada Kayser escribió un informe para el periódico *TZ* de Múnich en el que decía que estos judíos habían sido fusilados y que sus cuerpos habían sido quemados en profundas vaguadas. Preguntada sobre ello, la Sra. Kayser señaló una librería en Constanza que vende el libro *La Shoah en Babi Yar*. El día que el libro llegó a mi casa, la televisión alemana presentó un informe de Kiev sobre los descubrimientos de una comisión ucraniana: en Babi Yar estaban los cuerpos de 180.000 seres humanos, todos asesinados por orden de Stalin (antes de 1941). Los alemanes no eran responsables en absoluto. Sin embargo, en todo el mundo pueden encontrarse monumentos de Babi Yar que culpan a los alemanes por las matanzas (Clinton visitó Babi Yar el 10 de mayo de 1995 y ante una Menorah aludió a los alemanes como los matarifes).

Debido a que, como dijo el Sr. Broszat, hemos sido engañados sobre lo ocurrido en docenas de campos de concentración. Yo no estoy dispuesto a creer los cuentos que se están contando sobre lo acontecido supuestamente en los campos de Polonia. Tampoco creo en las acusaciones de posguerra que pintan a los alemanes como particularmente agresivos. Después de todo fue Alemania la que mantuvo la paz desde 1871 a 1914, mientras que Inglaterra y Francia, las principales democracias, conquistaron la mayor parte de África y expandieron sus colonias en Asia. Al mismo tiempo, Estados Unidos luchó contra España en México, y Rusia hizo la guerra a Turquía y a Japón. En estas materias considero especialmente cínico al Gobierno de Estados Unidos, puesto que fue el país que en dos ocasiones en este siglo cruzó el océano para atacar a Alemania y llevarnos a la 'democracia'. Debe considerarse que este fue un Gobierno cuya nación exterminó a los habitantes originarios, y que hasta hoy en día trata a su población de color como ciudadanos de segunda clase.

Durante mis años encontré a judíos amables y serviciales no sólo entre mis parientes, sino también entre prisioneros de guerra en Rusia. En Gorki una profesora judía me ayudó a recuperar la salud cuando padecí una pleuresía y graves problemas en un ojo. Pero también oí muchas cosas malas sobre esta pequeña minoría. ¿No escribió Churchill en el *London Sunday Herald* (8 de febrero de 1920) lo siguiente?:

'Desde los días de Spartakus Weishaupt a Marx, Trotsky, Bela Kun, Rosa Luxemburgo y Emma Goldmann, existe un conspiración mundial ocupada en destruir nuestra civilización y cambiar nuestra sociedad por medio de acontecimientos de espantosa codicia y con la puesta en práctica del sueño imposible de la igualdad de todos. Esta conspiración, con su implacable minado de todas las instituciones existentes, fue capaz de emplear a una banda de gente sin escrúpulos del bajo mundo de las grandes ciudades de Europa y América para tomar el poder en Rusia y hacerse los amos de este vasto imperio. No es necesario sobrestimar el papel que estos judíos ateos jugaron en el establecimiento del bolchevismo.'

Creo que estoy autorizado a citar al receptor del prestigioso Premio Karls. En el siglo XVIII, Samuel Johnson escribió: 'No sé que deberíamos temer más, una calle llena de soldados dispuestos al saqueo o una habitación llena de escritores acostumbrados a mentir.'

Considerando nuestra experiencia después de 1918 y después de 1945, ¡nosotros los alemanes sabemos a quiénes tenemos que temer más!

München, 25 de abril de 1995

Reinhold Elstner"

2. Víctimas principales de la persecución en Francia

François Duprat, asesinado por terroristas judíos

La ley que prohíbe en Francia el revisionismo del Holocausto es la Ley Gayssot, aunque también es conocida como Ley Fabius-Gayssot, aprobada el 13 de julio de 1990. Dos judíos, el diputado comunista Jean Claude Gayssot y el acaudalado socialista Laurent Fabius, fueron los padres del invento que permite perseguir desde entonces a quienes cuestionan la existencia de algunos crímenes de la humanidad, concretamente aquellos definidos en la Carta de Londres, que fue tomada como base para condenar a los líderes nazis en los infames juicios de Núremberg. Como de costumbre, el lobby judío, utilizando como pantalla la supuesta defensa de los derechos humanos, logró que en Francia, como en Alemania, se acose a los investigadores por crímenes de pensamiento y se les prive de la libertad de expresión. Antes de la existencia de esta ley, los revisionistas habían sido ya objeto de medidas coercitivas. Se ha dicho (*Historia proscrita*) que Paul Rassinier, uno de los padres del revisionismo histórico, tuvo que soportar desde la publicación de *La mentira de Ulises* hasta su muerte en 1967 todo tipo de calumnias y exclusiones, además de varios procesos judiciales.

Otro precursor del revisionismo histórico en Francia fue François Duprat, quien en junio de 1967 publicó en *Défense de l'Occident* el artículo titulado "El misterio de las cámaras de gas". Más tarde, Duprat leyó *Did Six Million Really Die?*, el libro de Richard Harwood cuya edición iba a crear tantos problemas a Ernst Zündel, y se involucró en su publicación y distribución en Francia. François Duprat, nacido en Ajaccio en 1941, es considerado uno de los ideólogos del nacionalismo francés y de la creación del Frente Nacional. Uno de sus mentores fue Maurice Bardèche, difusor del revisionismo del Holocausto junto a Paul Rassinier. Influenciado por Bardèche, Duprat sugería la disolución del Estado sionista y apoyó al Frente Popular para la Liberación de Palestina. Duprat promovió la traducción y edición de textos fundamentales del revisionismo del Holocausto. Gracias a él circularon en Francia *Die Auschwitz Lüge* (*La mentira de Auschwitz*) de Thies Christophersen y *The Hoax of the Twentieth Century* (*La fábula del siglo XX*) de Arthur Robert Butz.

A las 08:40 del día 18 de marzo de 1978 una bomba acabó con la vida de François Duprat, que a los 37 años se convirtió en la primera persona asesinada por su apoyo al revisionismo del Holocausto. Su esposa Jeanine, que estaba con él, quedó gravemente herida y, aunque pudo salvar la vida, perdió las piernas y quedó paralítica. Duprat acompañaba en coche a su mujer a la escuela de Caudebe-en-Caux, donde ella daba clases. El vehículo se detuvo en un gasolinara para comprar la prensa y la ocasión fue aprovechada por los criminales para colocar una bomba en los bajos del vehículo. Cuando reanudaron la marcha, el coche saltó por los aires. La investigación demostró que el artefacto utilizado era sofisticado y que sólo pudo ser obra de expertos cualificados. Dos grupos reivindicaron el atentado como un modo de rechazar el "negacionismo de la Shoah": el autodenominado Comando de la Memoria y el Grupo Revolucionario Judío; sin embargo, las organizaciones sionistas de Francia condenaron el asesinato ante la opinión pública y se propagó una campaña de intoxicación para atribuir el crimen a grupos de ultraizquierda y/o a grupos rivales nacionalistas. El funeral de Duprat en la iglesia de Saint-Nicolas-du Chardonnet de París fue un acontecimiento multitudinario.

Nadie fue arrestado y el crimen quedó impune. Hoy existen pocas dudas de que el asesinato de Duprat fue obra del Mossad. Gracias a la publicación en 1990 de *By Way of Deception*, el libro del antiguo agente Víctor Ostrovsky, la opinión pública internacional tuvo acceso a detalles reveladores de cómo el Servicio Secreto de Israel entrena y arma en distintos países a los llamados "grupos de defensa judíos". Ostrovsky explica en su polémica obra que jóvenes de otros países son llevados a Israel para recibir adiestramiento variado relacionado con labores de inteligencia. En Europa, el "Tagar", una rama de movimiento sionista Betar, es el grupo terrorista más importante. Tagar/Betar, cuyos cuarteles generales se ubican en París, mantiene lazos estrechos con el Gobierno de Israel y por ello es utilizado en operaciones encubiertas del Mossad. Es más que probable que este Tagar estuvo relacionado con el asesinato de Duprat, puesto que se le atribuyen numerosos ataques criminales contra personas consideradas "enemigas", entre lo que están los revisionistas del Holocausto.

Roger Garaudy, el filósofo puesto en la picota por denunciar a Israel

En el momento de comenzar la escritura de estas líneas sobre el filósofo Roger Garaudy, nos asaltan algunas dudas. Su vida, ejemplo paradigmático de eclecticismo, fue tan rica y variada, que uno tiene la tentación de explicar algo de ella para quien no conoce a este erudito, que escribió sin cesar durante su larga vida de casi cien años. Nuestras limitaciones, claro, vienen impuestas por los contenidos que venimos tratando. Lo que básicamente nos interesa de su extensa obra de más de medio centenar de ensayos es cuanto concierne al revisionismo histórico. Por ello, nos centraremos sobre todo en el libro que había de provocar el llamado "Affaire Garaudy", *Les Mythes fondateurs de la politique israélienne*[6]. Este ensayo, publicado en diciembre de 1995, debió de surgir probablemente como una necesidad moral, como un compromiso, pues Garaudy estaba casado con la palestina Salma Farouqui y en 1982 se había convertido al Islam. Constreñidos por los problemas de espacio, redactaremos, no obstante, unos párrafos sobre su trayectoria vital. Ello ayudará a comprender cómo llega Garaudy a denunciar la perversión del Estado sionista.

En la primavera de 2013 visitamos en Córdoba el Museo de las Tres Culturas de la Torre de la Calahorra, fortaleza musulmana cuyo uso fue cedido por el Ayuntamiento a la Fundación Roger Garaudy en 1987. Diez años más tarde, en septiembre de 1997, la

---

[6] *Les Mythes fondateurs de la politique israélienne*, Omnia Veritas Limited, www.omnia-veritas.com.

Torre de la Calahorra, situada frente a la mezquita, al otro lado del puente romano sobre el Guadalquivir, fue inscrita en el registro de museos de la Comunidad Autónoma. Allí tuvimos ocasión de adquirir varias obras de Garaudy traducidas al español, entre ellas unas memorias que comenzó a escribir a los 75 años, *Mi vuelta al siglo en solitario*. Nos acogeremos pues a su propia voz para esbozar algunos momentos de la transformación intelectual, ética y religiosa de este pensador sintético y conciliador. Sus metamorfosis lo llevaron a transitar desde el comunismo militante hasta el Islam, pasando por el catolicismo; por tanto, del supuesto ateísmo marxista, a la fe profunda en Dios.

Garaudy nació en Marsella en 1913. Su abuela materna era española, una menorquina exiliada en Argel en 1848. En el prólogo de las memorias afirma: "La gran búsqueda de mi vida fue precisamente encontrarle un sentido. Y también a la historia." Con veinte años, buscó ese sentido en el marxismo y se afilió en 1933 al Partido Comunista Francés. Después de haber sido prisionero de la Francia de Vichy en Argelia, en 1945 vivió la liberación en París. Sobre la situación en Francia escribe unas palabras esclarecedoras: "En un país en el que la inmensa mayoría ha aceptado tanto la ocupación como el régimen de Vichy, se quiere ahora crear la ilusión de una resistencia unánime y heroica. En 1945 hay en Francia más resistentes que habitantes." Puesto que el Partido Comunista había sido predominante en la resistencia interior, su prestigio se transformó en poder. Garaudy fue elegido en 1945 diputado de la primera Asamblea constituyente. Comenzó entonces su andadura como diputado del PCF y siguieron luego los "catorce años perdidos en el Parlamento", según sus propias palabras. A finales de octubre de 1956, después de la nacionalización del canal de Suez por Nasser, Garaudy fue testigo como vicepresidente de la Asamblea del ambiente prebélico y de los preparativos para la intervención anglo-francesa en Egipto.

Durante estos años comienzan sus dudas y formula la dicotomía significativa entre "responsables comunistas y comunistas responsables", que habría de conducir a su expulsión del partido en 1970. Cada vez más partidario de establecer un diálogo entre cristianos y marxistas reivindicó la figura del padre

Teilhard de Chardin, paleontólogo y filósofo, como punto de encuentro. Durante los años sesenta, sus opiniones contrarias al ateísmo y sus constantes encuentros con teólogos y filósofos cristianos provocaron con frecuencia reacciones adversas de muchos camaradas. "Ningún creador -escribe- puede negar a Dios. Tiene constancia de su presencia. Incluso si no lo dice..." Puede decirse que Garaudy fue el gran animador en Europa y en América de los diálogos cristiano-marxistas. En 1969, en respuesta a la pregunta "¿Quién es Cristo para ti?", escribió palabras bellísimas sobre Jesús y sobre los cristianos:

> "... Una hoguera ha sido encendida: es la prueba de la chispa o de la primera llama que le dio nacimiento. Esta hoguera fue ante todo un levantamiento de los indigentes, sin lo que, de Nerón a Diocleciano, el 'establishment' no los habría perseguido tan duramente. Para esos hombres (los cristianos), el amor se convierte en algo militante, subversivo; si no fuera por eso, Él (Cristo), el primero, no habría sido crucificado. Hasta este momento todas las sabidurías meditaban sobre el destino y sobre la necedad confundida con la razón. Él, lo contrario del destino, ha señalado su locura. Él, la libertad, la creación, la vida. Él es quien ha desfatalizado la historia."

Un año antes de escribir estas palabras, se había producido ya en su vida lo que él consideró "el viraje de los sueños": tras el fiasco del mayo del 68, las tropas del Pacto de Varsovia lideradas por la URSS invadieron Checoslovaquia el 20 de agosto y abortaron la llamada "Primavera de Praga". Garaudy condenó la intervención sin paliativos, pero en el partido denunciaron su "indisciplina". El 6 de febrero de 1970 se produjo su expulsión del PCF.

La nueva etapa de Roger Garaudy estuvo marcada por los viajes alrededor del mundo. En su afán por profundizar en la existencia de Dios, precisa comprobar cómo es concebido en el día a día y en las manifestaciones artísticas de otras culturas y civilizaciones. Para ello viaja a India, China, Japón. De este modo llega a la conclusión de que "nuestra civilización occidental se halla en un punto muerto" y en 1979 publica *Appel aux vivants*, uno de sus libros mejor recibidos, traducido del francés a siete lenguas, entre ellas el árabe, el castellano y el catalán. Los derechos de autor le proporcionaron pingües beneficios y con ellos la oportunidad de crear la asociación "Llamada a los vivientes", que pretendía suscitar un movimiento de "resistencia" no violenta contra "la ocupación de las instituciones y de los espíritus por la ideología del crecimiento y la anestesia de las almas."

El 17 de junio de 1982 apareció en *Le Monde* un texto de Garaudy que iba a marcar un antes y un después en su vida. Según denuncia en *Mi vuelta al siglo en solitario*, se utilizó el artículo "para arrojarme a los calabozos del olvido". Jacques Fauvet, director del periódico con quien Garaudy mantenía buenas relaciones, accedió a publicar una página pagada en la que junto al padre Michel Lelong y el pastor Mathiot criticaban duramente las masacres de Israel en Líbano y explicaban su sentido: "Demostrábamos que no se trataba de un descuido, sino de la lógica interna del sionismo político sobre el que se funda el Estado de Israel." Garaudy explica en sus memorias las consecuencias que tuvo el texto y denuncia: "A través de cartas anónimas y por teléfono recibí hasta nueve amenazas de muerte." La LICRA (Liga Internacional Contra el Racismo y el Antisemitismo) presentó querella con el fin de provocar un proceso por "antisemitismo y provocación a la discriminación racial." El abogado de Jacques Fauvet insistió en que el Estado de Israel no podía ser confundido con la comunidad judía; pero el abogado de la LICRA trató de demostrar que Garaudy era un antisemita.

Por fortuna, todo quedó en el prólogo de lo que años más tarde sería el "Affaire Garaudy". El 24 de marzo de 1983 el tribunal de apelación de París consideró que se trataba de una "crítica lícita de la política de un Estado y de la ideología que la inspira y no de una provocación racial." Consecuentemente, la demanda del poderoso lobby judío en Francia fue rechazada y la LICRA tuvo que pagar las costas procesales. En lugar de dejar ya el asunto, apelaron; pero nuevamente la sentencia de la Cámara Alta del Tribunal de París dio la razón a Garaudy y a los dos religiosos que habían firmado conjuntamente el artículo. El 11 de enero de 1984 se pronunció el veredicto que confirmaba la sentencia del tribunal anterior y condenaba una vez más a pagar las costas a la LICRA, la cual recurrió de nuevo en casación. Hubo que esperar casi cuatro años. Finalmente, el 4 de noviembre de 1987 los sionistas perdieron la batalla legal. El Tribunal rechazó la casación y condenó en costas a los demandantes. La derrota del lobby judío fue sistemáticamente ignorada. Incluso *Le Monde*, cuyo antiguo director Fauvet se hallaba implicado en el asunto, se limitó a una reseña insignificante. Junto al acoso en los tribunales se puso en marcha otro mucho más lastimoso para el filósofo:

> "Pero a partir de este momento empieza la asfixia por parte de los medios: se me bloquea el acceso a la televisión y todos mis artículos son rechazados. Hasta ese momento había publicado cuarenta libros en todas las grandes editoriales, desde Gallimard a Seuil, desde Plon a Grasset y Laffont. Habían sido traducidos a veintisiete lenguas. A partir de este momento todas las puertas se cierran: a uno de mis mejores editores le comunicó el consejo de administración: 'Si publica usted un libro de Garaudy no tendrá derecho a traducir ninguna obra americana.' Aceptarme hubiera sido arruinar a la casa. A propósito de otra obra, otro (editor) 'grande', comunica a su directora literaria que, apasionada por el libro, había trabajado tres meses para ayudarme a darle los últimos retoques: 'No quiero a Garaudy en esta casa'. Esta es la historia del emparedamiento de un hombre."

Garaudy alude al periodo entre 1982-1988 como "mis seis años de travesía del desierto." La pretensión de enterrarlo literariamente refleja a la perfección los planes esbozados con anterioridad por Adam Weishaupt y también en los *Protocolos de los Sabios Sión*. El primero, ya a finales del siglo XVIII, escribió que tenían que arruinar a los escritores que les fueran hostiles: "Cuando poco a poco tengamos todo el comercio de libros en nuestras manos, haremos que (escritores contrarios) no tengan ni editores ni lectores." En el duodécimo Protocolo, que trata del control de la opinión pública a través de las agencias de información, la prensa y publicaciones en general, se lee: "Venceremos con seguridad a nuestros adversarios porque, como consecuencia de nuestras medidas, no tendrán a disposición diarios en los que puedan dar curso a su opinión."

En 1982 Roger Garaudy contrajo matrimonio con la palestina Salma Farouqi y quince días después de la publicación en *Le Monde* de la página pagada que desató la tormenta, el 2 de julio, "totalmente consciente y plenamente responsable", pronunció en Ginebra ante el iman Buzuzu la profesión de fe musulmana: "Sólo Dios es Dios y Mahoma es su profeta". La noticia de su conversión fue una buena nueva para las comunidades musulmanas de Occiente, que una tras otra le hicieron llegar invitaciones. En una conferencia pronunciada en Belfort titulada "Jesús profeta del Islam", en la que, según admite en sus memorias, "el corazón habla con más fervor de Jesús que de Mahoma", cita las suras del Corán que reconocen la virginidad de María y a Jesús como profeta de Dios: "El Mesías, Jesús, hijo de María, es el apostol de Dios. Es su Verbo depositado por Dios en María. Es el espíritu que emana de Él". Garaudy apunta que mientras Dios dijo a Mahoma: "Arrepiéntete de tus pecados, pasados y presentes", el Corán considera que Jesús y su madre la Virgen María son los únicos seres humanos que nunca han cometido pecado.

Casi de manera inevitable, vio en España el ejemplo histórico del diálogo de civilizaciones que predicaba y, consecuentemente, acabó recalando en Córdoba, donde se halla la mayor mezquita del mundo. Una ciudad, señala el filósofo, "que durante el periodo musulmán de la historia española, fue la urbe más grande de Europa, cuando París y Londres no eran sino pequeñas villas. Ella se constituyó como centro de irradiación de la cultura." El ayuntamiento de Córdoba le cedió en 1987 la torre de la Calahorra por un periodo de cuarenta y nueve años con el fin de que se expusiera en ella la evocación del apogeo de Córdoba: "Comenzó entonces para mí -escribe Garaudy- la maravillosa aventura de la realización de un sueño".

Por desgracia, entre los sueños surgen a veces pesadillas terribles, como la que le tocó experimentar a Garaudy en 1996 como consecuencia de la publicación en Francia de *Les mythes fondateurs de la politique israélienne* a finales de 1995. Esta obra, que en España se editó con el título de *Los mitos fundacionales del*

Estado de Israel[7], desencadenó una tempestad sin precedentes en Francia, pues ni los libros de revisionistas como Paul Rassinier, Arthur R. Butz o Robert Faurisson provocaron tanto ruido en los medios y entre la "intelectualidad". Durante la primera mitad de 1996 la controversia no cesó y el asunto iba a pasar a la historia como el "Affaire Garaudy". Con anterioridad, Garaudy había visto como dos libros suyos sobre la cuestión palestina habían sido censurados extraoficialmente a través de los medios habituales utilizados por los grupos de presión judíos: la intimidación y el chantaje. Por tanto, cada vez más consciente del papel que desempeñaba el Holocausto como argumento para silenciar las críticas a Israel, Garaudy se acogió al ofrecimiento de Pierre Guillaume, que en 1980 había relanzado la librería "La Vielle Taupe" convirtiéndola en editorial especializada en libros revisionistas.

Robert Faurisson, múltiples veces agredido y amenazado de muerte, conocedor en propia carne de la violencia de estas tormentas mediáticas, escribió el 1 de noviembre de 1996 un extenso artículo titulado "Bilan de l'affaire Garaudy-abbé Pierre (janvier-octobre 1996)" (Balance del asunto Garaudy-padre Pierre (enero-octubre de 1996)). El profesor Faurisson aclara que Pierre Guillaume, para evitar "los rayos de la ley Fabius-Gayssot", vendió el libro de Garaudy fuera del comercio como "un boletín confidencial reservado a los amigos de la Vieille Taupe". Faurisson afirma que, consideraciones religiosas y políticas aparte, las páginas que desataron la ira de las organizaciones judías en Francia y en buena parte del mundo occidental fueron aquellas de inspiración revisionista que ocupan el núcleo central de la obra. En ellas, para el gusto de un revisionista minucioso y preciso como Faurisson, se revisaba de manera apresurada Núremberg, la solución final, las pretendidas cámaras de gas y, finalmente, el Holocausto. En un fragmento del artículo Faurisson decía:

> "Pero, tal cual, con todas sus insuficiencias, el libro de Garaudy sólo podía inquietar a las organizaciones judías, que tenían ya una

---

[7] *Los mitos fundacionales del Estado de Israel*, Omnia Veritas Limited, www.omnia-veritas.com.

tendencia exagerada a ver salir revisionistas de todas partes y que descubrieron ahora a un hombre cuyas opiniones políticas -había sido un apparatchik stalinista de los más ortodoxos- no podían de ningún modo ser calificadas de fascistas. R. Garaudy había sido también protestante, después católico, antes de convertirse en musulmán en los años ochenta. En sus diversas obras, se había mostrado como un adversario de cualquier racismo."

Los primeros medios en poner el grito en el cielo fueron *Le Canard enchaîné* y *Le Monde*. Luego siguieron las organizaciones antirracistas, con la LICRA a la cabeza, que lo denunciaron. El 11 de marzo de 1996 Pierre Guillaume trató de imprimir una edición pública como había anunciado en el boletín de la Vieille Taupe, pero su impresor habitual se negó, por lo que Garaudy decidió publicar clandestinamente por su cuenta la obra remodelada. El 15 de abril, Henri Groués, conocido como el padre Pierre, dirigió a su amigo Garaudy una larga carta de apoyo. El 18 de abril Garaudy, acompañado de su abogado Jacques Vergès, ofreció una conferencia de prensa en la que mencionó los nombres de algunas personalidades que le habían mostrado su solidaridad, entre ellas, además del padre Pierre, estaban el padre Michel Lelong y el ensayista suizo Jean Ziegler.

Ante la virulencia de los ataques, pronto todos, incluido Garaudy, trataron de excusarse con argumentos que pretendían matizar sus posiciones, hecho que lamenta Faurisson: "Es lamentable que Roger Garaudy y el padre Pierre no demostrasen mayor coraje. Desde que en Francia se desató la tormenta mediática han comenzado a batirse en retirada." Sin embargo, tanto el profesor Faurisson como Henri Roques, acostumbrados a plantar cara, aceptaron enseguida públicamente una propuesta del gran rabino Joseph Sitruk, que el 27 de abril sugirió un debate sobre la Shoah. El día siguiente, el rabino retiró la propuesta.

El 29 de abril el periódico *Liberation* titulaba: "El padre Pierre rechaza condenar las tesis negacionistas de Garaudy". Fue el comienzo de una ofensiva generalizada: la jerarquía católica declaró que no quería ser arrastrada en la polémica. La Conferencia Episcopal deploró la actitud del padre Pierre, reafirmó que el exterminio de los judíos era un hecho incontestable y denunció el escándalo que significaba poner en entredicho la Shoah. Las acometidas fueron subiendo de tono a lo largo de todo el mes de mayo. El día 9, por ejemplo, Jean-Luc Allouche, uno de los periodistas estrella de *Liberation*, asoció a Garaudy y al padre Pierre con Robert Faurisson, algo que ambos habían tratado de evitar, y acusó a los tres de pretender únicamente deslegitimar al Estado de Israel. En Estados Unidos, el mismo día 9 de mayo un tal Joseph Sobran acusaba al padre Pierre de "haber negado la divinidad de Cristo" en *The Wanderer*, un semanario católico de Ohio.

Por su parte, Roger Garaudy buscó apoyos y los halló. El 11 de mayo *Tribune Juive* anunció que Garaudy pensaba publicar el libro en Estados Unidos y que el rabino Elmer Berger había escrito para él un texto que pensaba utilizar como prefacio. El 23 de mayo *Liberation* daba noticia de un editorial de *Al-Ahram*, diario considerado la voz oficiosa del régimen egipcio. El periódico se declaraba orgulloso de haber acogido en sus páginas al autor de un libro perseguido en Francia y denunciaba la campaña mediática en su contra. En el editorial se reprochaba a *Liberation* que estuviera al servicio de la propaganda sionista y le recordaba que, por contra, había defendido el derecho de Salman Rushdie de atacar al Islam. Por fin, el 29 de mayo la prensa anunció la retirada de la escena del padre Pierre, que había decidido recluirse en un monasterio italiano, donde recibió la visita de Garaudy. El padre Pierre declaró al *Corriere della Sera* que la Iglesia de Francia había intervenido "para hacerle callar bajo la presión de la prensa, inspirada por un lobby sionista internacional." Estas palabras provocaron un escándalo mundial.

Ya en el mes de junio Garaudy publicó un opúsculo titulado *Derecho de respuesta. Respuesta al linchamiento mediático del padre Pierre y de Roger Garaudy*. En él trató de aclarar y matizar sus puntos de vista en relación al revisionismo. Sobre las cámaras de gas, insistía en que ningún tribunal había buscado examinar el arma del crimen y recordaba la existencia del *Informe Leuchter*. Tras reconocer la persecución de los judíos, negaba a los sionistas el derecho a monopolizar los crímenes de Hitler y recordaba que dieciséis millones de esclavos habían muerto durante la Segunda

Guerra Mundial. En alusión a los ataques en la prensa escribió: "Que los periodistas sepan una cosa: la gran mayoría de deportados en los campos nazis no fueron los judíos, aunque todos los medios han acreditado la tesis de que sólo los judíos fueron deportados y exterminados".

En cuanto al padre Pierre, en junio abandonó Italia y se instaló en Suiza, desde donde el día 18 de junio envió a un periodista de *Le Monde* un fax de doce páginas titulado "Viva la verdad". Dos días después, el 20 de junio, monseñor Daniel Lustiger, cardenal arzobispo de París de origen judío, declaró en el semanario *Tribune Juive* que "había vivido la polémica como un inmenso desastre". El arzobispo dirigió una amonestación pública al padre Pierre y exoneraba a la Iglesia de cualquier responsabilidad. Meses más tarde, el 26 de septiembre, con ocasión de un debate en la Sorbona sobre el Holocausto (la Shoah) monseñor declaró que "el negacionismo era el mismo tipo de mentira que la del hombre que mata a su hermano para huir de la verdad". Su amigo Elie Wiesel se hizo eco de la afirmación y declaró: "Los negacionistas quizá no tienen alma".

En fin, la ofensiva se prolongó durante todo el verano de 1996. El 16 de julio fue atacada la modesta "Librairie du Savoir" en el barrio Latino, propiedad de Georges Piscoci-Danesco, un refugiado político rumano que vendía obras revisionistas, entre ellas la de Garaudy. Él fue herido por miembros de Betar y la librería quedó arrasada, unos dos mil volúmenes quedaron maltrechos. Los daños ascendieron a 250.000 francos. Como de costumbre, los terroristas del Betar quedaron impunes, puesto que al gozar de la impúdica protección del Ministerio del Interior, la policía ni se preocupó en buscar a los delincuentes. De hecho, más de medio centenar de acciones criminales perpetradas por organizaciones judías han quedado impunes en Francia. También en el mes de julio se produjo finalmente la retractación del padre Pierre mediante un texto publicado el día 23 en *La Croix*: "Decido retirar mis palabras confiando de nuevo por completo en las opiniones de los expertos de la Iglesia, y pidiendo perdón a todos aquellos a los que haya podido herir. Quiero dejar a Dios como único juez de la integridad de las intenciones de cada uno".

La caza de brujas emprendida por los medios de comunicación en general generó múltiples víctimas, en especial personas sospechosas de haber cometido el sacrilegio de ser revisonistas o negacionistas. Sobre los dos principales damnificados, Robert Faurisson escribió lo siguiente:

"Dos octogenarios, lo cuales creían conocer la vida y a los hombres, han descubierto repentinamente, y con una sorpresa infantil, que en realidad su existencia pasada había sido, en suma, fácil. Los dos, en unos días, han tenido que afrontar una prueba excepcional: la que las organizaciones judías tiene por costumbre infligir a los individuos que tienen la desgracia de provocar su cólera. No hay, de parte de estas organizaciones, ni complot, ni conjuración, sino una especie de reacción ancestral. Los medios de comunicación, que trabajan para ellas con devoción, puesto que llevarles la contraria podría resultarles muy caro, saben movilizarse contra los 'antisemitas', es decir contra las personas que, salvo excepción, no odian a los judíos, sino que son odiadas por los judíos. El odio veterotestamentario es uno de los más formidables que existen: nervioso, febril, frenético, ilimitado, asfixia a sus víctimas a través de la brusquedad y duración de su violencia. Es un odio inextinguible porque aquellos que lo padecen no pueden permitirse revelar el verdadero motivo y mitigar así, al menos en parte, su furor. Por ejemplo, durante meses se ha buscado pelea con Faurisson por su estimación 'minimizante' del número de judíos muertos durante la guerra mundial. Pero esto sólo era artificio, el verdadero motivo estaba en otra parte; residía en el sacrilegio de poner en duda la existencia de las cámaras de gas. Sin embargo, revelar esta puesta en duda equivalía a correr el riesgo de hacer nacer la duda entre el gran público o de incrementarla. De ahí la necesidad de hablar de otra cosa..."

Las querellas presentadas por la LICRA el MRAP (Movimiento contra el Racismo y la Amistad entre los Pueblos) provocaron que el Estado francés enjuiciara a Roger Garaudy por violación de la ley Gayssot. El juicio comenzó en enero de 1998. En el mundo árabe y musulmán fue seguido con expectación, sin duda por el hecho de que se estaba procesando a un intelectual musulmán. Desde el Golfo Pérsico hasta el Nilo, cientos, sino miles, de escritores, periodistas, abogados y políticos expresaron públicamente su solidaridad y sus protestas por la acción de la

Justicia francesa. Por supuesto, el primer ministro israelí Benjamín Netanyahu y los habituales grupos sionistas norteamericanos se apresuraron a señalar que libros como el de Garaudy constituían "la principal amenaza para Israel". La corte de París que juzgó el caso emitió el veredicto el 27 de febrero y consideró al filósofo culpable de "negación de crimen contra la humanidad" y de "difamación racial". Los jueces precisaron que se había juzgado el "antisemitismo" del escritor y no su "antisionismo", por lo que en la sentencia se argumentaba que "aunque se refugia en una crítica política a Israel, se cuestiona en realidad al conjunto de los judíos". El tribunal impuso al acusado una multa de 240.000 francos y lo condenó asimismo a seis meses de prisión, que no llegó a cumplir. Debe considerarse que en 1998 Roger Garaudy tenía ya 85 años, por lo que hubiera sido escandaloso que en Francia, como en Alemania, se enviara a la cárcel a un prestigioso intelectual octogenario por crímenes de pensamiento. El 13 de junio de 2012, Garaudy murió a los 99 años en su casa de las afueras de París.

Robert Faurisson, alma mater esencial del revisionismo

Robert Faurisson es uno de los tres pilares fundamentales sobre los que se asienta el revisionismo histórico, los otros dos son Ernst Zündel y Germar Rudolf. La cantidad y calidad de los trabajos del profesor Faurisson lo sitúan a la cabeza de los escritores revisionistas. No hay tema sobre el que no haya escrito, pues los conoce todos sin excepción. Además, su compromiso militante con el desafío intelectual y político que exige el revisionismo lo ha llevado a intervenir de un modo u otro en múltiples procesos judiciales en defensa de otros investigadores acosados por la "justicia" en distintos países: de especial relevancia fue su aportación en los dos juicios contra Ernst Zündel en Cánada. Su obra completa se halla compilada en cuatro volúmenes que totalizan más de dos mil doscientas páginas titulados *Écrits révisionnistes*. En aplicación de la ley Fabius-Gayssot de 13 de julio de 1990, dicha obra no puede ser difundida y se ha editado de manera privada fuera de los circuitos comerciales. Su contenido, pues, está prohibido por ley porque en Francia no puede cuestionarse el Holocausto (la Shoah). El lector interesado que sepa leer en francés puede acceder a ella en internet.

De la introducción del primer volumen, traducimos la concepción del revisionismo histórico que ofrece el profesor Faurisson:

"El revisionismo es una cuestión de método y no una ideología.

Preconiza, para cualquier investigación, el regreso al punto de partida, el   examen seguido del reexamen, la relectura y la reescritura, la evaluación seguida de la reevaluación, la reorientación, la revisión, la refundición; es en espíritu, lo contrario de la ideología. No niega, sino que aspira a afirmar con mayor exactitud. Los revisionistas no son 'negadores' o 'negacionistas'; se esfuerzan por buscar y encontrar allá donde, parece, no había nada que buscar ni encontrar.

El revisionismo puede ejercerse en centenares de actividades de la vida corriente y en cientos de campos de la investigación histórica, científica o literaria. No obliga a cuestionar obligatoriamente las ideas adquiridas, pero con frecuencia conduce a matizarlas. Pretende desenredar lo verdadero de lo falso. La historia es, esencialmente, revisionista; la ideología es su enemiga. Puesto que la ideología nunca es tan fuerte como en tiempo de guerra o de conflicto, y dado que ella fabrica entonces falsedades en abundancia por las necesidades de su propaganda, el historiador tendrá, en esta circunstancia, que redoblar su vigilancia: pasando por el tamiz del análisis el examen de aquello que se le haya endilgado como 'verdades'. Se dará cuenta sin duda de que, allá donde la guerra haya provocado decenas de millones de víctimas, la primera de las víctimas habra sido la verdad verificable: una verdad que él tratará de buscar y de restablecer.

La historia oficial de la segunda guerra mundial contiene un poco de verdad combinada con muchas falsedades."

El rigor metodológico y la honestidad intelectual caracterizan todos los escritos revisionistas de Faurisson, y ello es una consecuencia de su formación académica y de una capacidad de trabajo extraordinaria. Nacido el 25 de enero de 1929 en Shepperton (Inglaterra) de madre escocesa y padre francés, después de pasar unos años en Singapur y Japón, completó su educación juvenil en Francia, donde en 1972 se doctoró en letras y humanidades por la Sorbona, de la que fue profesor entre 1969 y

1974. De 1974 a 1990, Faurisson fue profesor de Literatura Francesa en la Universidad de Lyon. Autor de cuatro libros sobre literatura, es además un reconocido especialista en el análisis de textos y documentos, habilidad que le permite acceder a los escritos históricos desde una competencia profesional fuera de toda duda.

El profesor Faurisson fue el primero en publicar importantes documentos revisionistas sobre Auschwitz. En los archivos del Museo Estatal de Auschwitz descubrió los diseños técnicos y arquitectónicos de las morgues, de los crematorios y de otras instalaciones. Consciente del valor de su hallazgo, decidió exponerlo. De este modo, en 1978 Faurisson había ya escrito varios artículos en los que expresaba su punto de vista crítico sobre la historia del exterminio de los judíos. El 16 de noviembre de 1978 el periódico *Le Matin de Paris* publicó un artículo sobre un desconocido profesor de la Universidad de Lyon llamado Robert Faurisson y sus opiniones en relación a Auschwitz y el Holocausto. El hecho de que la prensa se hiciera eco de sus puntos de vista revisionistas lo puso en la palestra y comenzó de este modo el "Affaire Faurisson", que habría de prolongarse indefinidamente. Desde el principio, escribió años más tarde, "nunca me hice ilusiones: me arrastrarían a los tribunales, sería condenado, habría ataques físicos, campañas de prensa y turbulencias en mi vida personal, familiar y profesional."

Todo cuanto había imaginado iba a cumplirse y bien pronto, pues el 20 de noviembre de 1978, cuatro días después de ser noticia en *Le Matin de Paris*, Faurisson sufrió la primera agresión, elogiada por Bernard Schalscha, un periodista judío de *Liberation* de Lyon que había informado sobre el día, el lugar y la hora en que Faurisson impartía los cursos. Miembros de la Unión de Estudiantes Judíos que habían viajado a Lyon en tren desde París atacaron al profesor en la Universidad en presencia del Dr. Marc Aron, un cardiólogo que era presidente del Comité de Enlace de Instituciones y Organizaciones Judías de Lyon. Faurisson no sólo no se dejó intimidar, sino que dio un paso al frente: en diciembre de 1978 y enero de 1979 *Le Monde* publicó dos artículos suyos en los que mostraba su escepticismo sobre las cámaras de gas en

Auschwitz. La respuesta a tanta osadía fue una nueva agresión el día en que intentaba reanudar sus cursos. Otra vez Marc Aron estaba ese día en la Universidad.

En abril de 1979 intervino en un debate imponente en la televisión suiza, en el curso del cual rebatió los argumentos de conspicuos defensores de las teorías exterminacionistas. El camino había quedado trazado y Robert Faurisson estaba decido a recorrerlo sin desviarse de la ruta marcada. También en estos años había comenzado a colaborar en *The Journal of Historical Review*, órgano del Institute for Historical Review (IHR) de California, donde en septiembre de 1983 pronunció una conferencia titulada "Revisionismo a juicio: acontecimientos en Francia, 1979-1983", en la que explicaba las acciones de las organizaciones judías para silenciar a los revisionistas a través de querellas y actos intimidatorios.

El profesor Faurisson tuvo que hacer frente durante dichos años a una campaña concertada para acallarlo y fue obligado a defenderse ante los tribunales franceses a causa de sus declaraciones y de sus escritos. Su cuenta bancaria fue congelada y funcionarios judiciales visitaron repetidamente su domicilio para amenazarlo a él y a su esposa con la incautación de sus bienes para hacer frente a las cargas financieras impuestas por sus comentarios. A causa de esta campaña, su vida familiar quedó perturbada y la salud deteriorada. En diciembre de 1980, en una entrevista para la emisora de radio "Europa 1", Robert Faurisson pronunció la famosa frase que resumía el resultado de su investigación en 60 palabras en francés. Citada ya al principio del capítulo (Capítulo XII *Historia proscrita*), recordamos ahora las 57 palabras de nuestra traducción al español: "Las pretendidas cámaras de gas hitlerianas y el pretendido genocidio de los judíos conforman una sola mentira histórica, la cual ha permitido una gigantesca estafa político-financiera, cuyos principales beneficiarios son el Estado de Israel y el sionismo y cuyas principales víctimas son el pueblo alemán -pero no sus dirigentes- y el pueblo palestino en su integridad." Treinta y seis años después, el profesor considera que la frase no precisa el menor cambio.

Por estas palabras insoportables, Faurisson fue objeto de una querella criminal por difamación racial y por incitación al odio. Considerado culpable, en julio de 1981 recibió una condena de tres meses de prisión, pero hubo suspensión de sentencia. Además de una multa de miles de francos, se le impuso la obligación de pagar 3.6 millones de francos como coste por la publicación del veredicto en televisión y en prensa escrita. Tras la correspondiente apelación, en junio de 1982 un tribunal levantó el cargo de incitación al odio racial y eliminó el pago de los 3.6 millones de francos. A partir de este momento, Faurisson quedó atado a una cadena de procesos judiciales de efectos ruinosos, pues él mismo consideró necesario actuar judicialmente contra ataques difamatorios escandalosamente falsos. Pronto pudo comprobar que si se empecinaba en defenderse de este modo acabaría en la indigencia, puesto que cuando ganaba obtenía un franco por daños y perjuicios, mientras que si perdía debía abonar a la otra parte sumas considerables.

El 25 de abril de 1983, después de haber sido demandado por las organizaciones judías, que esperaban una condena ejemplar, escuchó un veredicto relativamente favorable, pues los jueces de la Corte de Apelación de París dijeron textualmente: "Faurisson es un investigador serio; no vemos frivolidad, negligencia, omisiones deliberadas o mentiras en sus escritos sobre las cámaras de gas, pero quizá sea malicioso y ciertamente es peligroso. Lo condenamos por esta probable maldad y por el peligro que entraña, pero no lo condenamos por su trabajo sobre las cámaras de gas, que es serio. Por el contrario, puesto que este trabajo es serio, garantizamos a todo francés el derecho a decir, si así lo piensa, que las cámaras de gas no existieron." Veredictos como éste explican que el sionista Laurent Fabius y el judío comunista Jean-Claude Gayssot patrocinaran en 1990 la Ley Fabius-Gayssot. Puede considerarse, pues, que la sentencia, emitida el 26 de abril de 1983, fue políticamente un logro; pero un logro conseguido a costa del bolsillo del profesor Faurisson, que fue condenado a pagar los costes de la publicación del veredicto completo, estimados por los jueces en un mínimo de 60.000 francos.

La LICRA publicó el veredicto en la revista *Historia*, pero el texto estaba tan gravemente falsificado que Faurisson demandó al lobby judío. El resultado de la querella fue que el profesor obtuvo un franco por daños y perjuicios, pero tuvo que pagar 20.000 francos, a pesar de lo cual la LICRA nunca publicó el texto correcto del veredicto. Otra demanda interpuesta por el profesor Faurisson fue contra Jean Pierre Bloch presidente de la LICRA y autor de un libro en el que lo presentaba como un nazi y un falsario condenado en los tribunales. Una tercera querella la dirigió contra el periódico comunista *L'Humanité*. Perdió los pleitos y también las apelaciones. Los jueces reconocieron que había sido difamado, pero añadieron que sus adversarios lo había hecho de "buena fe". Consecuentemente, los demandados quedaron absueltos y él tuvo que pagar todos los costes procesales. En febrero de 1985, *Droit de Vivre*, una publicación de la LICRA, se regodeaba con el siguiente titular en una de sus páginas: "Tratar a Faurisson de falsario es difamarlo, pero 'de buena fe.'" Fue esta una invitación a considerarlo un falsario, cosa que en adelante ocurrió, siempre "de buena fe".

El papel desempeñado por Robert Faurisson en los juicios de 1985 y 1988 contra Ernst Zündel en Toronto fue de primer orden. Aparte de su declaración como testigo de la defensa, su trabajo como experto en la sombra junto al legendario Doug Christie, principal abogado de Zündel, fue importantísimo. Ello ha sido ya comentado en las páginas sobre la "dinamo revisionista", pero ahora se presenta el momento de ampliar lo que fue su aportación en aquellos días históricos para el relanzamiento internacional del revisionismo. En junio de 1984 el profesor Faurisson viajó a Canadá para ayudar al que iba a convertirse en uno de sus grandes amigos. En enero de 1985, regresó a Toronto para pasar las siete semanas del juicio con el equipo de Zündel, al que desde entonces consideró "una persona excepcional". En sus *Escritos revisionistas* Faurisson ha dejado para la posteridad buena parte de su experiencia en aquellos procesos.

El tribunal estuvo presidido por el juez Hugh Locke; el fiscal fue Peter Griffiths. El abogado Douglas Christie estuvo asistido por Keltie Zubko, que sería madre de sus dos hijos[8]. El jurado lo formaron doce personas. Los costes corrieron a cargo del Estado, es decir de los contribuyentes, y no de Sabina Citron, de la Asociación para el Recuerdo del Holocausto, que había interpuesto la querella. Faurisson pasó cientos de horas, en ocasiones hasta altas horas de la noche, con Douglas Christie, al que informó y asesoró en todos los temas, pues no había entonces mayor experto en la materia. Codo con codo prepararon los devastadores interrogatorios a Raúl Hilberg y Rudolf Vrba, los dos principales testigos de la acusación. Cedemos, pues, la palabra al profesor Faurisson:

"En Douglas Christie, Zündel fue capaz de encontrar a un abogado que, además de valiente, era heroico. Fue por ello que yo acepté apoyar a Doug Christie, día tras día, mientras se preparaba y desarrollaba su trabajo. Debo añadir que sin la ayuda de su amiga Keltie Zubko no habríamos sido capaces de tener éxito en el juicio de 1985, una prueba agotadora que vista retrospectivamente parece una pesadilla. La atmósfera que prevalecía en la corte era insoportable, especialmente a causa de la actitud del juez, Hugh Locke. He asistido a muchos juicios en mi vida, incluidos aquellos en Francia durante el tiempo de la depuración, la purga de 'colaboradores' en la posguerra. Nunca encontré un juez tan tendencioso, autocrático y violento como el juez Hugh Locke. La ley anglosajona ofrece muchas más garantías que la francesa, pero

---

[8] Douglas H. Christie, apodado por sus amigos "The Battling Barrister" (el abogado batallador), murió a los 66 años en 2013. La prensa de siempre aprovechó su muerte para recordar que había defendido a una serie de "canallas", de "neonazis", etc. etc.; sin embargo, hubo una sopresa agradable: por lo menos un periódico en Canadá, *Times Colonist* de Victoria, en la Columbia Británica, donde Douglas había vivido, recordó a sus lectores que Douglas Christie fue un abogado extraordinario que había defendido siempre la libertad de expresión. El sacerdote que ofició la misa funeral, Fr. Lucien Larre, lo despidió con un discurso emocionado y se refirió a él como un guerrero de la libertad de expresión que luchó por la verdad. "No le importaron -dijo Larre- las amenazas a su vida ni el número de veces que le rompieron las ventanas de su despacho. Se matuvo erguido." Su esposa Keltie Zubko prefirió definirlo con las palabras de su hija: "Creo que mi hija dijo lo mejor, que todo el mundo habla de su legado como abogado, como orador público, como conferenciante inspirado -una persona que ayudó a muchas personas que estaban sin hogar y no podían pagar- pero ella dijo que su verdadero legado fue como padre."

sólo se precisa un hombre para pervertir el mejor de los sistemas: el juez Locke fue ese hombre. Recuerdo a Locke gritando en mi dirección: '¡Cállense!' cuando, desde cierta distancia, sin decir una palabra, empujaba un documento en la dirección de Doug Christie."

Sería de interés dedidar unas páginas a los interrogatorios de Hilberg y Vrba, pues quedaron absolutamente en evidencia y su credibilidad por los suelos. Puesto que ello no es factible, pues debemos priorizar la persecución de Faurisson, ofreceremos sólo unos párrafos de muestra. Raúl Hilberg, aureolado de prestigio, llegó a Toronto sin libros, sin notas, sin documentos, aparentemente seguro de sí mismo y confiado en su experiencia en otros juicios en los que había declarado contra supuestos criminales de guerra. "Testificó -escribe Faurisson- durante varios días probablemente con una tarifa de 150 dólares la hora." A preguntas del fiscal, respondió lo habitual, a saber: Hitler dio órdenes de exterminar a los judíos, los alemanes siguieron un plan, utilizaron las cámaras de gas... Hilberg se definió en estos términos: "Me describiría a mí mismo como un empírico que mira los materiales."

Todo cambió cuando comenzó el contrainterrogatorio de Doug Christie, quien perfectamente asesorado por el profesor Faurisson, acorraló al reputado historiador judío, cuya obra es considerada una de las biblias del Holocausto. Así lo narra el propio Faurisson:

"Por primera vez en su vida, tenía que tratar con un demandado que había decidido defenderse y era capaz de hacerlo: Doug Christie, a cuyo lado estaba yo sentado, interrogó a Hilberg con aspereza, sin piedad, durante varios días. Sus preguntas eran incisivas, precisas, implacables. Hasta entonces yo había guardado cierto respeto hacia Hilberg por la cantidad, no por la calidad, de su trabajo; en cualquier caso estuvo por encima de los Poliakovs, Wellers, Klarsfelds y del resto. A medida que iba declarando, mi consideración fue reemplazada por un sentimiento de irritación y piedad: irritación porque Hilberg se ocupó constantemente en maniobras evasivas, y piedad porque Christie acabó por marcarse un tanto casi cada vez. En cada tema, si hubiera que concluir en algo, quedó en evidencia que Hilberg no era en modo alguno 'un empírico que mira los materiales.' Era exactamente lo contrario; era un hombre perdido en las nubes de sus ideas, una especie de teólogo que había construido para sí mismo un universo mental en el cual los aspectos físicos de los hechos no tenían cabida."

Doug Christie anunció al "empirista que mira los materiales" que iba a leerle un listado de campos de concentración. Cuando acabó, le preguntó cuáles había examinado y con qué frecuencia lo había hecho. Hilberg admitió que no había examinado ninguno de ellos, ni antes de publicar en 1961 la primera edición de *The Destruction of the European Jews* ni siquiera para la publicación de la definitiva en 1985. Es decir, el historiador que había comenzado en 1948 su investigación sobre la historia del Holocausto y que pasaba por ser la máxima autoridad en la materia no había examinado un sólo campo y sólo había visitado en una ocasión Auschwitz y en otra Treblinka. Cuando el abogado Christie le preguntó si conocía el informe de alguna autopsia del cuerpo de un prisionero que estableciera que había sido asesinado con gas venenoso, la respuesta de Hilberg fue: "No". La transcripción de las pp. 828-858, explica el profesor Faurisson, reflejan el largo interrogatorio de Doug Christie sobre las dos supuestas órdenes que, según asegura Hilberg en su obra, emitió Hitler para el exterminio de los judíos. Se le preguntó al historiador judío dónde estaban, es decir, dónde las había visto. Tuvo que admitir que no había "ni rastro" de ellas. Entonces, el abogado le recordó una declaración suya, realizada en febrero de 1983 en el Avery Fisher Hall de Nueva York, donde Hilberg elaboró una tesis que nada tenía que ver con la existencia de una orden de exterminio. Textualmente, dijo lo siguiente:

"Lo que empezó en 1941 fue un proceso de destrucción no planeado con antelación, no organizado centralmente por ninguna agencia. No hubo proyecto ni presupuesto para medidas destructivas. Fueron tomadas poco a poco, paso a paso. De este modo lo que se llevó a cabo no fue tanto la ejecución de un plan como un increíble acuerdo mental, un consenso -telepatía de una amplia burocracia."

Esta explicación alucinante tendría más que ver con la parapsicología, pues pretende que para proceder al exterminio de seis millones de judíos -una operación gigantesca- no hubo ningún plan ni órdenes centralizadas ni proyecto ni presupuesto, sino el consenso mental de una burocracia que se comunicaba telepáticamente.

Faurisson explica que preparó con el abogado Christie el interrogatorio de Rudolf Vrba, autor de *I Cannot Forgive* y germen teórico del informe del War Refugee Board (WRB) sobre Auschwitz. El libro de Arthur R. Butz fue una fuente fundamental que les proporcionó elementos muy útiles para desemascarar al impostor. Las mentiras sobre las cámaras de gas y sobre la visita de Himmler a Auschwitz en enero de 1943 para inaugurar un crematorio y asistir al gaseamiento de 3.000 personas fueron puestas en evidencia. Quedó demostrado que Vrba era un farsante que nunca había puesto un pie ni en los crematorios ni en las "cámaras de gas". Los documentos probaron que Himmler había estado en Auschwitz en julio de 1942 y no en enero de 1943. También quedó probada la imposibilidad de que inaugurase ningún crematorio, ya que el primero de los nuevos crematorios no se inauguró en enero, sino mucho más tarde. En *I Cannot Forgive* (*No puedo perdonar*) Vrba describe con todo detalle la visita de Himmler e incluso informa sobre sus reflexiones y conversaciones. Vrba, convertido en un manojo de nervios, quedó retratado como lo que era, un charlatán mentiroso que llegó incluso a indignar al fiscal Griffiths con su verborrea insustancial.

Tras haber prestado una contribución esencial en la defensa de Zündel durante el primer juicio, Faurisson regresó a Francia, donde proseguía la caza de brujas contra los revisionistas. En 1985 se había estrenado *Shoah*, de Claude Lanzmann. Faurisson le dedicó una crítica en la que denunciaba la función propagandística de la película. Pierre Guillaume, el editor de libros revisionistas, había publicado el texto del profesor y como título había escogido una consigna del Mayo del 68: "¡Abre los ojos, rompe tu televisor!" Lanzmann se dirigió a France-Presse (AFP) y logró que esta agencia estatal francesa publicase una larga declaración en la que daba rienda suelta a la indignación por las críticas revisionistas a la película. Naturalmente, la libertad de expresión, reivindicada permanentemente cuando se lanzan ataques despiadados contra todo y contra todos, no podía ejercerse en este caso. En consecuencia, el 1 de julio de 1987 France-Presse pidió a las autoridades judiciales que actuaran para "detener de inmediato las maquinaciones de los revisionistas", en nombre del "respeto a la libertad de indagación y a los Derechos del Hombre." La Federación de Periodistas denunció el análisis de *Shoah* como algo incalificable. Entre otros ejemplos de su particular respeto a la libertad de expresión, se decía: "La Federación cree que individuos como Robert Faurisson no deberían poder escribir con impunidad... Manchar un film como *Shoah*, que sólo puede verse con un sobrecogimiento espantoso y una compasión infinita, significa un ataque a los Derechos del Hombre."

En ausencia aún de la Ley Fabius-Gayssot, los insultos y amenazas desembocaron en dos nuevas agresiones. La primera la llevó a cabo un tal Nicolás Ullmann el 12 de junio de 1987. Este individuo golpeó violentamente a Faurisson en el Sporting-Club de Vichy. Dos meses más tarde, exactamente el 12 de septiembre, un grupo de militantes judíos atacó al profesor en la Sorbona. No sólo él fue agredido, sino también las personas que lo acompañaban, entre las que estaba el editor Pierre Guillaume. Todos sufrieron daños de diversa consideración, aunque el que resultó peor parado fue el profesor Henry Chauveau, que quedó gravemente herido. En esta ocasión, los guardias de la Sorbona lograron detener a uno de los atacantes, pero un policía de paisano ordenó que fuera liberado y además expulsó al profesor Faurisson de la Sorbona, Universidad de la que había sido docente.

En enero de 1988 Faurisson se hallaba de nuevo en Toronto para ayudar a su amigo Ernst Zündel. Como sabemos, suya fue la idea de contratar a Fred Leuchter con el fin de que viajara a Polonia para realizar una investigación en Auschwitz. Fue, sin duda, una contribución trascendente, pues el peritaje técnico de Leuchter se convirtió en el *Informe Leuchter*, que había de suponer un hito en la historia del movimiento revisionista. Faurisson razonó que Estados Unidos era el lugar idóneo para buscar a un experto en cámaras de gas, toda vez que era allí donde tenían lugar regularmente ejecuciones con gas. Los abogados de Zündel contactaron con William M. Armontrout, alcaide de la

Penitenciaría del Estado de Missouri, quien en una carta les recomendó a Fred A. Leuchter como el experto más cualificado. "Sugiero -decía en la carta- que se ponga en contacto con el Sr. Fred A. Leuchter... El Sr. Leuchter es un ingeniero especializado en cámaras de gas y ejecuciones. Él está bien versado en todas las áreas y es el único asesor en Estados Unidos que conozco." El lector interesado en conocer más sobre la aportación de Robert Faurisson en el segundo juicio contra Zündel debe acudir al libro de Bárbara Kulaszka *Did Six Million Really Die?: Report of the Evidence in the Canadian "False News" Trial of Ernst Zündel* (Toronto, 1992).

Entre el 20 de noviembre de 1978 y el 31 de mayo de 1993 Robert Faurisson fue víctima de diez ataques violentos. El más grave de ellos se produjo el 16 de septiembre de 1989, cuando tenía ya sesenta años. Mientras paseaba con su perro por un parque cercano a su residencia en Vichy, tres hombres le tendieron una trampa. Después de rociarle la cara con un gas punzante que lo cegó momentáneamente, los asaltantes lo arrojaron al suelo y comenzaron a pegarle puñetazos en la cara y patadas en el pecho. Parece claro que los criminales, tres matones judíos miembros del grupo "fils de la mémoire juive" (hijos de la memoria judía), pretendían acabar con su vida. Por suerte, una persona que vio la escena intervino y pudo rescatar al profesor, que quedó gravemente herido. Trasladado a un centro hospitalario, fue sometido en urgencias a una larga operación quirúrgica, puesto que tenía la mandíbula y una costilla rotas, además de graves heridas en la cabeza. El grupo judío que reivindicó la responsabilidad de la agresión dijo en una declaración: "El profesor Faurisson es el primero, pero no será el último. Dejamos advertidos a quienes niegan la Shoah." Faurisson declaró posteriormente que en la víspera del ataque había notado sorprendido la presencia en el parque de Nicolás Ullmann, quien dos años antes ya lo había golpeado en un club de deportes de Vichy. Como de costumbre, no hubo una sola detención y los agresores quedaron impunes.

El mérito de Robert Faurisson es singular, puesto que, como en el caso de Ernst Zündel, contemplamos a un hombre solo que no se arredra, a un intelectual de gran talla, casi irrepetible, que ha sido y sigue siendo capaz de soportarlo todo antes que renunciar a sus convicciones. En abril de 1991, como consecuencia de una entrevista aparecida en septiembre de 1990 en *Le Choc du Mois*, la sala XVII del Tribunal Correccional de París, presidido por Claude Grellier, impuso una sanción de 250.000 francos a Faurisson y otros 180.000 al director de la publicación. En el mismo año, el lobby judío logró que fuera expulsado de la Universidad sobre la base de la Ley Fabius-Gayssot. El profesor apeló al ICCPRHRC (International Covenant on Civil and Political Rights and Human Rights Committee) con el argumento de que la Ley Fabius-Gayssot violaba la ley internacional; sin embargo el ICCPRHRC desestimó la apelación y dijo que la Ley Fabius-Gayssot es necesaria para contrarrestar el "posible antisemitismo". El 17 de marzo de 1992 Faurisson lanzó desde Estocolmo un desafío: exigió una muestra gráfica del arma del crimen y de su técnica de funcionamiento. Pidió que alguien le enseñase o le dibujase una cámara de gas nazi. La respuesta fue una nueva agresión. Un año más tarde, el 22 de mayo de 1993, fue por segunda vez objeto de violencia física en Estocolmo. En ambas ocasiones, la prensa sueca informó con cierta amplitud sobre los ataques al profesor francés.

Años más tarde, cuando en abril de 1996 el "Affaire Garaudy" estaba comenzando a polarizar la atención en Francia, Robert Faurisson realizó una declaración en la que se solidarizaba con Roger Garaudy y confirmaba "la impostura de las cámaras de gas". Como consecuencia de estas palabras, el 25 de septiembre de 1997 las organizaciones judías lo demandaron por enésima vez. Durante el juicio, Faurisson pronunció ante el tribunal estas palabras: "Estamos sólo a tres años del año 2000 y se pide a millones de personas que crean en algo que nunca han visto y que ni siquiera saben cómo funcionaba." El fiscal pidió que se encarcelase a Faurisson si no pagaba la multa correspondiente, a lo cual el profesor respondió: "Ni compraré ni pagaré mi libertad. Nadie me ha comprado nunca y nadie me comprará." Por fin, el 23 de octubre de 1997 el tribunal lo halló "culpable" y le exigió que pagase 120.600 francos divididos en tres partes: 50.000 francos en concepto de multa, 20.600 francos para el acusador judío, y otros 50.000 para pagar la publicación de la sentencia en dos diarios.

Sólo tres meses más tarde, en diciembre de 1997, los judíos volvieron a querellarse. Faurisson recibió una citación de una corte de París a causa del artículo publicado en una página web el 16 de enero del mismo año 1997: "Les visions cornues de l'"Holocauste", en el que comenzaba afirmando que "el Holocausto de los judíos era una ficción." El profesor respondió a la citación con una carta en la que anunciaba su negativa a seguir colaborando con la justicia y la policía francesas en su represión del revisionismo. El acoso prosiguió: tres meses más tarde, el 16 de marzo de 1998 tuvo que presentarse ante un tribunal de París para ser juzgado por una definición de "revisionismo", aparecida en un periódico de manera incorrecta.

Y suma y sigue. El 8 de abril de 1998 fueron los judíos holandeses quienes fueron contra Faurisson. Siete años antes, en 1991, en colaboración con el revisionista belga Siegfried Verbeke, había publicado en holandés Het "Dagboek" van Anne Frank. Een Kritische benadering (El "Diario" de Ana Frank. Una evaluación crítica), un opúsculo donde se concluía que el "diario" era una falsificación, puesto que la escritura del manuscrito original no podía ser la de una niña. La obra fue prohibida en Holanda; pero tanto el Museo Ana Frank de Amsterdam como "Anne Frank Fonds" de Basilea no se conformaron con la censura del libro y emprendieron conjuntamente acciones legales. El Museo se quejaba de que el trabajo de Faurisson les había obligado a proporcionar una "instrucción especial" a los guías y de que la crítica del profesor podía reducir el número de visitantes del museo y, consecuentemente, sus ganancias.

La suspensión del congreso "Revisionismo Histórico y Sionismo" que debía celebrarse en Beirut entre el 31 de marzo y el 3 de abril de 2001 fue un duro revés para los revisionistas de todo el mundo, que se habían dado cita en la capital libanesa. El Gobierno de Líbano, país víctima de los ataques continuados de Israel, cedió a las presiones de las organizaciones sionistas más importantes, secundadas por Estados Unidos. Robert Faurisson explicó entonces que Rafik Hariri, primer ministro de Líbano, estaba tan atrapado con la deuda de su país, que ascendía a 24.000.000.000 de dólares para cuatro millones de habitantes, que no tuvo otra alternativa que ceder al chantaje y prohibir el congreso. Desde entonces, la celebración de una conferencia revisionista internacional había quedado en entredicho. Cuando en 2005 Mahmud Ahmadineyad se convirtó en presidente de la República Islámica de Irán, Teherán ofreció su disponibilidad a acoger a los revisionistas de todo el mundo. Ciento treinta investigadores procedentes de treinta países confluyeron en la capital iraní, donde los días 11 y 12 de diciembre de 2006 se celebró por fin la Conferencia Internacional de Teherán para la Revisión del Holocausto, acogida en Occidente con todo tipo de descalificaciones y reacciones en contra.

El 11 de diciembre de 2006 intervino el profesor Faurisson, cuya exposición oral se apoyó en un documento titulado *Las victorias del revisionismo*, traducido con posterioridad a varios idiomas, entre ellos el español, y publicado en numerosos países. En dicho texto, dedicado al profesor Mahmud Ahmadinejad y a Ernst Zündel, Germar Rudolf y Horst Mahler, a los que Faurisson alude como "nuestros presos de conciencia", se presentan detenidamente hasta veinte realidades históricas esclarecidas gracias a la investigación revisionista, las cuales han tenido que ser reconocidas de manera explícita o implícita por los exterminacionistas. Como ejemplos, citaremos media docena: 1. En los campos de Alemania no hubo cámaras de gas. 2. No existió ninguna orden de Hitler para exterminar a los judíos. 3. En la Conferencia de Wannsee no se decidió el exterminio de los judíos, toda vez que el sintagma "solución final" significaba la deportación al este. 4. La fórmula en que se ha venido presentando el sistema concentracionario alemán está condenada. 5. La cámara de gas de Auschwitz visitada por millones de turistas es falsa. 6. No se han hallado documentos, huellas u otras pruebas materiales sobre la existencia de las cámaras de gas. El 11 de diciembre de 2006, Robert Faurisson concedió una amplia entrevista a la televisión iraní, durante la cual declaró para millones de televidentes iraníes que el Holocausto era una mentira. Todo ello iba a tener consecuencias, puesto que en Francia los de siempre lo estaban esperando.

Apenas hubo concluido el congreso de los revisionistas, el entonces presidente de la República Jacques Chirac condenó el 13 de diciembre de 2006 la participación de Faurisson en la Conferencia de Teherán y pidió personalmente una investigación. En cumplimiento de las indicaciones de la máxima autoridad del Estado, el ministro de Justicia encargó a un fiscal de París que emprendiera una investigación. El 16 de abril de 2007 la teniente de policía Séverine Besse y otro colega se presentaron en Vichy para interrogar al profesor. Obstinadamente, Faurisson se negó a responder a ninguna de las preguntas y escribió lo siguiente en el informe oficial: "Rechazo colaborar con el sistema policial y judicial en la represión del revisionismo histórico."

El magistrado Marc Sommerer, asignado al caso, citó a Faurisson nueve meses más tarde. A las 9 de la mañana del 24 de enero de 2008, el profesor se presentó en la estación local de Policía. Tan pronto entró, tres oficiales de la policía judicial enviados el día anterior desde París, entre los que estaba la misma Séverine Besse, le notificaron que quedaba bajo custodia y que su domicilio sería registrado mientras él permanecía retenido. A él, un anciano que el día siguiente, 25 de enero, cumplía 79 años, se le practicó un cacheo corporal y le confiscaron la cartera, un monedero, un bolígrafo, el reloj, el cinturón... Trataban quizá de intimidar al viejo profesor, quien advirtió que su esposa estaba en casa enferma, circunstancia conocida por la policía, y que por razones médicas de gravedad necesitaba su presencia constante. Una vez más, Faurisson mantuvo su terquedad y no respondió ninguna pregunta. Se le comunicó luego que estaba siendo objeto de tres procesos penales cuyas órdenes judiciales habían sido emitidas por el juez Sommerer. Los dos primeros que se le mencionaron tenían que ver con su participación en la Conferencia de Teherán. En uno de ellos, la Fiscalía y un montón de "organizaciones piadosas" lo perseguían bajo la Ley Fabius-Gayssot por "negar crímenes contra la humanidad". En otro, la LICRA se había querellado contra él por "difamación". La tercera demanda había sido emprendida por el diario *Libération* por motivos tortuosos que nos ahorramos explicar. Luego, Faurisson fue conducido hasta su domicilio, donde proseguía el registro que duró seis horas. Finalmente, el 25 de julio de 2012, un juez de París le notificó la celebración del juicio por las tres querellas criminales.

La persecución de Robert Faurisson por crímenes de pensamiento ha sido permanente a lo largo de cuarenta años. En la noche del 19 de noviembre de 2014 dos policías procedentes de la ciudad vecina de Clermond-Ferrand, uno de los cuales era un comandante, se presentaron en su domicilio de Vichy con una orden de registro: buscaban incautarse de un ordenador y de ciertos documentos. No encontraron ni una cosa ni otra. Una vez más la LICRA había pedido al fiscal que actuase contra la aparición de un "Blog" no oficial del profesor. No cabe duda de que Faurisson poseía una fortaleza interior de naturaleza superior. Ante la envergadura de los ataques y la desmesura del combate contra enemigos tan poderosos, cualquier persona normal se hubiera rendido; sin embargo, Faurisson, que en 2014 tuvo un ataque de corazón, ni se ha acobardó ni se rompió. El 29 de enero de 2016 cumplió 87 años y seguía resistiendo junto a su esposa de 83, la cual ha sabido permanecer junto al profesor a pesar de que también ella está enferma del corazón. Faurisson había denunciado recientemente que recibía de continuo amenazas, tanto por teléfono como por escrito, por lo que había pedido infructuosamente a la policía que los protegiera, habida cuenta de que su mujer cada día soportaba peor el acoso y sufría más a causa de su enfermedad.

Robert Faurisson, alma mater del revisionismo cuyo legado es esencial para generaciones futuras, persistió valiente en la batalla hasta el último momento. Su muerte se produjo sobre las siete de la tarde del 21 de octubre de 2018. Tenía 89 años. Cuando atravesaba el umbral de la puerta de su casa en Vichy, el profesor sufrió un infarto de miocardio masivo. Regresaba de Shepperton, su ciudad natal en Inglaterra, donde el día anterior, invitado por Lady Renouf, había pronunciado en inglés una última conferencia. Jean Faurisson, al anunciar el fallecimiento de su hermano Robert, explicó que en Shepperton se había reunido con amigos y denunció que en dos ocasiones había sido acosado con violencia por un grupo de intolerantes "antiodio". Los ataques y las agresiones fueron una constante en la vida del profesor Faurisson, quien nunca se dejó intimidar. Jean Faurisson aludió al posible efecto traumático que el hostigamiento pudo ocasionar en la salud ya frágil de su hermano, que en enero de 2019 hubiera cumplido 90 años.

Vincent Reynouard, "¡Arriba los corazones!"

El caso del joven revisionista Vincent Reynouard es otro ejemplo de voluntad de resistencia: frente a un sin fin de adversidades, ha venido demostrando un valor y un coraje encomiables, dignos de respeto. Nacido en 1969, se casó en 1991 y en la actualidad es padre de ocho hijos. Tradicionalista católico, nacionalsocialista convencido y revisionista, Reynouard ha puesto todo en riesgo antes que ceder un ápice en su denuncia de la falsedad de la historia oficial. Con sólo veintitrés años, tuvo su primer tropiezo con la Ley Fabius-Gayssot. El 8 de octubre de 1992 un tribunal de Caen lo sentenció a un més de cárcel, que quedó suspendido, y a una multa de 5.000 francos por haber entregado de manera anónima a veinticuatro de sus alumnos textos que cuestionaban los asesinatos mediante cámaras de gas. Graduado como ingeniero químico con un diploma del ISMRA (Instituto de Materiales y Radiación), trabajó como profesor de Instituto de la asignatura de matemáticas y como historiador independiente especializado en la Segunda Guerra Mundial. En 1997, tras haberse encontrado textos revisionistas en el disco duro del ordenador que utilizaba en el centro educativo, fue expulsado del cuerpo de profesores de Enseñanza Secundaria por el ministro de Educación François Bayrou. Desde entonces tuvo que sobrevivir de sus escritos, de sus vídeos y de su trabajo como investigador.

Autor de una docena de ensayos y folletos sobre temas históricos. Reynouard trabajó con Siegfried Verbeke en *Vrij Historisch Onderzook, VHO* (*Investigación Histórica Libre*), un sitio web que se convirtió en la mayor página de publicación de textos revisionistas de Europa. Él mismo dirigió la publicación *Sans Concession*. Su libro más sonado fue resultado de una investigación sobre la masacre de Oradour-sur-Glane. A las 14:00 horas del 10 de junio de 1944, poco después del desembarco de

Normandía, las Waffen SS penetraron en este pequeño y tranquilo pueblo del Limousin, donde se refugiaban guerrilleros de la resistencia. Seis horas más tarde, a las 20:00, las Waffen SS abandonaron el pueblo. A sus espaldas quedó un lugar en ruinas repleto de cadáveres, de los cuales quinientos eran mujeres y niños carbonizados. La historiografía académica atribuyó la matanza a los alemanes. Oficialmente, pasaron en retirada por el pueblo e incendiaron la iglesia donde se habían refugiado mujeres y niños. Esto es exactamente lo que cuestionaba Reynouard en su libro de 450 páginas, publicado en Bélgica en 1997. En Francia el libro apareció en junio de 1997, después de que hubiera sido expulsado de la enseñanza por sus puntos de vista revisionistas. Tres meses después, en septiembre, el ministro del Interior, Jean-Pierre Chevènement ordenó el secuestro del libro y prohibió su difusión y circulación en toda Francia.

Entre 1998 y 1999 un equipo de colaboradores de Reynouard elaboró un video cassette que resumía el libro y animaba a comprarlo. El film apareció en el año 2000 y en enero de 2001 comenzó a distribuirse. El 8 de febrero de 2001 el prefecto de la Haute-Vienne, departamento situado en el centro de Francia, publicó un decreto que prohibía el cassette en todo el departamento. El 27 de septiembre de 2001, cuatro años después de la prohibición del libro, el Ministerio del Interior prohibió el vídeo en toda Francia. El proceso que se instruyó conta Vincent Reynouard desembocó en un juicio que en primera instancia tuvo lugar el 18 de noviembre de 2003. Reynouard fue condenado por "apología de crimen de guerra" a un año de prisión, a 10.000 euros de multa, y a la confiscación de todos sus archivos incautados. El proceso de apelación se celebró el 14 de abril de 2004. Los magistrados emitieron el fallo el 9 de junio y condenaron a Reynouard a dos años, de los cuales seis meses eran de prisión efectiva y el resto de libertad condicional; pero cambiaron la multa de 10.000 euros por otra de 3.000. Además debía indemnizar a las tres partes civiles que se habían presentado en la causa, entre las que estaba la ineludible LICRA.

Pese a todo, Reynouard siguió profundizando en las ideas revisionistas y en el año 2005 escribió un folleto de dieciséis páginas titulado *¿Holocausto? Aquí está lo que nos esconden*, en el que cuestionaba abiertamente la historia oficial y presentaba una visión completamente opuesta. La justicia francesa no tardó en abalanzarse sobre él. El nuevo juicio se celebró el 8 de noviembre de 2007 en Saverne, donde un tribunal lo condenó a un año de prisión y a pagar una multa de 10.000 euros por "cuestionar crímenes contra la humanidad" a través del mencionado folleto. Se le impuso asimismo la obligación de abonar 3.000 euros a la LICRA. La sentencia fue recurrida, pero el 25 de junio de 2008 el tribunal de apelación de Colmar la ratificó y le impuso además una nueva multa de 60.000 euros. Simultáneamente, el 19 de junio de 2008, seis días antes, la Corte de Apelación de Bruselas había condenado a Reynouard y a Siegfried Verbeke a un año de prisión y a 25.000 euros de multa por haber escrito y publicado textos de negación del Holocausto y por cuestionar crímenes contra la humanidad.

Por otra parte, puesto que Reynouard residía en Bélgica, la autoridades francesas lanzaron una orden europea de arresto con el fin de que los belgas lo extraditaran, puesto que, de conformidad con la ratificación de la sentencia por la corte de apelación de Colmar, Reynouard debía cumplir también un año de prisión en Francia. El 9 de julio de 2010 fue encarcelado en la prisión de Forest (Bruselas). El 23 de julio de 2010, el juez Chambers de Bruselas declaró que la orden de arresto contra Reynouard emitida por Francia era válida, por lo que el 19 de agosto de 2010 fue extraditado y encerrado en la prisión de Valenciennes. Mientras estaba pendiente de la extradición declaró: "Cuando no se tiene otro argumento que la prisión para liberarse de un oponente dialéctico, es porque carecen de argumentos."

Paul-Éric Blanrue, historiador fundador del grupo de investigación Cercle Zététique y autor del libro *Sarkozy, Israël, et les juifs* emitió un comunicado de prensa en el que denunciaba la ley Gayssot, llamaba a la solidaridad con Vincent Reynouad y ponía en marcha una campaña de recogida de firmas en defensa de la libertad de expresión y en demanda de la liberación Reynouard. Blanrue, además de denunciar el silencio sospechoso de los medios de comunicación franceses e internacionales, constataba la anormalidad del hecho de que ni una sola ONG hubiera dicho una palabra en defensa de la libertad de expresión y de pensamiento de Reynouard.

A primera hora de la mañana del martes 5 de abril de 2011 el joven revisionista de 42 años salió de la prisión de Valenciennes. Lo esperaban junto a la puerta su mujer Marina, su hijo Pierre y un grupo de amigos, entre los que estaba Siegfried Verbeke, su esposa Edna y un grupo de revisionistas belgas y alemanes. Los otros siete hijos de Reynouard esperaban en un café próximo al centro penitenciario haciendo dibujos para regalar a su padre. Después de comer todos juntos en un ambiente de alegría, la familia Reynouard tuvo que separarse de nuevo, puesto que Marina y los niños tenían que regresar a Bruselas. Vincent no pudo ir con ellos, pues quedaba sometido a control judicial y pesaba sobre él la prohibición de abandonar Francia. De hecho, al día siguiente, 6 de abril, estaba citado por un juez de instrucción de Amiens por otro asunto: se sospechaba que en 2009 había enviado a ciento veinte liceos de Francia unos CDs revisionistas.

El mismo día de su liberación Reynouard concedió una entrevista a un periodista de la revista *Rivarol*. Sus primeras palabras fueron para su esposa, a la que agradeció su actitud y felicitó por su heroísmo. En segundo lugar expresó su agradecimiento a Paul-Éric Blanrue por su coraje y a todos aquellos que lo habían asistido económicamente y le habían escrito. Mostró su intención de escribir un libro testimonio y de reanudar la publicación de la revista *San Concessions*, interrumpida desde su detención, puesto que todos sus colaboradores se mantenían fieles en su puesto. Las últimas palabras de la entrevista fueron de ánimo: "A pesar de todas las vicisitudes y de todas las trampas, el combate continúa. ¡Arriba los corazones!".

Ciertamente, el combate continuaba: en el mes de febrero de 2015 un tribunal de primera instancia de Coutances, en la Baja Normandía, condenó nuevamente a Vincent Reynouard a dos años de prisión efectiva por publicar un vídeo en el que denunciaba la manipulación política y el lavado de cerebro que se infligía a la juventud de su país y refutaba la teoría del exterminio sistemático de los judíos europeos durante la Segunda Guerra Mundial. Se le impuso asimismo una multa de 35.000 euros. Ante la severidad de la sentencia, ya que la Ley Gayssot prevé un máximo de año de cárcel por "negación del Holocausto", el propio fiscal interpuso recurso ante la corte de apelación de Caen, capital de la región. En un vídeo publicado en internet, Reynouard había anunciado que no pensaba pagar ni un céntimo. El 17 de junio de 2015, ante la evidencia de que la pena impuesta por el tribunal de Coutances era "ilegal", el tribunal de Caen la redujo a un año y revocó la sanción económica. Reynouard no se presentó ante la corte de Caen, dos meses antes, el 25 de abril de 2015, había anunciado en un vídeo que pasaba a la clandestinidad para huir de la persecución política que sufría en Francia: "Por tanto -decía en el vídeo- se puede decir que estoy huido. Esta vez lo he perdido todo, o casi. Heme aquí sin hogar, con mi mochila. No he podido salvar más que unos fragmentos de archivos para intentar realizar los vídeos prometidos." Desconocemos en el momento de escribir estas líneas qué ha sido de Reynouard, pues no hemos sabido averiguar nada nuevo sobre él.

3. Víctimas principales de la persecución en Austria

Gerd Honsik, víctima del entreguismo del PSOE al sionismo

Hans Strobl, presidente de la Federación Cultural de Burgenland, escribió en 1988 en el epílogo de *¿Absolución para Hitler?* que la policía estatal austríaca había amenazado en 1978 a Gerd Honsik con internarlo en una clínica psiquiátrica. No explica, sin embargo, cuáles fueron los motivos por los que se intimidó tan seriamente a Honsik, quien en lugar de ingresar en un manicomio acabó en la cárcel. En prisión escribió dos libros de poemas. El primero, *Lüge, wo ist dein Sieg?* (*Mentira, ¿dónde está tu Victoria?*), fue publicado en 1981; el segundo, *Fürchtet euch nicht!* (*¡No tengáis miedo!*), lo fue en 1983. Ambos manuscritos fueron sacados clandestinamente de la prisión gracias a la ayuda de unos carceleros que simpatizaban con el poeta, al cual se le había prohibido escribir. El primer libro, compuesto en versos clásicos, acabó siendo confiscado y le costó a Honsik una multa de 41.000 chelines (entonces moneda austríaca). El presidente de la Corte Suprema, al parecer experto en crítica literaria, sentenció que "no era arte". En cuanto al segundo, también se instruyó un sumario para prohibirlo.

Por razones políticas, en 1986 Honsik fue despedido de su trabajo, en el que había estado empleado desde hacía quince años. La persecución afectó a sus hijos en edad escolar, que fueron objeto de presiones a las que se prestaron incluso algunos docentes. Entre 1987 y 1988 Honsik tuvo que enfrentarse en dieciocho ocasiones a los tribunales: entre honorarios de agobados y costes procesales hubo de malgastar 140.000 chelines. Lo peor llegó en 1988 con la publicación de *Freispruch für Hitler?* (*¿Absolución para Hitler?*), un libro que pretendía ser de reconciliación. Gerd Honsik consultó con un párroco católico, Robert Viktor Knirsch, para conocer si el sacerdote entendía que existía algún impedimento desde el punto de vista moral. El cura párroco le escribió una carta en la que como sacerdote católico apostólico romano lo animaba a seguir con el libro:

"...La verdad forma parte del séquito del bien. Todo aquel que busque la verdad tiene derecho a poder dudar, investigar y sopesar. Y donde se exige a las personas la obligación de creer ciegamente, se percibe una altanería, con tanta blasfemia, que nos da que pensar. Si bien ahora aquellos cuya tesis usted pone en duda tienen la razón de su lado, aceptarán todas las preguntas serenamente, darán sus respuestas con toda paciencia. Y no seguirán ocultando sus pruebas y actas. Pero si mienten, clamarán al juez. Así se les conocerá. La verdad es siempre sosegada; ¡pero la mentira pugna por un juicio terrenal!

Con mis respetos, le saludo atentamente

Sacerdote Robert Viktor Knirsch

Kahlenbergerdorf, 2/6/1988"

Tras escribir estas palabras para Honsik que el poeta reprodujo en su obra, el párroco fue ingresado en una clínica psiquiátrica, donde enseguida enfermó. Falleció el lunes 26 de junio de 1989. Antes de morir expresó el deseo de que al ser enterrado sonase el himno alemán. A las 9:30 horas del 30 de junio se celebró la misa funeral en Kahlenbergerdorf y luego el cadáver de Knirsch fue sepultado en el cementerio de la parroquia. Cerca de setecientas personas asistieron a las exequias, entre ellas el arzobispo Krätztl y el preboste Koberger, pero también numerosos agentes secretos y una unidad con perros de la policía. Cuando al final de la ceremonia Honsik pidió que se cumpliera la última voluntad del sacerdote, intervino la policía y comenzó a pedir a los asistentes que se identificasen. Gerd Honsik fue detenido momentáneamente y se le reprochó que solicitara la interpretación del himno alemán en unas circunstancias en que estaba prohibido.

En cuanto a las consecuencias de la publicación del libro, el proceso se prolongó durante años y se llegó incluso a crear una ley de aplicación exclusiva para el caso. En enero de 1992, Honsik abandonó el país tras ser públicamente difamado en la televisión, donde el Dr. Neugebauer, director de los Archivos Documentales de la Resistencia Austríaca, lo acusó en presencia del ministro del Interior de planear un golpe de Estado. Cuando quedó demostrado que todo eran calumnias y falsedades, Honsik regresó a Austria para asistir al proceso que duró varias semanas. Gerd Honsik fue condenado el 5 de mayo de 1992 a dieciocho meses de prisión por "revitalización de actividades nacionalsocialistas". La Corte Suprema de Austria rechazó la apelación. Para evitar un nuevo encarcelamiento, huyó a España, donde ya había vivido un año siendo un niño de ocho años. En 1949 atravesó los Pirineos en un tren especial junto a mil pequeños austríacos severamente desnutridos, los cuales huían de la limpieza étnica perpetrada en Europa contra el pueblo alemán entre 1945 y 1948, el genocidio perfectamente documentado que se ha ocultado.

Honsik publicó en 1993 otro libro por el que también sería posteriormente procesado, *Schelm und Scheusal* (*Granuja y monstruo*), en él denunciaba a Simon Wisenthal, quien había expresado su satisfacción por la carta bomba enviada desde Austria al antiguo SS Alois Brunner, el cual perdió un ojo y ocho dedos. Estrecho colaborador de Adolf Eichmann, Brunner vivía en Damasco, donde los asesinos sionistas habían tratado de matarlo en varias ocasiones. Wiesenthal conocía bien los detalles de la bomba y se refirió a la víctima como su "más buscado asesino de judíos". Sin embargo, en agosto de 1988 Gerd Honsik lo había visitado en la capital siria y a la pregunta de "¿Cuándo supo usted acerca de las cámaras de gas?", Brunner respondió: "Después de la guerra, a través de los periódicos."

El 7 de octubre de 1993, Felipe González, presidente del Gobierno español, viajó a Viena. Allí, el canciller de la República de Austria, Franz Vranitzky, aprovechó la circunstancia para pedirle la extradición de Honsik. Sin duda, se trata de un hecho que revela con claridad hasta dónde llega el poder de los lobbies de presión judíos, que son capaces de conseguir que un alto mandatario europeo le pida a otro la entrega de un refugiado político a causa de la publicación de un libro. Enterado de esta circunstancia, Gerd Honsik dirigió una carta abierta al Parlamento español en la que solicitaba refugio político en España. En el texto recordaba que España lo había acogido siendo un niño en la posguerra y que ya entonces había aprendido español. La carta acababa con estas palabras: "Me dirijo a los parlamentarios españoles, tanto de derechas como de izquierdas, al pueblo español, rogándoles que permanezcan firmes ante las presiones internacionales que solicitan mi extradición. En la España de entonces encontré refugio del hambre. En la España de hoy busco refugio de la prisión." Las autoridades austríacas solicitaron la extradición al Gobierno español, pero el 7 de noviembre de 1995 la Audiencia Nacional la denegó. El Ministerio Fiscal se opuso y consideró, como apuntaba la defensa, que se trataba "de un delito político y, por tanto, excluido de la extradición". En el razonamiento de la Audiencia Nacional se consideraba que "no era factible encuadrar tal conducta como provocación al delito de genocidio, pues éste exige el propósito de destruir, total o parcialmente a un grupo religioso", un propósito que no podía afirmarse "de los hechos (escribir y publicar ¿*Absolución para Hitler?*) por los que ha sido condenado el reclamado..." Tanto el juez como el fiscal de la Audiencia estuvieron de acuerdo en que el libro de Honsik no conculcaba la ley española. Por tanto, sin ningún acoso por parte de las autoridades españolas, Gerd Honsik estuvo viviendo en Málaga durante cerca de quince años

Finalmente, una orden de detención europea emitida por la corte de Viena fue atendida por las autoridades españolas: el 23 de agosto de 2007 la policía detuvo a Honsik en Málaga. En septiembre de 2007, el presidente de la Comunidad Religiosa Judía de Austria, el magnate Ariel Muzicant, un israelí nacido en Haifa, declaró al periódico *Die Gemeinde* (*La Comunidad*) que la comunidad judía trabajaba para lograr una legislación europea uniforme contra los neonazis y los revisionistas del Holocausto. En relación a la detención de Honsik en España, dijo textualmente:

> "Gerd Honsik fue arrestado después de pasar quince años en España y será extraditado a Austria. Personalmente me alegro de ello porque eso demuestra una vez más que mis conversaciones con el presidente del Gobierno español, el ministro de Relaciones Exteriores y el ministro de Justicia en enero de este año han

contribuido a lograr que el Gobierno español adopte la correspondiente postura."

Sin disimular un ápice, antes al contrario, Muzicant alardeaba impúdicamente de su poder y se atribuía el mérito de haber logrado que el Gobierno socialista español hiciera lo que toca, i. e., lo que quería el sionismo. En enero de 2007 había en España un gobierno del PSOE presidido por José Luis Rodríguez Zapatero. El ministro de Exteriores era el inefable Miguel Ángel Moratinos y el de Justicia, Juan Fernando López Aguilar. El juez que permitió la extradición fue Baltasar Garzón, quien cuatro años más tarde sería condenado a once años de inhabilitación y expulsado de la carrera judicial por decisión unánime de los miembros de la Sala de lo Penal del Tribunal Supremo. Este juez sin escrúpulos, defendido lamentablemente por numerosos sectarios de la izquierda española, se puso al servicio de los sionistas sin considerar que España había rechazado dos veces la extradición y que la Audiencia Nacional había dictaminado en una Resolucuión de 1995 que el de Honsik era "un delito político y por tanto excluido de la extradición". La entrega de Gerd Honsik a Austria se produjo el 4 de octubre de 2007. La ministra de Justicia austríaca, la socialista Maria Berger, expresó públicamente el 5 de octubre su agradecimiento especial al juez Baltasar Garzón a través de un comunicado de prensa del Ministerio de Justicia.

Cuatro años más tarde, el 26 de enero de 2012, Göran Holming, comandante retirado del Ejército sueco y miembro de Acción Europea, movimiento por una Europa libre, presentó ante la Audiencia Nacional cargos criminales contra Baltasar Garzón y contra el presidente Rodríguez Zapatero y los ministros mencionados. En el escrito se denunciaba el encuentro con Ariel Muzicant y los acuerdos políticos alcanzados en la reunión de enero de 2007. Se argumentaba por extenso sobre los falsos pretextos invocados para conceder la extradición y en concreto se acusaba al juez Garzón de prevaricación y de violación de la ley y la Constitución española, que prohíbe la extradición por delitos políticos si no concurren "actos terroristas". He aquí el texto de la solicitud:

"Ruego al fiscal se sirva comprobar si el expresidente del Gobierno José Luis Rodríguez Zapatero y los que fueron sus ministros de Justicia y de Relaciones Exteriores, en colaboración con el juez Baltasar Garzón, han de responder por la extradición del poeta y escritor austríaco Gerd Honsik, promovida a través de una conspiración con el extranjero Ariel Muzicant y con la Sra. Maria Berger y llevada a cabo con el propósito de realizar una persecución política, inhumana e injusta, en Austria, y si las personas mencionadas han cometido de manera cumulativa:

I) Un crimen contra la humanidad,

II) el delito de abuso de poder,

III) de falsificación de la orden de detención de la UE,

IV) de conspiración en un acuerdo contra la Constitución española.

Por la presente solicito que las personas mencionadas sean enjuiciadas ante el tribunal competente por los delitos antes indicados.

Sinceramente

Göran Holming, comandante retirado del Ejército sueco."

Regresemos ahora a lo acontecido con G. Honsik. El 3 de diciembre de 2007 se celebró en Viena la audiencia de apelación que había sido cancelada en 1992 por "incomparecencia de la persona en cuestión". El recurso fue desestimado y se confirmó la condena a dieciocho meses de prisión incondicional. En mayo de 2008, la Fiscalía de Viena presentó nuevos cargos contra Honsik por "revitalización de actividades nacionalsocialistas". El 20 de abril de 2009 se inició el juicio ante el Tribunal Regional de Viena y el 27 de abril Honsik fue condenado a cinco años de prisión a causa de sus opiniones sobre la existencia de las cámaras de gas en los campos de trabajo nacionalsocialistas. El veredicto fue confirmado por la Corte Suprema; pero el 1 de marzo de 2010 la pena fue reducida a cuatro años por el Tribunal de Apelación de Viena.

Todavía el 20 de julio de 2010 tuvo lugar un nuevo juicio contra Honsik por la publicación de dos libros, uno de ellos era *Schelm und Scheusal* y el otro *Rassismus Legal?*. Se trataba de un "Proceso 3g", que son los efectuados al amparo de la Sección 3g de la Ley de Prohibición austríaca (Verbotgesetz) de 1947, la cual reprime con dureza la "reactivación de los sentimientos nacionalsocialistas" El juez Andreas Böhm, que en el juicio de abril de 2009 condenó a Honsik a cinco años, había instruido al fiscal Stefan Apostol para que excluyera entonces los libros incriminatorios con el fin de abrir posteriormente un nuevo proceso que había de permitir una sentencia adicional. En el proceso los libros fueron considerados por separado. Honsik, a pesar de estar cumpliendo condena en la cárcel, o quizá por ello, no se amilanó y arremetió contra Simon Wiesenthal. La información que se tiene sobre las sesiones del juicio proceden de la prensa austríaca, servil como todas a los lobbies judíos que ejercen el control, por lo que ahorraremos las citas. En definitiva, Honsik reiteró que era un hecho admitido que no hubo una sola cámara de gas en suelo alemán o austríaco y que el mentiroso no era él, sino Wiesenthal. El juez trató de que el abogado de Honsik, el doctor Herbert Schaller, negara la existencia de las cámaras de gas. Repetidamente le preguntó si también él afirmaba que no hubo ninguna cámara de gas; pero el abogado siempre evitó responder a preguntas que en Alemania eran formuladas para incriminar a los letrados de los acusados.

Teóricamente, Honsik no debía recuperar la libertad hasta el año 2013; pero por fin una apelación presentada ante la Corte de Viena consiguió el objetivo de una sentencia favorable, la cual redujo la duración de la pena en dieciocho meses. Según parece, se tuvo en cuenta su avanzada edad (70 años) y su "exitosa integración social" en España, a la que regresó tras su liberación a finales de 2011 para establecerse de nuevo en Málaga, donde había sido detenido en 2007. A lo largo de su vida, Gerd Honsik ha estado preso cerca de seis años por expresar ideas consideradas crímenes de pensamiento.

David Irving, condenado a tres años de prisión en Viena.

El segundo proceso de Ernst Zündel en Toronto supuso un hito en la evolución del pensamiento revisionista de David Irving, quien junto a Robert Faurisson actuó como asesor del abogado Doug Christie y declaró en el juicio como testigo de la defensa. Parece ser que fue Irving quien contactó con Bill Armontrout y, cuando éste recomendó a Fred Leuchter, voló a Boston en compañía de Faurisson con el fin de entrevistarse con el experto en cámaras de gas para convencerlo de que realizase el peritaje técnico. El *Informe Leuchter* disipó todas las dudas de Irving en relación al supuesto exterminio de los judíos europeos, si es que todavía le quedaban algunas. Tras su regreso a Londres después del juicio, Irving publicó el informe del ingeniero norteamericano en el Reino Unido con el título *Auschwitz the End of the Line: The Leuchter Report* y escribió el prólogo. Ninguna de las dos cosas gustaron a la clase política, por lo que el 20 de junio de 1989 Irving y Leuchter fueron condenados a través de una proposición presentada en la Cámara de los Comunes. En ella se describía a David Irving como "un propagandista nazi y un apologista de Hitler". En cuanto al texto divulgado, fue considerado una "publicación fascista". Irving emitió un duro comunicado de prensa en respuesta a la moción de los Comunes. El 23 de junio de 1989 Irving publicó un texto en el que declaraba sin ambages que las cámaras de gas de Auschwitz eran una "fábula".

El 6 de noviembre de 1989 David Irving pronunció en el Hotel Park de Viena una conferencia que dieciséis años más tarde había de costarle una condena de tres años de prisión. Las organizaciones judías y distintos grupos comunistas y de extrema izquierda lanzaron a las calles a cinco mil manifestantes para tratar de impedir el acto. Cerca de quinientos policías antidisturbios tuvieron que formar un cordón de protección para impedir que los más exaltados asaltaran el edificio. Como consecuencia de los contenidos expuestos en las dos conferencias pronunciadas en Austria, el Gobierno emitió entonces una orden de arresto contra Irving y le prohibió asimismo la entrada en el país.

En enero de 1990 David Irving pronunció una conferencia en Moers (Alemania), donde aludió al terror aéreo de los Aliados y afirmó que en Auschwitz habían muerto entre 1940 y 1945 el mismo número de persona que morían en cualquiera de los bombardeos criminales sobre las ciudades alemanas. El 21 de abril de 1990 Irving repitió el mismo discurso en Múnich, hecho que provocó que un tribunal de la capital bávara lo condenara el 11 de julio de 1991 a una multa de 7.000 marcos por negación del Holocausto. Irving recurrió y durante la vista, el 5 de mayo de 1992, pidió a los presentes en la sala de Múnich que lucharan por el pueblo alemán para "acabar con la mentira sangrienta del Holocausto que se había urdido contra el país durante cincuenta años". Irving se refirió a Auschwitz como "una atracción turística". Además de una multa de 10.000 marcos, se le prohibió en adelante la entrada en Alemania.

Otros países siguieron el ejemplo y el veto contra Irving comenzó a generalizarse. En Canadá fue detenido en noviembre de 1992 y deportado al Reino Unido. También Italia y Australia le denegaron la entrada. El 27 de abril de 1993 fue citado ante un tribunal francés por cargos relacionados con la Ley Gayssot. Puesto que dicha ley no contempla la extradición, el historiador rechazó viajar a Francia y no se presentó. En 1994 fue condenado en el Reino Unido a tres meses de cárcel por haber menospreciado a la corte durante una disputa legal por derechos de publicación. Finalmente, estuvo encerrado diez días en la prisión londinense de Pentonville.

El enfrentamiento judicial entre David Irving y la historiadora judía Deborah Lipstadt, bien conocido en círculos revisionistas, constituyó un momento crucial que marcó al historiador británico. Fue un largo proceso celebrado en el Reino Unido del que sólo apuntaremos los datos esenciales, toda vez que Irving aparece en estas páginas como víctima de la persecución en Austria y no debemos apartarnos de nuestro objetivo. Para los lectores que no conozcan el asunto, diremos que la polémica entre Deborah Lipstadt, profesora de Judaísmo Moderno y de Estudios del Holocausto en la Universidad de Emory (EE.UU.), y David Irving comenzó en 1993, año en que Lipstadt descalificó a Irving en *Denying the Holocaust: The Growing Assault on Truth and Memory*. En el libro, Lipstadt se refería al historiador británico como "un antisemita que falsifica documentos por razones ideológicas" y concluía que era "un peligroso vocero negacionista del Holocausto". En 1996 Irving decidió demandar por difamación a Lipstadt y a Penguin Books Ltd., su editorial británica, pues consideró que se había dañado su reputación como historiador. El juicio empezó el 11 de enero de 2000 y acabó el 11 de abril con una sentencia del juez Charles Gray en favor de Lipstadt y Penguin Books. Gray consideró que Irving "por sus propias razones ideológicas había tergiversado y manipulado la evidencia histórica de manera persistente y deliberada". A pesar de que, según desveló Germar Rudolf, David Irving tiene orígenes judíos, el juez Gray argumentó en la sentencia que Irving era un "activo negacionista del Holocausto"; que era "antisemita y racista", y que se había "asociado con radicales de extrema derecha para promover el neonazismo". El juicio y el veredicto dieron la vuelta al mundo.

El 11 de noviembre de 2005 David Irving se convirtió en la víctima más sonada de la persecución a los revisionistas en Austria. Él mismo narró posteriormente toda la peripecia en un artículo publicado en *American Free Press*. Según su relato, había viajado al país para hablar ante una asociación de estudiantes, la fraternidad estudiantil "Olympia". El tema de la conferencia, estudiado con anterioridad en esta obra (*Historia proscrita*), era la negociación en Hungría de Joel Brand con Adolf Eichmann para liberar a los judíos húngaros a cambio de camiones. Irving pensaba explicar que los servicios secretos británicos habían descifrado los códigos de comunicación y tenían conocimiento de cuanto se estaba tratando entre los sionistas y los nazis. Puesto que desde noviembre de 1989 existía una orden de arresto emitida por el Tribunal Regional de Viena por negación del Holocausto, Irving no quiso arriesgar entrando en Austria con un vuelo directo y optó por viajar en coche desde Zurich. Tras conducir toda la noche, llegó a Viena a las 8:00 de la mañana tras haber recorrido 900 kilómetros.

Una vez hubo descansado, llamó desde una estación de tren al estudiante que lo había invitado, Christopher V.: "Rendezvous

A -dijo Irving sin identificarse-, dentro de una hora". La seguridad era necesaria y todo se había acordado con seis meses de antelación. Christopher, un joven de veinte años, lo recogió en el recibidor de la estación y lo condujo hasta el lugar donde supuestamente lo estaban esperando más de doscientos estudiantes. Estaba previsto que el acto comenzara a las 18:00. Una vez aparcado el coche, se acercaron a pie hacia el edificio. Apoyados en la pared vieron a "tres gorilas corpulentos". Tan pronto comprendió que eran de la "Stapo" (Policía del Estado), el joven entregó las llaves del coche a Irving y se separaron. Mientras regresaba hacia el Ford Focus, relata Irving, "uno de los gorilas me seguía a unos ochenta metros de distancia; los otros dos estaban persiguiendo a Christopher." Por hábito, entró en el coche por la derecha, como si se tratara de un vehículo inglés; pero el volante estaba en el otro lado. El hombre comenzó a correr. Cuando por fin arrancó, el policía estaba sólo a unos diez metros. Por el retrovisor lo vio anotando los datos del coche en un bloc. El plan fue tratar de llegar a Basilea, donde el día siguiente debía coger un avión. A unos 250 kilómetros de Viena dos coches de la policía lo obligaron a parar: "Ocho polis uniformados salieron de repente y vinieron corriendo hacia mí gritando histéricamente." Este es el resumen apretado de cómo vivió Irving su arresto.

Un portavoz del Ministerio del Interior austríaco, Rudolf Gollia, informó que el historiador británico había sido detenido el 11 de noviembre por agentes de la Policía de Autopistas cerca de la localidad de Johann in der Heide, en el Estado federado de Estiria. La prensa internacional informó que había sido arrestado por negar el Holocausto dieciséis años antes en un conferencia pronunciada en 1989. Algunos medios recogieron las palabras de un portavoz de la Fiscalía, quien anunció que si se celebraba el juicio y era declarado culpable podía ser condenado a entre uno y diez años de cárcel.

Después de pasar tres meses en prisión preventiva, el 20 de febrero de 2006 el Tribunal Regional de Viena lo condenó a tres años de prisión. En el escrito acusatorio, el fiscal especificó que en las dos intervenciones públicas de 1989 Irving había dicho que "Hitler mantuvo en realidad su mano protectora sobre los judíos" y había negado la existencia de las cámaras de gas. Según el fiscal, Irving también había mantenido en 1989 que la "Noche de los Cristales Rotos" no fue perpetrada por los nazis, sino por individuos disfrazados como tales.

En honor a la verdad, hay que decir que las concesiones de Irving ante la corte vienesa decepcionaron profundamente a algunos revisionistas, que hubieran deseado una actitud más digna, más estoica. Irving declaró que había cambiado de opinión sobre el Holocausto porque en un viaje a Argentina había encontrado nuevos materiales de Adolf Eichmann. Aceptó retractarse de algunas afirmaciones y llegó incluso a admitir la existencia de cámaras de gas, por lo que admitió su culpabilidad por falseamiento de la historia. Parece ser que con dicha estrategia esperaba conseguir la absolución. Tan confiado estaba en ello, que habría incluso comprado con antelación un billete de avión para regresar a Londres. Sin embargo, los ocho miembros del jurado se mostraron unánimes y en el veredicto el magistrado Peter Liebetreu señaló: "La confesión previa no nos ha parecido un acto de arrepentimiento y por eso no se ha tenido en cuenta en el peso de la condena." El juez le preguntó si había entendido la sentencia. "No estoy seguro de ello", respondió anonadado. Mientras era sacado de la sala declaró que estaba conmocionado por la severidad de la condena.

La Corte de Apelaciones, presidida por el magistrado Ernest Maurer, aceptó un recurso. El 20 de diciembre de 2006 el juez Maurer aceptó reducir la condena inicial a un año de prisión y a dos de libertad condicional. Puesto que Irving llevaba ya trece meses encarcelado, pudo ser liberado. Persistió, no obstante, la prohibición de que pudiera volver a entrar en Austria. El veredicto desató la ira de la comunidad judía de Viena y del Centro de Documentación Histórica de la Resistencia. Brigitte Bailer, directora de dicho centro, expresó su indignación. El veredicto, dijo, "preocupa porque es una señal de que existen en la justicia austríaca sectores que minimizan el delito de negación del Holocausto." Bailer acusó al juez Maurer de ser simpatizante del partido ultraderechista FPÖ. Apenas estuvo en Inglaterra, Irving se reafirmó en sus posiciones revisionistas y afirmó que "no había ya necesidad de demostrar arrepentimiento".

Así, David Irving reanudó sus actividades e impartió conferencias de contenido revisionista en Europa y América. En diciembre de 2007, el Gobierno de la Generalitat de Cataluña trató de prohibir uno de los actos previstos en España. Los Mossos d'Esquadra (policía autonómica catalana), además de registrar y filmar a los asistentes con el fin de intimidarlos, procedieron a secuestrar algunos libros. Se advirtió al conferenciante de que ante cualquier indicio de delito de opinión sería detenido. Vista la situación, se optó por suspender la conferencia y David Irving celebró una rueda de prensa con la libertad de expresión coartada.

Seguimos en España. Con ocasión del septuagésimo aniversario del inicio de la Segunda Guerra Mundial, el diario *El Mundo* preparó en 2009 una edición especial con entrevistas a especialistas de distintas tendencias, entre los que se incluyó a Irving. El embajador de Israel en España, Raphael Schutz, envió una carta de protesta al periódico exigiendo la censura de las aportaciones de Irving. Schutz, con el victimismo habitual, afirmaba que no valía invocar el derecho de "libertad de expresión". El periódico tachó al embajador de "intransigente" y le respondió que el diario *El Mundo* no negaba el Holocausto, sino todo lo contrario.

Acabaremos con una anécdota. En marzo de 2013 se le levantó a David Irving la prohibición de entrada en Alemania, que debía durar hasta 2022. En julio del mismo año trató de contratar una habitación en Berlín porque el 10 de septiembre estaba programada en la capital alemana una conferencia en la que los asistentes debían pagar 119 dólares para poder entrar. Volker Beck, del Partido Verde, contactó con la asociación de hoteleros alemanes para que boicotearan a Irving. De este modo logró que los principales hoteles de Berlín se negaran a alojar al revisionista británico, que supuestamente debió de encontrar otro tipo de alojamiento.

Wolfgang Fröhlich, el "canario" que sigue cantando en la jaula

Wolfgang Fröhlich va camino de batir todos los records, pues ha pasado ya nueve años de su vida en prisión y actualmente cumple condena por otros cinco, lo cual equivale a catorce años de cárcel por crímenes de pensamiento. En un artículo publicado en *Smith's Report* en octubre de 2015, Roberto Hernández equiparó a Fröhlich con aquel canario al que aludía el profesor Faurisson en su conocida frase: "Poner a un canario en una jaula no podrá impedir que siga entonando sus canciones." Wolfgang Fröhlich es un ingeniero químico austríaco convencido de que la tesis del exterminio de los deportados en cámaras de gas es científicamente absurda. Fröhlich, nuestro canario enjaulado, es especialista en procesos de desinfección y en construcción de cámaras de gas para el control de pestes y la eliminación de microbios.

Se ha dicho ya que en Austria se impide la libertad de expresión y la libertad en su conjunto a través de una ley de 1947, la "Verbotsgesetz" (Ley de Prohibición), cuyo objetivo inicial era impedir la existencia de todo aquello que pudiera tener realación con el nacionalsocialismo. En 1992 dicha ley fue modificada con el fin de sancionar la negación del Holocausto y cualquier intento de minimizar las atrocidades nazis. A pesar de la nueva implementación de la Ley de Prohibición, durante la década de 1990 Fröhlich envió a abogados, jueces, parlamentarios, periodistas..., centenares de textos que denunciaban que las pretendidas cámaras de gas nazis eran una mentira. En 1998 participó como experto de la defensa en el juicio celebrado en Suiza contra Jürgen Graf y su editor Gerhard Förster, sobre los que volveremos más adelante. Ahora cabe decir que al tribunal no le gustó en absoluto su testimonio sobre la imposibilidad técnica de los gaseamientos masivos, por lo que el fiscal Dominik Aufdenblatten lo amenazó con imputarlo. El pasaje del interrogatorio es el siguiente:

> "Aufdenblatten: ¿Fueron en su opinión técnicamente posibles los gaseamientos masivos con Zyklon B?

Fröhlich: No.

Aufdenblatten: ¿Por qué no?

Fröhlich: El pesticida Zyklon B es ácido cianhídrico envasado en forma granular. Es liberado en contacto con el aire. El punto de ebullición del ácido cianhídrico es 25.7 grados (Celsius) Cuanto mayor es la temperatura más rápida es la velocidad de evaporación. Las cámaras de despiojamiento en las cuales fue usado el Zyklon B en los campos y en cualquier otro lugar eran calentadas a treinta grados e incluso a mayor temperatura, a fin de que el ácido cianhídrico se liberase rápidamente de sus gránulos. Sin embargo, en las morgues semisubterráneas de los crematorios de Auschwitz-Birkenau, donde según los testigos se llevaron a cabo los exterminios masivos con Zyklon B, las temperaturas eran mucho más bajas. Si uno admite que los espacios se calentaban con los cuerpos de los prisioneros, la temperatura no hubiera superado los 15 grados, incluso en verano. Consecuentemente hubieran sido precisas muchas horas para que el ácido cianhídrico se evaporase. Según los informes de los testigos, las víctimas morían rápidamente. Los testigos mencionan periodos de tiempo desde 'instantáneo' a '15 minutos'. Para poder matar a los prisioneros en tan poco tiempo, los alemanes habrían tenido que usar enormes cantidades de Zyklon B -Estimo que entre 40 y 50 kilos en cada gaseamiento. Ello hubiera hecho totalmente imposible cualquier trabajo en la cámara de gas. El destacamento especial (Sonderkomando), que según los testigos vaciaban las cámaras de los cuerpos, se hubiera desplomado de inmediato al entrar, incluso llevando puestas máscaras de gas. Enormes cantidades de ácido cianhídrico habrían salido a raudales al exterior y se habría envenenado todo el campo."

La declaración de Fröhlich fue acogida con aplausos; pero el fiscal Aufdenblatten reaccionó indignado y dijo: "Por esta declaración pido al tribunal que levante cargos contra usted por discriminación racial de acuerdo con el Artículo 261 o, si no, lo haré yo mismo." Al oír estas palabras, el abogado de Förster, Jürg Stehrenberger, se levantó e informó a la corte que vista la intimidación intolerable al testigo, se retiraba del caso. En compañía del letrado de Graf, salió de la sala durante varios minutos. Cuando regresaron, ambos expresaron su más vehemente objeción al comportamiento del fiscal, pero anunciaron que pese a todo, proseguirían con sus obligaciones como abogados de la defensa.

En 2001 Wolfgang Fröhlich publicó *Die Gaskammer Lüge* (*La mentira de las cámaras de gas*), un libro de casi cuatrocientas páginas que le valió una orden de arresto, por lo que tuvo que esconderse en algún lugar de Austria para evitar la captura. Desde la clandestinidad concibió el proyecto de enviar CDs titulados *Gaskammerschwiendel* (*El fraude de las cámaras de gas*), en los que se exponían en detalle los descubrimientos de sus investigaciones y se refería al fraude como "terrorismo psicológico". El 30 de mayo de 2003 hizo saber en una carta que estaba bien y que continuaba con muchas ganas su proyecto de enviar CDs a personas de todo el espectro de la sociedad austríaca. Hasta la fecha había remitido unos 800 CDs con la esperanza de que su acción serviría para apresurar el fin del "Holocuento de que millones de judíos habían sido gaseados". Fröhlich lo consideraba un engaño histórico sin precedentes a todo un pueblo ("Volksbetrug"). Finalmente, el sábado 21 de junio de 2003 Fröhlich fue detenido y encarcelado en Viena. A principios de 2004 fue juzgado y sentenciado a tres años de prisión por haber violado la Ley de Prohibición ("Verbotsgesetz"), de los cuales pasó dos en libertad condicional. Cuando salió de la cárcel, el 9 de junio de 2004, se halló sin trabajo y sin recursos.

Estando en libertad condicional, en junio de 2005 se produjo una nueva imputación por la expedición de los 800 CDs en los que demostraba la imposibilidad absoluta de los gaseamientos. Tuvo que regresar por tanto a la cárcel, donde quedó a la espera del nuevo juicio. El 29 de agosto de 2005 la jueza Claudia Bandion-Ortner lo condenó a dos años de prisión y dejó sin efecto la suspensión de la sentencia anterior, por lo que Frölich acumuló en total cuatro años de privación de libertad. Por fortuna la apelación ante la Corte Suprema tuvo éxito, por lo que se le redujo la sentencia en 29 meses y obtuvo de nuevo la libertad provisional. En diciembre de 2006, recién salido de la cárcel, Wolfgang Fröhlich asistió en Teherán a la Conferencia Internacional sobre el Holocausto, pero no tomó la palabra, por lo que, a pesar de las denuncias y las presiones a las autoridades austríacas, no fue imputado por haber viajado a Irán.

Estando, pues, en libertad condicional, El infatigable Wolfgang Fröhlich pidió a un miembro del Parlamento y a los gobernadores provinciales que abolieran la Ley de Prohibición. Por este motivo fue nuevamente detenido a finales de julio o a principios de agosto de 2007 y regresó a la prisión, donde permaneció hasta la celebración de un nuevo proceso. La jueza Martina Spreitzer-Kropiunik, del Tribunal Regional de Viena, el 14 de enero de 2008 volvió a emitir un veredicto de culpabilidad y lo sentenció a cuatro años de cárcel, que debían añadirse a los 29 meses que le habían sido revocados por la Corte Suprema. De este modo, sumó en total una condena de seis años y cuatro meses de prisión por simples delitos de opinión.

Encarcelado como prisionero político, Fröhlich, el "canario" que no puede dejar de cantar, escribió a Bárbara Prammer, del Consejo Nacional del SPÖ (Partido Socialdemócrata de Austria), al cardenal Christoph Schönborn y a otras personalidades para explicarles su tesis de que el exterminio de millones de judíos mediante las cámaras de gas es técnicamente imposible y que la muerte de seis millones de judíos es "la mentira más atroz en la historia de la humanidad." El canto irreprimible de Wolfgang Fröhlich tuvo como consecuencia una nueva inculpación en su contra: el 4 de octubre de 2010 fue condenado a dos años suplementarios de prisión. Y suma y sigue. Medio año antes de que, según lo previsto, recuperase la libertad, el 9 de julio de 2015, la Corte del Distrito de Krems, presidida por el magistrado Dr. Gerhard Wittmann, lo sentenció a otros tres años de prisión. En esta ocasión, la fiscal Elisabeth Sebek había levantado cargos contra él por haber enviado cartas al canciller austríaco Werner Faymann, un católico socialdemócrata, a la revista de noticias *Profil* y a otras personas influyentes. En dichas cartas, expresaba una vez más su opinión sobre el Holocausto.

Lo último que hemos sabido de Wolfgang Fröhlich es que el 25 de noviembre de 2015 remitió una carta de requerimiento al Comité de Derechos Humanos de Naciones Unidas y a la

Convención Europea de los Derechos Humanos. Puesto que tanto Robert Faurisson como Ernst Zündel acudieron infructuosamente a organismos internacionales, el primero para denunciar la Ley Gayssot y el segundo para denunciar la vulneración de sus derechos, es improbable que Fröhlich obtenga amparo alguno. La tiranía oculta que detenta el poder global no permite la menor cesión cuando se trata de revisionistas que pretenden desenmascarar la impostura. De todos modos, dejaremos constancia del texto como tributo a este honrado ingeniero austríaco que todo lo ha intentado y todo lo ha perdido:

"Señoras, caballeros,

Por la presente, formulo un

REQUERIMIENTO

con el fin de que mi denuncia por violación de los derechos humanos nº 56264/09 contra la República austríaca, que por la penalización de mis opiniones lleva a cabo una agresión a mis derechos fundamentales, en particular a los relativos a la libertad de investigación científica, sea de nuevo examinada ¡y que se haga justicia!

Ya me había dirigido a la CEDH como denunciante a causa de varias condenas pronunciadas por el tribunal penal de Viena sólo por haber hecho uso de mi libertad de expresión. A través de carta de 15 de mayo de 2012 (GZ ECHR LGer11.2R), ¡esta denuncia fue rechazada por improcedente!

A través de la prensa, he sabido recientemente que la CEDH había entre tanto modificado su punto de vista jurídico relacionado con las garantías que los derechos humanos confieren a la libertad de expresión. En octubre de 2015, un político turco que había sido condenado en Suiza por haber expresado en público su opinión ha sido liberado en última instancia de todo cargo por la CEDH y Suiza, condenada por violación de los derechos humanos. Me refiero a este asunto en mi carta dirigida el 13 de julio de 2015 al Consejo de Ministros de la República austríaca, que ustedes encontrarán en el documento adjunto nº 1.

En resumen, sobre mi cuestión: estoy encarcelado en Austria por un solo y mismo 'delito' ¡desde hace ya más de diez años! El 9 de julio de 2015 fui condenado por el tribunal de Krems a tres años adicionales de prisión, ¡porque yo persisto en defender el derecho fundamental de expresarme libremente! Me refiero a este asunto en carta dirigida el 13 de julio de 2015 al ministro de Justicia austríaco, M. Wolfgang Brandstetter, que encontrarán en el documento adjunto n° 2

Puesto que la República austríaca está obligada, en relación a los derechos del hombre, a las mismas normas jurídicas (CCPR de la ONU y CEDH) que Suiza, pido por ello que mi demanda n° 56264/09 sea instruida.

Con mis saludos más distinguidos,

Wolfgang Fröhlich"

4. Víctimas principales de la persecución en Suiza

Jürgen Graf y Gerhard Förster, sentenciados por escribir y publicar libros

Nacido en 1951, Jürgen Graf, que inicialmente simpatizaba con la causa palestina y consecuentemente rechazaba el sionismo por sus crímenes, no tuvo hasta 1991 la menor duda de que los nazis habían exterminado a los judíos mediante cámaras de gas. Conoció entonces a Arthur Vogt (1917-2003), considerado el primer revisionista suizo, el cual le facilitó una serie de libros que le abrieron los ojos y despejaron su mente. Desde entonces, "decidí dedicar mi vida -confiesa Graf- a la lucha contra el fraude más monstruoso urdido nunca por mentes humanas." Tan profundo fue el impacto de las lecturas de los textos revisionistas, que en marzo de 1992 visitó al profesor Robert Faurisson en Vichy, quien le corrigió el libro *Der Holocaust auf dem Prüfstand*, publicado a principios de 1993.

Jürgen Graf, que estudió filología francesa, inglesa y escandinava, habla más de diez idiomas. Como consecuencia de su primera publicación revisionista, en marzo de 1993 fue despedido como profesor de latín y francés, lenguas que enseñaba en una escuela de secundaria de Therwill, ciudad cercana a Basilea. Un mes más tarde conoció al editor Gerhard Förster, cuyo padre, natural de Silesia, había muerto durante la brutal limpieza étnica de millones de alemanes del este de Europa. Ya incapaz de detenerse, Graf visitó en septiembre de 1993 a Carlo Mattogno, que vivía cerca de Roma, el cual le facilitó valiosos materiales escritos en polaco, sobre los que llevaba ya una década estudiando e investigando. Desde esta primera visita, comenzó entre ambos una colaboración estrecha y una honda amistad, pues Graf se convirtió en traductor de muchos de los escritos del revisionista italiano. Posteriormente, realizarían juntos media docena de viajes de investigación (Polonia, Rusia, Lituania, Bélgica, Holanda) de los cuales surgieron varios libros que acabaron firmando conjuntamente. En septiembre de 1994, Graf voló a California para asistir a una conferencia revisionista organizada por el Institute for Historical Review. Allí conoció a Mark Weber, director del IHR, a Ernst Zündel a Bradley Smith y a otros revisionistas. En octubre de 1994 obtuvo un nuevo trabajo como profesor de alemán en Basilea; pero fue despedido en 1998, tras el juicio celebrado en Baden, sobre el que, hecha esta introducción apresurada, trataremos en las líneas que siguen.

Puesto que hemos venido citando a Jürgen Graf como fuente a lo largo de esta obra (*Historia proscrita*), su nombre nos ha de ser ya familiar a estas alturas. La colaboración con el revisionista italiano Carlo Mattogno fructificó, según se ha dicho, en importantes trabajos sobre los campos de tránsito del este de Polonia, convertidos en campos de exterminio por la propaganda. *Treblinka: Extermination Camp or Transit Camp?* ha sido una de nuestras fuentes principales al estudiar los campos de la llamada "Aktion Reinhard". Sin embargo, cuando Graf fue condenado en 1998, lo fue por sus trabajos iniciales, de los cuales hemos utilizado *El Holocausto bajo la Lupa*, edición española de *Der Holocaust auf dem Prüfstand*, uno de los cuatro libros que le valió la condena. El tribunal, compuesto de cinco miembros, estuvo presidido por la jueza Andrea Staubli, quien al justificar el veredicto, rechazó los argumentos de los acusados sobre el contenido académico de los libros, considerados "cínicos e inhumanos" por el tribunal.

Por la importancia de sus trabajos e investigaciones y por el número de libros publicados, Jürgen Graf es el revisionista más importante condenado en Suiza. Él y su editor Gerhard Förster fueron sentenciados el 21 de julio de 1998 a quince y doce meses de prisión respectivamente por escribir uno y publicar el otro libros supuestamente antijudíos que incitaban a la "discriminación racial". La "Ley Antirracismo" que permitió la acusación había sido promulgada el 1 de enero de 1995 a petición de la comunidad judía de Suiza. En ella se prohibían crímenes no especificados tales como "negación o banalización del genocidio u otros crímenes contra la humanidad". Gerhard Förster fue hallado culpable por haber publicado los escritos de Graf y de otros dos autores. En cuanto a Jürgen Graf, se le condenó asimismo por haber remitido CDs "racistas" a Suecia para Ahmed Rami y a Canadá para Ernst Zündel, el cual los distribuyó a través de internet. Aparte del encarcelamiento, el tribunal de la ciudad de Baden, en el norte de Suiza, impuso a cada uno 8.000 francos suizos de multa y los obligó a devolver los 55.000 francos obtenidos con la venta de los libros, de los cuales 45.000 correspondían a Förster y 10.000 a Graf.

The Journal of Hisorical Review publicó en la edición de julio/agosto de 1998 un extenso resumen del juicio, que comenzó el día 16 de julio. Según esta fuente, los sesenta asientos de la sala estaban ocupados por simpatizantes de Graf y Förster. De entrada, la corte rechazó que testificara Robert Faurisson, cuya erudición era ya temida en todas partes. Aceptó en cambio la declaración de Wolfgang Fröhlich, menos conocido, de la cual hemos reproducido anteriormente un fragmento. El testimonio de Jürgen Graf duró unas dos horas y se caracterizó por la defensa enérgica de los puntos de vista y argumentos de sus libros. Es de interés citar algunas de las preguntas y respuestas del interrogatorio. En respuesta a la pregunta de la jueza Staubli sobre si había habido o no Holocausto, Graf respondió:

> "Es una cuestión de definición. Si por Holocausto se entiende una brutal persecución de los judíos, deportaciones en masa a los campos, y la muerte de muchos judíos a causa de enfermedades, agotamiento y malnutrición, entonces es por supuesto un hecho histórico. Pero el término griego 'holocausto' significa 'completamente quemado' o 'sacrificio mediante fuego', y es usado por los historiadores ortodoxos para el supuesto gaseamiento masivo de incineración de judíos en 'campos de exterminio'. Eso es un mito."

A continuación, la jueza trató de cuestionar a Graf por el hecho de que no era un historiador cualificado. Después le recriminó que no le importara ofender a los judíos con sus libros. En su réplica Graf citó ejemplos de ofensas a los suizos sin que nadie se preocupara por ello. "¿Por qué -le preguntó a Staubli- sólo se tienen en cuenta los sentimientos de los judíos y nunca los sentimientos de los no judíos?". La jueza le recordó que la Ley Antirracismo fue aprobada a través de un referéndum democrático. "¿No debería usted respetar eso?". Respuesta:

"En su momento se hizo creer a la gente que la ley servía para proteger a los extranjeros contra la violencia racista. En realidad sirve exclusivamente para proteger a los judíos contra cualquier crítica. Esto está probado de manera irrefutable en el folleto 'Abschied von Rechtsstaat' (Despedida del Estado de derecho), al cual contribuí con dos breves ensayos. Hasta el momento, ni un solo ciudadano suizo ha sido imputado por haber criticado a un negro, a un árabe o a un turco. Sólo personas que han criticado a los judíos han sido acusadas y condenadas."

La acusación pública, representada por el fiscal Aufdenblatten, fue muy dura en sus conclusiones y usó expresiones como "seudocientífico", "incitación antisemítica" y "propaganda racista" para referirse a los "libros criminales". Concluyó su intervención asegurando que los escritos de Graf avivaban las llamas del antisemitismo, del odio, y no buscaban la verdad, sino distorsionarla. El fiscal resaltó que Graf no mostraba arrepentimiento, que se reafirmaba en sus puntos de vista revisionistas y que no era probable que los enmendase. Por todo ello, pidió a la corte que no considerase una suspensión de la sentencia ni para Graf ni para Förster, sobre quien dijo que se mostraba tan poco razonable como su colega. En cuanto al pésimo estado de salud del publicista, dijo que no era excusa para ser indulgente, toda vez que no era competencia del tribunal considerar si estaba demasiado enfermo para ir a la cárcel, sino de los médicos. Gerhard Förster falleció en septiembre de 1998, nueve semanas después del juicio.

Tras las intervenciones finales de Jürg Stehrenberger y de Urs Oswald, los abogados de Förster y Graf, la jueza Staubli concedió a Graf diez minutos para que realizara una declaración final, siempre que se limitara a cuestiones pertinentes relacionadas con el juicio. Tras agradecer el gesto, Jürgen Graf insistió en que los revisionistas buscaban la verdad: "Tratamos de acercarnos cuanto podemos a la verdad histórica. Que nos señalen nuestros yerros es lo que deseamos. De hecho hay errores en mis libros. ¿Pero sabe quién me los ha mostrado? ¡Otros revisionistas! Del otro lado, la única reacción han sido insultos, calumnias, amenazas, acciones legales y juicios." En cuanto a su posible condena, informó al tribunal que desde principios del siglo XIX nadie había sido encarcelado en Suiza por la expresión no violenta de su opinión.

"¿Quieren ustedes, damas y caballeros de la corte -apostrofó a los jueces- romper esta tradición a las puertas del siglo XXI? Y si insisten en encarcelar a uno de nosotros, entonces ¡por favor miren hacia mí y no al Sr. Förster, que está mortalmente enfermo! Metiéndome en la cárcel, no me humillarán a mí. Si lo hacen humillarán a todo el país, Suiza. Una Suiza en la cual se ha abolido la libertad de expresión. Una Suiza en la que se permite a una minoría del 0.6 por ciento de la población decidir qué se puede escribir, leer, decir o pensar es una Suiza muerta."

El hecho de que algunos de los libros por los que se acusaba a Graf y a Förster hubieran sido publicados antes de la promulgación de la ley de 1995 no fue considerado pertinente como atenuante. El veredicto, por supuesto, fue recurrido por el Dr. Urs Oswald, abogado de Graf. El 23 de junio de 1999 la corte del cantón de Aargau confirmó la sentencia, por lo que se apeló a una instancia superior, el Tribunal Federal en Lausana. La organización suiza "Verité et Justice", que dirigida por René-Louis Berclaz, Philippe Brennenstuhl y el propio Graf trabaja por la restauración de la libertad intelectual en Suiza, publicó la documentación del proceso con el título *Un proceso político a escaner. El caso de Jürgen Graf*, informe que fue traducido a varios idiomas. En abril de 2000, Graf supo que la apelación había sido rechazada y que su ingreso en prisión quedaba fijado para el 2 de octubre.

En aquellos días estaba ya comprometido con Olga Stepanova, una historiadora bielorrusa de Minsk. Ambos decidieron que no querían separarse tanto tiempo y Graf optó por el exilio. El 15 de agosto del año 2000, fecha en que cumplía 49 años, emigró a Irán, en cuya capital vivió hasta abril de 2001. Para un políglota como él, estudiar la lengua farsi durante los meses que estuvo en Teherán fue un divertimento. Finalmente, desde allí pasó a Rusia, donde se estableció tras casarse con Olga. Desde 2002 Graf y su esposa han vivido en Rusia, donde él se gana la vida traduciendo al alemán textos escritos en inglés, en ruso y en otras lenguas europeas. Además, por supuesto, en su empeño de denunciar la religión del Holocausto, la mentira que viene envenenando al mundo, sigue publicando libros: *Sobibor. Holocaust Propaganda and Reality*, publicado por Castle Hill Publisher, la editorial de Germar Rudolf, y *White World Awake!* Son quizá los dos últimos.

Gaston-Armand Amaudruz, un año de prisión para un octogenario

Nacido en Lausana, Gaston-Armand Amaudruz fundó y publicó en 1946 el *Courrier du Continent*, un boletín informativo escrito en francés. Amaudruz tenía sólo 28 años cuando cuestionó en su libro *Ubu Justicier au Premier Procés de Nuremberg* (1949) las aserciones sobre las cámaras de gas homicidas. Por tanto, puede decirse que fue uno de los primeros revisionistas. Amaudruz escribió que "el proceso de Nuremberg le había hecho comprender que la victoria de los Aliados era la victoria de la decadencia." Con Amaudruz, que en 1951 creó en Suiza el "Nuevo Orden Europeo", una organización nacionalista, anticapitalista y anticomunista, simpatizaron suizos tan relevantes como el también lausanés François Genoud, el financiero suizo que fue toda su vida un nacionalsocialista convencido. Defensor consagrado de la causa palestina y gran patrón de la OLP, Genoud fundó en 1958 la Banca Comercial Árabe en Ginebra. No en vano era conocido como "Sheik François" entre los árabes[9]. Genoud definió a Gaston-

---

[9] Existen pocos personajes tan extraordinarios y tan escasamente reconocidos como François Genoud. Las biografías que se han escrito sobre él no alcanzan a presentarlo adecuadamente porque sus autores demuestran poco coraje y/o mucha preocupación por ser políticamente correctos. Genoud, además de banquero y publicista, fue un eminente estratega internacional que se opuso con todos sus medios al Nuevo Orden Mundial. Acabada la guerra, desempeñó un papel esencial en el rescate de refugiados anticomunistas y nacionalistas que huían de la venganza de los judeo-comunistas que se adueñaron de media Europa. Ya en

Armand Amaudruz como "un tipo íntegro, racista, desinteresado, un hombre del pasado."

Fue precisamente a causa de dos artículos publicados en 1995 en el *Courrier du Continent* que Gaston-Armand Amaudruz fue denunciado. En uno de ellos había escrito: "Por mi parte, mantengo mi posición. No creo en las cámaras de gas. Dejemos que los exterminacionistas presenten la prueba y yo creeré en ellas. Pero como he estado esperando esta prueba durante décadas, no pienso que vaya a verla pronto." El juicio contra él fue posterior al de Jürgen Graf, quien mantenía una amistad personal con Amaudruz y aprovechó los diez minutos que le otorgó la jueza Staubli para reinvindicar al final de su intervención la figura de su amigo ante el tribunal de Baden:

> "Me gustaría cerrar mis observaciones citando a un amigo de la Suiza occidental, Gaston-Armand Amaudruz, contra quien se está preparando en Lausana un juicio similar al de aquí contra Förster y contra mí. En el número 371 de su boletín *Courrier du Continent*, Amaudruz escribe: "Como en los viejos tiempos históricos, tratar de imponer un dogma por la fuerza es un signo de debilidad. Los exterminacionistas podrán ganar juicios a través de leyes que amordazan la libertad de expresión. Pero perderán el juicio final ante el tribunal de futuras generaciones."

Poco antes del inicio de su proceso, en abril de 2000, Amaudruz escribió en el número 418 de su boletín un artículo intencionadamente provocativo, cuyo título era "¡Viva el revisionismo!". En él, volvía a denunciar el dogma intocable del Holocausto impuesto a la humanidad, aseguraba que se disponía a afrontar un juicio político y anunciaba: "Prefiero obedecer a mi conciencia antes que a una ley inmoral y criminal. Me mantengo en mis convicciones. ¡Larga vida al revisionismo!" Finalizada,

---

1936, François Genoud trabó una amistad de por vida con el Gran Muftí de Jerusalén, el líder espiritual de los musulmanes en Palestina. Con la fundación de la Banca Comercial Árabe, se puso al servicio de las finanzas de las causas nacionalistas árabes, que trataban de independizarse del imperio financiero de los Rothschild. Este hombre excepcional, de inteligencia privilegiada, luchó hasta el final contra el sionismo internacional y contra el imperio global.

pues, la larga instrucción del sumario, el 8 de abril de 2000 comenzó el juicio, cuyo veredicto fue dictado el día 10. La corte sentenció al acusado a un año de prisión por "negar" la existencia de las cámaras de gas homicidas en los campos de concentración alemanes durante la Segunda Guerra Mundial. El publicista y profesor retirado de 79 años fue considerado culpable de haber violado la Ley Antirracismo que considera un crimen "negar, minimizar groseramente o pretender justificar genocidio u otros crímenes contra la humanidad." Además del año de prisión en firme, la corte de Lausana impuso a Amaudruz la obligación de abonar 1.000 francos suizos a cada una de las partes personadas en la causa: la Federación Suiza de Comunidades Judías; la LICRA, que pese a estar radicada en París se había personado; la Asociación de Hijos e Hijas de Judíos Deportados de Francia; y un superviviente judío de un campo de concentración. También los costes del proceso y los derivados de la publicación de la sentencia en tres periódicos y en una gaceta oficial tuvieron que ser asumidos por el acusado convicto.

Tras el proceso, Gaston-Armand Amaudruz narró su experiencia judicial en un libro que incluía los informes inculpatorios. En septiembre de 2000, "Verité et Justice" publicó el texto en el tercer número de su boletín con el título *El proceso Amaudruz. Una farsa judicial.* De este modo, dicha organización colaboró en la divulgación de las crueldades del proceso contra un anciano disidente de 79 años. Las autoridades lo consideraron una nueva violación de la Ley Antirracismo y se querellaron contra Amaudruz y contra René-Louis Berclaz y Philippe Georges Brennenstuhl, cofundadores junto a Jürgen Graf de "Verité et Justice". En marzo de 2002, "Verité et Justice" fue disuelta por orden judicial. El 22 de mayo de 2002 la corte criminal de Veveyse, en el cantón de Friburgo, sentenció a Amaudruz y a Brennenstuhl a tres meses de prisión, y a Berclaz, a ocho meses.

Entretanto, una corte de apelación había reducido a tres meses la sentencia de abril de 2000 contra Gaston-Armand Amaudruz, quien en enero de 2003, con 82 años de edad y una salud ya muy precaria, ingresó en la prisión de Plaine de l'Orbe in

Vaud, en el cantón de Waadt, para cumplir la pena impuesta por la justicia suiza.

5. Principales víctimas de la persecución en Bélgica y Holanda

Siegfried Verbeke, luchador pertinaz por la libertad de expresión

Belga de origen flamenco, Siegfried Verbeke es uno de los revisionistas europeos más significados. Él y su hermano Herbert fundaron en 1983 el ya mencionado *Vrij Historisch Onderzook* (*Investigación Histórica Libre*), conocido por las siglas *VHO*, que se convirtió con los años en el principal centro de europeo de publicación de textos críticos con la historiografía oficial y con el dogma del Holocausto. Toda una gama variada de libros, folletos, panfletos y artículos en inglés, holandés, francés y alemán han sido publicados por *VHO*, que durante un tiempo editó también un boletín informativo. A partir de 1991, año en que Verbeke y Faurisson publicaron un libreto de 125 páginas sobre el fraudulento diario de Ana Frank, se desató una persecución que ha ido in crescendo con el paso del tiempo. Las instituciones gubernamentales, con el apoyo habitual de las acostumbradas organizaciones sionistas, han hostigado sin tregua a Verbecke, una y otra vez sentenciado a prisión y multado por su disidencia política y por sus opiniones siempre pacíficas. Las autoridades belgas, además, han venido confiscando durante años toneladas de libros y otros textos producidos por Verbeke, que han sido sistemáticamente destruidos.

La primera sentencia impuesta por un tribunal belga a Siegfried Verbeke llegó en 1992: por distribuir escritos que cuestionaban el Holocausto fue condenado a un año de prisión. Por fortuna, se produjo una suspensión del encarcelamiento; pero perdió por diez años sus derechos civiles y su derecho al voto. No obstante, los lobbies judíos prosiguieron el acoso y el mismo año 1992 la logia masónica B'nai B'rith, el Centro de Información y Documentación de Israel y la Fundación Ana Frank se adhirieron al Departamento Nacional para Combatir el Racismo y emprendieron una proceso civil contra Verbeke por la publicación de materiales entre los que figuraba el *Informe Leuchter*. A finales de año un tribunal holandés impuso a Verbeke la obligación de pagar 10.000 florines por cada uno de los textos. En 1993, La Fundación Ana Frank en los Países Bajos y el "Anne Frank Fund" en Suiza se querellaron contra Verbeke, Faurisson y un colega de ambos en *VHO* por la publicación del mencionado libreto sobre el diario de Ana Frank. En el escrito de acusación se incidía en que "durante años Ana Frank había sido un símbolo de los judíos víctimas del Holocausto, por lo que su nombre y su diario adquirían un valor adicional".

Si en 1995 se aprobó en Suiza la Ley Antirracismo, en Bélgica el Parlamento dio luz verde el mismo año a una nueva ley antirrevisionista que convertía en delito la puesta en entredicho de la versión oficial sobre el Holocausto. Según el nuevo texto legal, negar, minimizar o tratar de justificar el genocidio del régimen nacionalsocialista podía ser castigado con pena de hasta un año de cárcel y una multa. Se trataba de una legislación contra la libertad de expresión muy similar a la que ya existía en Francia y Austria. Ello venía a demostrar que la ofensiva contra el revisionismo estaba siendo impulsada tras el escenario por las fuerzas ocultas que tienen sometidas a las "democracias" títeres nacidas tras la guerra mundial. De hecho, con bastante anterioridad, el 23 de abril de 1982 *Jewish Chronicle* (Londres) había ya informado de que el Instituto de Asuntos Judíos de Londres, sucursal del Congreso Mundial Judío (World Jewish Congress) anunciaba una campaña de presión y persuasión a los gobiernos para que proscribieran la "negación del Holocausto". Las leyes antirrevisionistas por crímenes de pensamiento introducidas en varios países europeos reflejan el éxito de dicha iniciativa.

En 1996, Siegfried Verbeke comenzó a cooperar con un publicista revisionista alemán para crear una división de *VHO* en lengua alemana supervisada por Germar Rudolf. En septiembre de 1997 Germar Rudolf lanzó en internet la página web vho.org, que se convirtió en la mayor website revisionista del mundo. El 6 de noviembre de 1997, en el transcurso de un debate celebrado tras una mesa redonda en Antwerp (Bélgica), Verbeke repartió entre los asistentes cientos de copias de un libreto revisionista escrito por él mismo, *Goldhagen and Spielberg Lies* (*Las mentiras de Goldhagen y Spielberg*), que estaba teniendo muy buena aceptación[10]. Esta actividad, que se produjo tras el lanzamiento de *VHO* en internet, vino a ser la gota que colmó el vaso. En un artículo de 2004, el propio Germar Rudolf señaló "al bien conocido cazador de brujas belga Johan Leman", quien supuestamente se hallaba entre la audiencia en Antwerp, como la persona que presionó al Gobierno belga para que actuara contra Verbeke. Una serie de redadas en cuatro de sus locales se produjeron el 21 y 29 de noviembre de 1997 y el 7 de enero de 1998. Gran cantidad de libros y documentos fueron incautados y los almacenes quedaron sellados. A partir de esta experiencia, la división alemana de *VHO* se independizó a principios de 1998. Fue, pues, de este modo, para librarse de la persecución, como Castle Hill Publishers, la editorial de Germar Rudolf en Inglaterra, asumió la publicación de los textos en alemán. En 1998, la Fiscalía de Frankfurt presentó una querella criminal contra Siegfried Verbeke. La iniciativa había partido de Ignatz Bubis, máximo dirigente del Consejo Central de Judíos en Alemania. El motivo fue la distribución en domicilios alemanes de decenas de miles de ejemplares de la versión alemana de *Las mentiras de Goldhagen y Spielberg*. El folleto fue confiscado y destruido por orden de una corte de Múnich. El proceso judicial se prolongó dos años.

En cuanto a las querellas de las organizaciones judías por el asunto de Ana Frank, al final una sentencia de la Corte de Apelación de Amsterdam prohibió el 27 de abril de 2000 que *VHO* prosiguiera la edición y distribución del libreto de Verbeke y Faurisson que cuestionaba la autenticidad del supuesto diario de Ana Frank. Para acabar de consumar la jugada, en mayo de 2001,

---

[10] Daniel Goldhagen, cuyo padre había sido uno de los innumerables supervivientes del "Holocausto", había publicado en 1996 *Los verdugos voluntarios de Hitler*, obra en la que criminaliza a todos los alemanes, los cuales, según este judío estadounidense, no sólo sabían que se producía el exterminio, sino que lo apoyaban. Sobre Steven Spielberg y su *Lista de Schindler* pensamos que no se precisa comentario.

el Ministerio de Cultura de Bélgica ordenó a todas las librerías del país que retirasen de sus estantes las obas de Verbeke. Por lo tanto, todos los textos revisionistas fueron sacados de las tiendas y destruidos discretamente. Con este atropello incalificable contra la libertad de expresión, la epopeya de este publicista inabatible estaba alcanzando su punto álgido.

Durante 2002 la casa de Verbeke fue reiteradamente asaltada por la policía belga. El 12 de febrero de 2002, las autoridades belgas prohibieron oficialmente *Vrij Historisch Onderzook* y su apartado de correos quedó temporalmente confiscado. Los locales del editor fueron nuevamente registrados y él fue sometido a un intenso interrogatorio durante las veinticuatro horas que permaneció arrestado. En los meses siguientes, los almacenes donde Verbeke guardaba sus materiales recibieron continuas visitas de la policía. Por todo ello, Siegfried Verbeke decidió reorganizarse. Después de tomar nuevos apartados de correos, rebautizó su fundación con el nombre *Vogelvrij Historisch Onderzook* (*Investigación Histórica Proscrita*). La sección o división en francés se independizó y pasó a ser *Vision Historique Objective*. Meses más tarde, se levantó la confiscación de su antiguo apartado de correos y la organización de Siegfried Verbeke recuperó su nombre original y sus direcciones.

El 9 de septiembre de 2003, un tribunal de Antwerp sentenció a los dos hermanos Verbeke a un año de prisión y al pago de 2.500 euros. Ambos quedaron en libertad condicional y por segunda vez se privó a Siegfried Verbeke de sus derechos civiles por un periodo de diez años. El motivo de la condena había sido la distribución de materiales que "minimizaban el genocidio nazi contra los judíos". Sólo tres semanas más tarde, a finales del mismo mes de septiembre, la policía belga irrumpió por enésima vez en los locales de la editorial en busca de evidencias de que los materiales revisionistas que llevaban el nombre y la dirección de Verbeke estaban siendo distribuidos por él.

Un año más tarde, el 27 de noviembre de 2004, como consecuencia de una orden de arresto de las autoridades alemanas,

Verbeke fue detenido en su residencia de Kortrijk en Flandes. La Orden Europea de Detención y Arresto, introducida supuestamente con la excusa de combatir el terrorismo, es una resolución jurídica dictada por un Estado miembro de la Unión que se aplica en la mayoría de los países desde el 1 de enero de 2004. Estas órdenes suelen ejecutarse con total discreción y sin impedimento legal alguno. Alemania pidió enseguida la extradición a Bélgica, pero sorprendentemente un juez rechazó la demanda con el argumento de que Verbeke ya había sido condenado por los mismos crímenes en Bélgica en septiembre de 2003. De conformidad con la legislación belga una persona no puede ser imputada o enjuiciada dos veces por los mismos hechos.[11]

En cualquier caso, el acoso a Siegfried Verbeke no se interrumpió. El 4 de abril de 2005 un tribunal belga volvió a sentenciarlo a un año de prisión y a una multa de 2.500 euros por negar el genocidio de los judíos durante la Segunda Guerra Mundial. Puesto que apeló el veredicto, el ingreso en prisión quedó una vez más aplazado. Aprovechando su libertad, Verbeke trató de viajar con su novia filipina a Manila. Cuando el 4 de agosto de 2005 se disponía a abordar el avión en el aeropuerto de Schiphol, cerca de Amsterdam, la policía holandesa lo detuvo, ya que la orden europea de detención seguía siendo valida en Holanda. Es evidente que, como lamentó su abogado, Verbeke cometió un grave error, toda vez que si hubiera querido viajar desde Bruselas probablemente no habría sido detenido porque la demanda de extradición había sido rechazada por un magistrado belga.

Después de permanecer detenido durante tres meses en Holanda fue por fin extraditado a Alemania. Las autoridades holandesas ignoraron que Verbeke tenía nacionalidad belga y que

---

[11] Escandalosamente, en julio de 2005 el Tribunal Constitucional de Alemania, en respuesta a una petición española de extradición de un alemán de origen sirio sospechoso de implicación en el brutal atentado del 11 de marzo de 2004 en Madrid, dictaminó que la Orden Europea de Detención y Arresto era inválida en Alemania. El Tribunal Constitucional alemán argumentó que un ciudadano alemán tiene derecho a un veredicto en tribunales alemanes. Por ello, las autoridades germanas liberaron al supuesto terrorista.

un juez de Bélgica había fundamentado perfectamente las razones por las que no concedía la extradición a Alemania. Naturalmente, Verbeke luchaba contra los impostores de la historia y era mucho más peligroso que cualquier terrorista requerido por la policía española por supuesta participación en el asesinato de unas doscientas personas. En Alemania, donde se acabada de denegar la extradición a España del sospechoso alemán de origen sirio, mantuvieron a Verbeke medio año encerrado en una celda de aislamiento en la prisión de Heildelberg. De repente, no sabemos por qué, se le permitió salir bajo fianza. En total, sin haber sido condenado ni en Holanda ni en Alemania, Siegfried Verbeke estuvo nueve meses encarcelado por ser un revisionista peligroso.

De vuelta en Flandes, en noviembre de 2006 fue otra vez detenido en su casa de Kortrijk. El motivo del nuevo arresto parece ser que fue el cumplimiento de una sentencia anterior de un tribunal belga. En esta ocasión fue encarcelado en Bélgica. Verbeke expresó a sus amigos que confiaba recuperar la libertad en julio de 2007. La última condena de Verbeke que conocemos se produjo el 19 de junio de 2008. Hemos visto ya en las páginas sobre Vincent Reynouard que la Corte de Apelación de Bruselas los condenó a ambos en firme a un año de prisión y a 25.000 euros de multa por la publicación de textos negacionistas que cuestionaban crímenes contra la humanidad. Puesto que ninguno de los dos hizo acto de presencia, las autoridades belgas dictaron orden de arresto nacional y se aprestaron a preparar la orden de detención europea.

A punto de concluir estas páginas sobre Siegfried Verbeke, hemos sabido que el periódico en lengua flamenca *De Morgen* publicó el sábado 9 de enero de 2016 en su suplemento *Zeno* una extensa entrevista de tres páginas al revisionista belga. En ella, inamovible, Verbeke insistía en que las únicas cámaras de gas en Auschwitz eran aquellas que se utilizaban para desinfectar las ropas de los detenidos. El periodico mensual *Joods Actueel* (*Actualidad Judía*), publicación de Antwerp que mantiene una actitud beligerante contra todo aquello que se mueve en contra de Israel, ha puesto a *De Morgen* en el punto de mira por haber acogido en sus páginas a un "apestado" como Verbeke. Según informa la prensa belga, estos sionistas están dispuestos a querellarse contra el periódico flamenco. Michael Freilich, editor y propietario del periódico judío, informó a la *Jewish Telegraphic Agency* que había presentado una demanda contra *De Morgen* y Verbeke ante la ICKG (Centro Interfederal para la Igualdad de Oportunidades y la Lucha contra el Racismo). Freilich declaró que "*De Morgen* es a todos los efectos un cómplice de esta ofensa y debería responder por sus actos." Según Freilich, funcionarios de dicho organismo estatal le habían asegurado que estaban estudiando emprender acciones legales. Por su parte el alcalde de Antwerp, Bart de Wever, se apresuró a apoyar la iniciativa.

6. Víctimas principales de la persecución en España

En España, los casos más descarados de persecución política a los revisionistas y de sumisión al sionismo en los tribunales de justicia se dan en Cataluña. Allí, por ejemplo, Pilar Rahola, definida como "basura sionista" por Antonio Baños, diputado de la CUP en el Parlament de Catalunya tras las elecciones autonómicas de 2015, se exhibe de manera impúdica, con desvergüenza absoluta, en los numerosos medios de comunicación que le ofrecen un día sí y otro también sus platós y micrófonos. Dirigente durante años de Equerra Republicana de Catalunya, partido de honda tradición masónica a lo largo de su historia, Rahola admitió en una entrevista a un medio digital independentista sus contactos con Israel. Cuando el periodista le preguntó si trabajaba de enlace entre el presidente de la Generalitat, Artur Mas, y el Gobierno sionista, su contestación fue esta: "la mejor respuesta que os puedo dar es que no os la doy. Permitidme que estas cosas queden en el terreno de la confidencialidad. No enseñaremos todas las cartas." Cuando el periodista replicó: "entiendo que sí que se trabaja", Rahola confirmó: "Hay informaciones demasiado sensibles para darlas... Trabajamos mucho y hablamos poco". Es, pues, incuestionable, que el sionismo tiene en Cataluña un terreno bien abonado en el que se mueve con arrogancia gracias a la aquiescencia y el servilismo bochornoso de los medios de comunicación y a la complicidad de ciertos políticos independentistas.

En España, el caso más descarnado, la injusticia más sangrante, se ha cometido contra un librero y editor barcelonés, Pedro Varela, cuya lucha digna y honesta es conocida en todos los ambientes revisionistas internacionales. Su caso, sin embargo, no es el único, otros libreros y editores radicados en Cataluña han sido también víctimas del hostigamiento. Ramón Bau, Óscar Panadero, Carlos García y Juan Antonio Llopart son otros nombres que deben aparecer en este apartado, pues han sido perseguidos por publicar libros revisionistas o por opinar sobre temas políticos pohibidos que guardan relación con el revisionismo. Así, pues, dedicaremos el primer apartado de la persecución en España a Pedro Varela y a continuación presentaremos los otros casos.

Pedro Varela, un librero honrado víctima del odio y la intolerancia sectaria

Sobre Pedro Varela escribiremos adecuadamente. Puesto que nuestra obra nace en España, conocemos sus penalidades perfectamente, hemos tenido acceso a información suficiente y podemos explicar el caso como merece. Su nombre está asociado a CEDADE (Círculo Español de Amigos de Europa), una organización de ideología nacionalsocialista creada en Barcelona en 1966. El primer congreso de este grupo se celebró en 1969 y Jorge Mota fue su primer presidente y a la vez director de la revista *CEDADE*. Durante estos primeros años fue creciendo la militancia y la organización se extendió por todas las regiones españolas con cincuenta delegaciones. Las agrupaciones de Cataluña llegaron incluso a exhibir la "senyera" catalana durante los años del franquismo. Pedro Varela accedió a la presidencia de CEDADE y a la dirección de la publicación en 1978.

Poco a poco las ideas revisionistas fueron convirtiéndose en base fundamental del ideario de Varela y de la organización que presidía. Contactó con Robert Faurisson y propició la publicación de un extracto del libro esencial de Arthur R. Butz. Asimismo, otros autores próximos al Institute for Historical Review, así como publicaciones y textos del IHR, fueron traducidos e introducidos en España gracias a CEDADE. En 1989, por ejemplo, CEDADE publicó en España el explosivo *Informe Leuchter* prologado por David Irving. Uno de los últimos actos de CEDADE tuvo lugar en Madrid en 1992, a donde confluyeron algunas personalidades revisionistas para reclamar el derecho irrenunciable de la libertad de expresión. Al encuentro asistieron Gerd Honsik, Thies Christophersen y otros perseguidos en sus países por opinar libremente. Debe considerarse que a estas alturas ya se habían celebrado los dos juicios contra Ernst Zündel en Toronto y que en Alemania las cosas iban de mal en peor. Finalmente, también en

España fue creándose un nuevo marco legal similar al que se iba forjando en Europa, por lo que Pedro Varela anunció su renuncia a la presidencia de CEDADE y en octubre de 1993 la organización acabó desapareciendo.

Durante la década de 1980, Pedro Varela había ido comprometiéndose más y más con el revisionismo histórico, por lo que en 1988 llegó a viajar a Canadá para asistir en Toronto al segundo juicio contra Zündel. Allí se encontró con Faurisson, Irving, Zündel y otros revisionistas y tuvo ocasión de conocer personalmente a Fred Leuchter. También por estas fechas protagonizó junto a David Irving un acto de protesta en Berlín ante la sede de la televisión alemana. Con carteles en las manos en los que rezaba la inscripción "Historiadores alemanes, mentirosos y cobardes", Varela e Irving se pusieron al frente de un grupo reducido de manifestantes que exigían el fin de la falsificación de la historia. Eran los años en que el revisionismo había logrado el éxito decisivo que supuso el peritaje del ingeniero Leuchter en Auschwitz. Al mismo tiempo, los enemigos de los revisionistas y de la verdad histórica se estaban radicalizando: como sabemos en 1989 Robert Faurisson fue víctima del atentado cobarde perpetrado por terroristas judíos, que le propinaron una paliza de muerte.

En marzo de 1991 Pedro Varela habló en alemán en el "Leuchter Kongress", un encuentro celebrado al aire libre en Múnich que había sido organizado por Ernst Zündel. El 25 de septiembre de 1992, con treinta y cinco años, ideales, firmes convicciones, y mucha ilusión en su mochila, fue arrestado en Austria, país que visitaba en el contexto de una gira por Europa. El motivo de la detención fue que en una visita anterior había pronunciado un discurso elogioso de la política de Hitler. La policía lo puso a disposición judicial y acabó encarcelado en la prisión de Steyr, un antiguo monasterio cisterciense, por el delito de propagar el nacionalsocialismo. Su correspondencia fue controlada. Antes de entregarle las cartas, eran traducidas al alemán con el fin de adjuntarlas al dossier del juicio por si podían servir como elementos inculpatorios. Estuvo tres meses entre rejas antes de ser presentado el miércoles 16 de diciembre de 1992 ante un tribunal con tres jueces y un jurado de ocho personas. Finalmente, fue sorprendentemente absuelto, pues se llegó a la conclusión de que el acusado no conocía las leyes austríacas, razón por la cual no podía saber que estaba delinquiendo cuando expresaba su opinión sobre una figura histórica.

En comparación con Austria o Alemania, España seguía siendo un oasis de libertad de expresión en una Europa cada vez más condescendiente con los lobbies judíos. En 1995, año en que Suiza y Bélgica promulgaron leyes antirraciales que pretendían combatir el "odio" y la "negación del Holocausto", España emprendió por fin el mismo camino. El 11 de mayo de 1995 el Parlamento aprobó una revisión del Código Penal con el fin de equiparar la legislación española a la de ciertas naciones de Europa. En el preámbulo, la ley se justificaba así: "La proliferación en varios países europeos de incidentes de violencia racista y antisemítica, llevados a cabo bajo banderas y símbolos de ideología nazi, obliga a los Estados democráticos a emprender acciones decisivas para luchar contra..." Hemos apuntado ya que las leyes contra el "odio" y la "negación del Holocausto" en Europa no eran una consecuencia de la expresión espontánea o de la indignación justificada de la gente, sino el resultado de una campaña prefabricada y bien organizada al servicio del sionismo. Tres años más tarde, en junio de 1998, la Asociación Internacional de Juristas y Abogados Judíos volvió a pedir nuevas y más severas leyes contra el revisionismo del Holocausto.

En 1991, cuatro años antes de que España se sometiera a las presiones exteriores para modificar su legislación, Pedro Varela había abierto en el número 12 de la calle Séneca las puertas de la Librería Europa. Desde allí trató de trabajar honradamente vendiendo libros; pero el fanatismo y la intolerancia de los adalides de la "libertad de expresión" no iban a permitirlo: las pintadas con insultos en las paredes y cristaleras del establecimiento han sido desde entonces una constante y el comercio ha sido asaltado en varias ocasiones. Todo comenzó cuando en mayo de 1995, el mismo mes en que el Parlamento español aprobó la modificación del Código Penal, una autodenominada "Plataforma Cívica Ana Frank" trató de cambiar el nombre de la calle Séneca por el de la infortunada niña judía fallecida en Bergen-Belsen. Curiosamente, el Ayuntamiento de Bergen había denegado con anterioridad que se pusiera el nombre de Ana Frank a una escuela y posteriormente se opuso también a que la calle que conduce al monumento recordatorio del campo llevara el nombre de la niña.

Esta mal llamada plataforma cívica entre el 12 de mayo de 1995 y el otoño de 1996 se dedicó a recoger firmas y a presionar a las doscientas treinta familias que vivían en la calle Séneca con la petición de que apoyaran el cambio de nombre de la calle. Los promotores no ocultaron que el fin de la campaña era "boicotear las actividades de la librería Europa". Todo un ejemplo de respeto a la libertad de expresión (la suya, claro). Los grupos cívicos y, por supuesto, democráticos que formaban parte de la plataforma eran los habituales de izquierda y extrema izquierda. La calle Séneca perdió su tranquilidad y el vecindario tuvo que soportar demostraciones de violencia e intolerancia democráticas, i. e. pintadas con insultos, piedras, cócteles Mólotov, etc. Pedro Varela, con objeto de ofrecer a los vecinos y a la opinión pública en general información que pudiera ser contrastada con la que facilitaban los promotores del cambio de nombre de la calle, publicó en forma de carta circular un texto que había escrito mientras cursaba estudios de Historia Contemporánea en la Universidad. Se trataba de un texto que ofrecía con exactitud rigurosa una visión de conjunto o síntesis de los trabajos de Faurisson, Verbeke, Felderer e Irving sobre la falsificación literaria más fructífera y rentable del siglo XX. En dicho texto, el único escrito por Varela entre todos los presentados contra él por los Mossos d'Esquadra y la Fiscalía, no puede hallarse ninguna prueba de odio contra nadie.

El 12 de diciembre de 1996, la policía catalana irrumpió en la Librería Europa. La hermana de Pedro Varela estaba trabajando en la tienda y su hija jugaba en un patio trasero del local. Los mossos se apoderaron de unos 20.000 libros, además de publicaciones periódicas, revistas, posters, vídeos... Posteriormente, Varela fue detenido en su domicilio familiar. La operación que, según informó El País, llevaba gestándose tres meses, fue ordenada a instancias de José María Mena, que en 1996 fue nombrado fiscal jefe de la Fiscalía del Tribunal Superior de

Justicia de Cataluña. Este jurista "progresista" que había sido en los años 70 militante del PSUC (comunistas catalanes), opinó que Varela "perseguía el odio y no una ideología".

La información que el 13 de diciembre de 1996 apareció en *El País*, diario próximo a los socialistas españoles, fue un ejemplo de falta de objetividad: tras echar flores a los Mossos d'Esquadra por haber tenido el honor de ser "el primer cuerpo policial en España en detener a una persona por apología del genocidio", el periódico decía que la Librería Europa era un "centro de venta y distribución de libros nazis editados en países suramericanos". Después, aseguraba que los vecinos del barrio de Gracia acogieron la detención con satisfacción y que el Ayuntamiento estudiaba comparecer en la causa como acusación particular. Culminaba confirmando que la Plataforma Cívica Ana Frank, la coordinadora Gay-Lesbiana, la Asociación Amical Mauthausen y SOS Racismo estaban todos muy satisfechos porque habían desmantelado "una trama neonazi que utilizaba la librería como tapadera."

La instrucción del proceso se demoró casi dos años porque muchos de los libros incautados estaban en inglés, alemán y francés, por lo que la Fiscalía insistió en traducirlos para averiguar qué parte de sus contenidos violaban la ley. Finalmente, el titular del Juzgado de lo Penal n° 3 de Barcelona, Santiago Vidal, fijó el viernes 16 de octubre de 1998 para el inicio del primer juicio en España por apología del genocidio e incitación al odio racial. Tan pronto se supo la fecha, los promotores de Ana Frank, convertidos ya en Plataforma Cívica contra la Difusión del Odio, convocaron una concentración contra Pedro Varela ante el edificio de los juzgados. Apoyaban la manifestación la logia B'nai B'rith, la Comunidad Israelita de Barcelona, la Fundación Baruch Spinoza, la Liga Antidifamación, Maccabi Barcelona, Asociación Judía Atid de Cataluña, Asociación de Relaciones Culturales Cataluña-Israel, Amical Mauthausen, Coordinadora Gai-Lesbiana, Sos Racismo y Unión Romaní. Los participantes llevaban ataúdes de cartón y velas en recuerdo de las víctimas. Evidentemente, la finalidad de montar un espectáculo en la calle era ejercer presión social y política.

Las dos sesiones del juicio se celebraron los días 16 y 17 de octubre. Asistió en calidad de observador Shimon Samuel, presidente del Centro Wiesenthal de Europa, que iba escoltado por agentes y acompañado de cámaras de la televisión israelí. "Este proceso -declaró- es una oportunidad histórica para que España se sume a la jurisprudencia europea y condene al padrino español del neonazismo." El fiscal citó una treintena de obras vendidas en la Librería Europa que elogiaban el Tercer Reich y sus políticas o que presentaban argumentos revisionistas sobre el tema del Holocausto. En la causa contra Varela se habían presentado para ejercer la acción popular la Comunitat Jueva Atid (futuro) de Catalunya, SOS Racismo y la Comunidad Israelí de Barcelona. Los dos abogados de Varela dejaron claro desde el principio que la ley bajo la cual se juzgaba a su cliente era inconstitucional, por lo que pidieron la suspensión y anulación del proceso. Durante más de cuatro horas se interrogó al librero, quien rechazó los cargos: "Nunca he provocado odio racial", dijo ante la corte, y añadió que como historiador "tenía la obligación moral de decir la verdad". En cuanto al revisionismo declaró: "En mi opinión, la revisión de la historia es necesaria porque es un tema abierto y todo está sujeto a revisión. Los historiadores deben ser escépticos con respecto a todo y deben también revisar cuanto se ha dicho hasta ahora." En relación a los libros de su librería, explicó que no podía conocer los contenidos que albergaban los 232 títulos que tenía en su comercio y que no estaba obligado a ello. Señaló que en su establecimiento vendía libros de distintas ideologías y entre los autores mencionó al nacionalista vasco Sabino Arana, a Francisco de Quevedo y citó también *El Capital* de Marx. En cuanto al texto sobre Ana Frank, reconoció su autoría. En su declaración final dijo: "Me ha tocado hacer el papel de malo de esta película como chivo expiatorio de una 'alarma social' (expresión utilizada por el fiscal) creada deliberadamente. Condeno, repruebo y ataco cualquier forma de genocidio. No soy genocida ni he asesinado a nadie. Nunca he deseado el genocidio de nadie ni el asesinato de ninguna minoría étnica o religiosa."

La acusación pública, que recordó que los hechos juzgados eran delito en la Unión Europea, pidió dos años de prisión por apología del genocidio y otros dos por incitación al odio racial.

Ello, a pesar de que el apartado segundo del artículo 607 del nuevo Código Penal estipulaba que los delitos contemplados en dicho artículo se castigarían "con la pena de prisión de uno o dos años". Por su parte, Jordi Galdeano, el abogado de SOS Racismo y de la Comunitat Jueva Atid de Catalunya, solicitó un condena ejemplarizante de ocho años de cárcel. "Lo que es delito y constituye un riesgo para la democracia -dijo- es la divulgación de una ideología que desprecia a ciertos colectivos." El 16 de noviembre de 1998 el tribunal declaró a Varela culpable de incitación al odio racial y culpable asimismo por haber negado o justificado el genocidio. En consecuencia, el juez Santiago Vidal[12],

---

[12] El juez Santiago Vidal, que pertenecía a la asociación "progresista" Jueces para la Democracia, es hoy un personaje famoso en España. Sus relaciones con SOS Racismo quedaron en evidencia cuando en septiembre de 2013 el Consejo General del Poder Judicial le prohibió que colaborase con esta ONG, puesto que era incompatible con sus funciones de juez. En abril de 2014 trascendió que Vidal, comprometido hasta la médula con el nacionalismo separatista catalán, estaba redactando una Constitución para Cataluña, lo cual vulneraba la Constitución española, pues Cataluña es una comunidad con un Estatuto de Autonomía. Una vez más, el Consejo General del Poder Judicial lo citó para recordarle las limitaciones de su labor jurisdiccional. Vidal emitió un comunicado donde aseguraba que su labor era "por iniciativa propia altruista, sin que existiera encargo oficial de ninguna institución pública o privada". Negaba "intencionalidad política" y proclamaba su independencia e imparcialidad. En octubre de 2014, el Poder judicial le abrió un expediente disciplinario y apuntó a una suspensión cautelar, "dada la extrema relevancia de los hechos y a la evidente proyección pública y social". En enero de 2015, después de haber dicho que actuaba con independencia, imparcialidad y sin "intencionalidad política", este juez delirante presentó el borrador de la Constitución catalana y declaró textualmente: "Tengo un sueño: ver el nacimiento de la república catalana como juez". En febrero de 2015, el Consejo General del Poder Judicial lo suspendió por tres años, sanción que implicaba la pérdida de su plaza en la Audiencia de Barcelona. Convertido en un mártir para los secesionistas, en marzo de 2015 trascendió la noticia de que el presidente Artur Mas lo incorporaba al Gobierno de la Generalitat para "planificar" y "diseñar" las estructuras de Estado vinculadas al ámbito judicial. Vidal, sin niguna intencionalidad política, por supuesto, se dedicó entonces a reclutar a los 250 jueces que empezarían a ejercer en una Cataluña independiente, lo que motivó que el Tribunal Superior de Justicia de Cataluña reclamase a la Generalitat que actuase contra Vidal, pues entendía que se estaba "socavando la confianza colectiva en el Poder Judicial". Se supo entonces que el Departamento de Justicia de la Generalitat había formalizado un contrato de tres años a Vidal como personal eventual. Finalmente, Vidal renunció al contrato para presentarse al Senado como cabeza de lista por Esquerra

que en su sentencia se refirió a Varela como "un licenciado universitario con brillante expediente académico experto en materias de revisionismo histórico", lo sentenció a cinco años de prisión y a pagar una multa de 720.000 pesetas. Además, obligó a Varela a entregar el pasaporte y a comparecer cada més en el juzgado. En cuanto a los 20.000 libros, se ordenó que fueran quemados, a pesar de que sólo treinta obras de las cerca de doscientas incautadas violaban la ley. La condena, severísima, superaba lo previsto en el artículo 607.2 del Código Penal, lo que llevó a Galdeano a expresar su "íntima satisfacción". Pedro Varela, por su parte, declaró que era "una sentencia política y una tremenda injusticia" y recordó que durante dos años, desde el registro policial a su librería hasta la celebración del juicio, se había creado una terrible presión. El 10 de diciembre de 1998, los abogados de Pedro Varela apelaron el veredicto y la sentencia, por lo que pudo evitar el ingreso en prisión en espera de la resolución de la corte de apelación.

Por si no se había ya ocasionado bastante daño al librero y a su actividad comercial durante dos años, se convocó una manifestación para el sábado 16 de enero de 1999 bajo los lemas: "Cerremos la librería Europa, jóvenes y trabajadores en lucha contra el fascismo." "Contra el fascismo: Cerremos la librería nazi." Dos días antes, el jueves 14 de enero, Maite Varela, la hermana de Pedro que trabajaba en el establecimiento, avisó a la Policía Nacional sobre lo que se estaba preparando y sobre el riesgo de que se produjera un ataque. El mismo día 16, sobre las 13:15 horas, se realizó una llamada a la policía autonómica y se explicó la situación al Departamento de Denuncias. A las 20:00 horas del sábado 16, amigos o conocidos de la Librería Europa denunciaron al 091 que la manifestación se dirigía hacia la calle Séneca. A las 20:30 se produjo el asalto a la librería. Para poder entrar y destrozar el comercio fue preciso reventar las persianas de

---

Republicana de Catalunya. Siendo ya senador, en enero de 2017 desveló que la Generalitat había obtenido ilegalmente los datos fiscales de los catalanes, que las autoridades separatistas tenían ya una selección de jueces afines con el fin de depurar a los adversarios, y que un país no europeo (Israel) adiestraba a una unidad de los Mossos en tácticas de contraespionaje. ERC lo obligó a dimitir.

entrada. Parte de los manifestantes se encapucharon, penetraron en el local y comenzó la destrucción: lunas, vitrinas, expositores, puertas, estanterías, fotocopiadoras, teléfono, extintor, escaleras, incluso algunas baldosas. Todo quedó arrasado. Una vez volcados los muebles, amontonaron los libros en el suelo con intención de quemarlos en el interior. Al final, optaron por lanzar a la calle unos trescientos volúmenes y les prendieron fuego sobre el asfalto. Lógicamente, algunos vecinos, que asistían asustados a las escenas de violencia, realizaron nuevas llamadas de auxilio, pero ningún cuerpo policial se presentó. En cuanto a la Guardia Urbana que escoltaba a los manifestantes, se retiraron cuando comenzó el asalto a la librería.

El País, adherido desde el principio al linchamiento público de un hombre que se defendía solo contra casi todos, dio la noticia con este titular: "Manifestación de 1.600 jóvenes para pedir el cierre de la librería Europa". En el cuerpo de la noticia se decía: "La protesta discurrió pacíficamente, pero al llegar a la librería un grupo de manifestantes quemó unos libros que habían sacado del establecimiento, que sufrió pequeños destrozos." Naturalmente, la noticia no iba ilustrada con fotografías, pues sólo una hubiera bastado para ver cómo quedó la librería tras sufrir "pequeños destrozos". En una conocida expresión, Lenin calificó como "tontos útiles" a quienes son utilizados como instrumentos para una determinada causa o política. Parece evidente que los individuos que se encapucharon y arrasaron la librería eran terroristas políticos, probablemente pagados, que iban entre los "tontos útiles" disfrazados de "pacíficos manifestantes" al servicio del poder real.

Para acabar de consumar la vergonzosa actuación de las fuerzas del orden, el juzgado de guardia desestimó la denuncia al entender que no se conocía a los culpables. Sin embargo, cámaras de televisión filmaron a los agresores y el Ayuntamiento tenía los nombres de las dos docenas de grupos que participaron en la manifestación: Assemblea d'Okupes de Terrassa, Assamblea Llibertària del Vallés Oriental, Associació d'Estudiants Progressistes, Departament de Joves de CC.OO., Esquerra Unida i Alternativa, Federació d'Associacions de Veïns de Barcelona,

Joves Comunistes, Joves Socialistes de Catalunya, Maulets, Partido Obrero Revolucionario, Partits dels Comunistes de Catalunya, PSUC viu, Amical de Mauthausen... Hasta veintitrés asociaciones figuraban en el escrito de denuncia que presentó Pedro Varela ante un juzgado ordinario el 10 de febrero de 1999. En la denuncia se adjuntaba una relación de los daños peritados y el valor estimado de los mismos, que ascendía a 2.815.682 pesetas en "pequeños destrozos".

Por fin, el 30 de abril de 1999 llegó una estupenda noticia para Pedro Varela: por decisión unánime, los tres jueces de la Sección Tercera de la Audiencia Provincial de Barcelona, presididos por la jueza Ana Ingelmo, estimaban pertinente el recurso presentado por el letrado José María Ruiz Puerta y cuestionaban la sentencia del juez Santiago Vidal. Al considerar que vulneraba el derecho a la libertad de expresión, planteaban elevar el asunto al Tribunal Constitucional en Madrid. Los tres jueces consideraban que dudar del Holocausto no puede ser considerado delito según la Constitución española. En lugar de pronunciarse sobre la condena, reflejaban en su escrito de resolución todas las dudas sobre la constitucionalidad del artículo 607.2 del nuevo Código Penal. Los jueces de la Audiencia Provincial argumentaban que el artículo por el que había sido condenado Varela entraba en conflicto con el artículo 20 de la Constitución, que defiende el derecho a expresar y difundir libremente los pensamientos, las ideas y opiniones mediante la palabra, escritura o cualquier otro medio de reproducción. Como era de esperar, las acusaciones reaccionaron enrabietadas. El intrépido Jordi Galdeano decidió no quedarse corto y sentenció que la decisión del tribunal "atentaba contra el sistema democrático". Es decir, cuando en lugar de jueces y fiscales afines se encontraban con magistrados verdaderamente independientes, éstos eran acusados de poner en peligro las libertades. El abogado de Amical Mauthausen, Mateu Seguí Parpal, calificó de "impresentable" al tribunal que dudaba de la criminalidad de Pedro Varela.

El Tribunal Constitucional, sin embargo, antes de admitir a trámite la consideración de la constitucionalidad planteada por los magistrados de la Sección Tercera de la Audiencia, exigió como requisito formal previo que la Audiencia de Barcelona tramitara primero el recurso contra la condena, por lo que la Sala de la Sección Tercera señaló entonces la fecha de 9 de marzo de 2000 para la vista del recurso. Una semana antes, la magistrada ponente, Ana Ingelmo, fue recusada por SOS Racismo, que la denunció ante la Fiscalía por prevaricación y solicitó que se abstuviera en el caso. La Sala estimó la recusación y acordó el cambio de ponente, por lo que ordenó la suspensión de la vista oral y tramitó la recusación en pieza separada. El 19 de junio de 2000 un Auto de la Sección Séptima de la Audiencia Provincial de Barcelona desestimó la recusación.

Por fin se señaló el 13 de julio para la celebración de la vista oral. Varela no asistió porque estaba en Austria. Su abogado calificó de "escandalosa" la sentencia de cinco años de cárcel. Por contra, la fiscal Ana Crespo y las acusaciones particulares solicitaron a la Audiencia que confirmase la pena impuesta al propietario de Librería Europa. En definitiva, por Auto de 14 de septiembre de 2000 la Sección Tercera de la Audiencia Provincial planteó de nuevo la cuestión de inconstitucionalidad. Pedro Varela siguió en libertad condicional y el caso quedó pendiente de la sentencia del Tribunal Constitucional. Defensores de la libertad de expresión y revisionistas de todo el mundo consideraron que en España se había logrado una victoria, por lo menos temporal, y quedaron a la espera de la resolución del alto tribunal, que iba a tardar siete años en emitir la esperada sentencia.

Durante este periodo temporal, Pedro Varela prosiguió sus actividades como librero y como editor con la Asociación Cultural Editorial Ojeda, que había fundado a comienzos de 1998. La Librería Europa, además, comenzó a organizar conferencias en sus locales, con frecuencia pronunciadas por autores revisionistas que acudían desde el extranjero. De repente, el lunes 10 de abril de 2006, la policía autonómica catalana irrumpió de manera inesperada en los locales de la Librería Europa. A las 9:30 de la mañana una quincena de policías enmascarados comenzaron un registro que se prolongó hasta las cinco de la tarde. Unos seis mil libros valorados en más de 120.000 euros fueron secuestrados. Además, los funcionarios de la policía política de la Generalitat sacaron del local ocho cajas grandes repletas de documentación, cientos de carpetas y miles de fotos y diapositivas, catálogos preparados para ser enviados y trece mil programas de conferencias. Los seis ordenadores que contenían decenas de libros corregidos, maquetados y preparados para la edición quedaron confiscados. En estos ordenadores había también toda la información sobre clientes y amigos de la empresa editorial y de la librería. Los discos duros, las copias de seguridad, las libretas de ahorro, las cuentas bancarias, los talonarios de la librería, contratos personales y empresariales fueron asimismo confiscados. Por si no había suficiente, los "mossos" se llevaron las fotografías enmarcadas que recordaban actos de la época de CEDADE y hasta las banderas de las comunidades autónomas que, junto a la senyera catalana, adornaban la sala de conferencias.

Pedro Varela fue detenido. Una vez en comisaría, lo obligaron a desnudarse para pasar el registro y luego lo encerraron en una celda. Posteriormente pasó a "tocar el piano", que en la jerga carcelaria significa entintar los dedos para tomas las huellas dactilares, y fue fotografiado de cara y de perfil con el número de delincuente. Se le comunicó que en esta ocasión el motivo de su detención era que la Editorial Ojeda publicaba libros "contrarios a la comunidad internacional", libros que atentaban "contra las libertades públicas y los derechos fundamentales". Es decir, en una "democracia" donde la libertad de expresión, de difusión y de comunicación pasa por ser una seña sacrosanta de identidad, la edición y venta de libros quedaba convertida en una actividad criminal porque las ideas encerradas en los textos eran "contrarias a la comunidad internacional". Si no fuera todo tan serio y tan patético, sería para desternillarse de risa.

Dos días después de su detención, Varela quedó en libertad con cargos. Se le imputaron delitos contra una entelequia llamada comunidad internacional, contra el ejercicio de los derechos fundamentales y contra las libertades públicas por apología del genocidio. El subjefe de la Comisaría General de Investigación Criminal, Juan Carlos Molinero, explicó a los medios de comunicación que la operación no había estado dirigida contra la librería, ya investigada en los años 90, sino contra la Editorial

Ojeda, por lo que no se cerraba ni el local ni su página web. En realidad fue una argucia "legal" para poder actuar de nuevo contra Varela.

Puesto que estamos historiando los hechos protagonizados por Pedro Varela, víctima del mayor atentado contra la libertad de expresión y de publicación perpetrado en la España "democrática", es pertinente anotar que el poder en Cataluña en abril de 2006 estaba en manos de un gobierno conocido como el tripartito, surgido tras la firma del llamado Pacto del Tinell. Presidido por el socialista Pasqual Maragall, los partidos que formaban parte de él eran el Partit dels Socialistes de Catalunya (PSC), Iniciativa per Catalunya Verds-Esquerra Unida i Alternativa (vástagos de los comunistas del PSUC) y Esquerra Republicana de Catalunya (cuyo emblema, según admiten sus dirigentes, es un triángulo masónico). Este Gobierno fue, pues, el responsable político de la persecución en España de un empresario por editar libros "contrarios a la comunidad internacional", la mayoría de los cuales se publicaban en casi toda Europa sin ningún problema.

Como es sabido, cuando se quiere criminalizar a un dirigente que en algún lugar del mundo se opone a los designios de las marionetas cooptadas que figuran al frente de los países poderosos que desencadenan las guerras, éstos se atribuyen la representación de la "comunidad internacional". Entonces, el Estado o nación que no se somete, es acusado de "desafiar a la comunidad internacional". En el caso inaudito que venimos relatando, entendemos que existiría un índice de libros prohibidos cuyos contenidos atentan contra una abstraccción inconcebible denominada comunidad internacional.

El 7 de noviembre de 2007 el Tribunal Constitucional emitió por fin la STC 235/2007, la sentencia sobre la cuestión de inconstitucionalidad planteada por la Sección Tercera de la Audiencia Provincial respecto al artículo 607, párrafo segundo, del Código Penal. El ponente fue el magistrado Eugeni Gay Montalvo. El fallo, después de plantear por extenso los fundamentos jurídicos, decía textualmente:

"En atención a lo expuesto, el Tribunal Constitucional, por la autoridad que le confiere la Constitución de la nación española, ha decidido estimar parcialmente la presente cuestión de inconstitucionalidad, y en consecuencia:

1º Declarar inconstitucional y nula la inclusión de la expresión 'nieguen o' en el primer inciso artículo 607.2 del Código Penal.

2º Declarar que no es inconstitucional el primer inciso del artículo 607.2 del Código Penal que castiga la difusión de ideas o doctrinas tendentes a justificar un delito de genocidio, interpretado en los términos del fundamento jurídico 9 de esta Sentencia.

3º Desestimar la cuestión de inconstitucionalidad en todo lo demás.

Publíquese esta sentencia en el Boletín Oficial del Estado

Dada en Madrid, a siete de noviembre de dos mil siete."

Es decir, a partir de la STC 235/2007, el dogma de fe del Holocausto puede negarse en España, como pueden negarse, por ejemplo, el de la Inmaculada Concepción, el de la existencia de Dios o cualquier otro dogma de la Iglesia. El Tribunal Constitucional consideró que dicha negación "permanece en un estadio previo al que justifica la intervención del derecho penal, en cuanto no constituye, siquiera, un peligro potencial para los bienes jurídicos tutelados por la norma en cuestión, de modo que su inclusión en el precepto supone la vulneración del derecho a la libertad de expresión". En la sentencia se decía textualmente que "la mera negación del delito resulta en principio inane". El Tribunal, por contra, sí consideraba delito la difusión "por cualquier medio" de ideas que justifiquen el genocidio. Pero éste no es el caso de los revisionistas que han ido apareciendo en estas páginas: ninguno de ellos justifica ni ha justificado nunca el genocidio. Pedro Varela aseguró una y otra vez que lo reprobaba en su declaración ante el juez que lo condenó a cinco años.

A los dos meses de conocerse el fallo del Constitucional, la Audiencia Provincial, nueve años después de la condena a cinco años a Pedro Varela, celebró el 10 de enero de 2008 la vista de la apelación contra la sentencia. La defensa de Pedro Varela había solicitado más tiempo para prepararse, toda vez que la sentencia del Tribunal Constitucional era suficientemente importante como para estudiar bien sus implicaciones legales; pero la Sala desestimó la petición. Tanto las acusaciones como la defensa reiteraron sus demandas. Por fin el 6 de marzo los jueces de la Audiencia Provincial hicieron pública la sentencia que estimaba parcialmente el recurso y rebajaba la pena a siete meses de prisión. Se consideró que Varela había realizado apología del genocidio por su labor de difusión de las doctrinas genocidas a través de la venta de libros, pero que no había discriminado directamente de manera personal, por lo que quedaba absuelto del delito de incitación al odio racial. Pedro Varela no tuvo que entrar en prisión y anunció que estudiaría presentar recurso de amparo.

De todos modos, el acoso a Varela estaba en su apogeo, ya que tras su detención en abril de 2006 seguía en libertad con cargos y estaba pendiente de un nuevo juicio. Fue el 29 de enero de 2010 cuando tuvo lugar la vista en el Juzgado de lo Penal nº 11 de Barcelona. Ante la obligación de acatar la doctrina del Tribunal Constitucional, según el cual negar el Holocausto no es delito, pero sí justificarlo; se trataba de acusar al librero y editor de difundir ideas que justificaban el genocidio e incitaban al odio racial, pese a que él siempre había dicho por activa y por pasiva que condenaba toda forma de violencia contra cualquier minoría étnica y, por descontado, todo genocidio. El fiscal Miguel Ángel Aguilar aseguró que no estaban juzgando ideas, "sino la difusión de la doctrina del odio". De entre los libros seleccionados, el fiscal citó fragmentos que le sirvieran para sustentar su destartalada tesis. El abogado de Pedro Varela denunció que los párrafos extraídos por el fiscal de más de una docena de obras que se vendían en la Librería Europa estaban "sacados de contexto" y recordó que algunos de los libros escogidos, como *Mi lucha*[13], de Hitler, podían comprarse también en grandes almacenes.

---

[13] *Mi lucha-Mein Kampf*, Omnia Veritas Limited, www.omnia-veritas.com.

El 5 de marzo de 2010, Estela María Pérez Franco, una juez sustituta, sin oposición, que estaba nombrada discrecionalmente en el Juzgado de lo Penal n° 11, dictó sentencia, que se conoció el 8 de marzo. En el apartado de los hechos probados, esta magistrado-juez dedicó quince páginas a comentar textos de los diecisiete libros que ordenó destruir. Veamos algunas muestras. De *Mi lucha* (36 ejemplares intervenidos), insistía en citar fragmentos que hacen alusión a la raza. Parece evidente que esta jueza ignoraba que la cuestión racial ha sido desde siempre la razón de ser del pueblo judío. Baste citar una frase bochornosa de Golda Meir, venerada dirigente sionista que fue primera ministra de Israel, según la cual "el matrimonio mixto es peor que el Holocausto". Esta racista, en alusión a los palestinos dijo en su momento: "No existe el pueblo palestino. Ellos no existen." ¿Consideraría la magistrado-juez que Golda Meir odiaba a los palestinos? De la obra de Joaquín Bochaca *Los crímenes de los buenos* [14] (2 ejemplares intervenidos), la juez citó como condenable la frase "No fueron los árabes, sino los buenos, los judíos, los implantadores del terrorismo en Palestina". Si se considera falsa esta aserción, cabría preguntarse si en el momento de emitir la sentencia condenatoria contra Pedro Varela la jueza tenía la más remota idea sobre cómo nació el Estado sionista. Resulta llamativa la inclusión de *La lluvia verde de Yususf* (222 ejemplares intervenidos), obra del autor judío Israel Adán Shamir, entre los libros que debían ser destruidos. En la sentencia la jueza cita, entre otros, el siguiente aserto de Shamir: "Pág. 35, líneas 3-6, 'La prensa mundial, desde Nueva York hasta Moscú, pasando por París y Londres, está perfectamente controlada por los supremacistas judíos; ni un rechinar de dientes se deja escuchar sin que ellos lo autoricen previamente'". ¿Acaso Estela María Pérez Franco considera que Shamir miente y que es un antisemita? Los sionistas podrían explicarle que ellos consideran que los judíos que se atreven a criticarlos, más que antisemitas, son "judíos que se odian a sí mismos por el hecho de ser judíos". Israel Shamir, famoso por su compromiso con la causa palestina, es autor de una trilogía, que además de la obra mencionada incluye *El espíritu de Santiago* y *Pardés. Un estudio de la Cábala*, ambas obras se vendían en

---

[14] *Los crímenes de los buenos*, Omnia Veritas Limited, www.omnia-veritas.com.

Librería Europa. Dos meses antes del juicio, invitado por Pedro Varela, Shamir había participado en el ciclo de conferencias de Librería Europa: el domingo 8 de noviembre de 2009, en Madrid y el lunes día 9, en San Sebastián. El título de su conferencia fue *La batalla del discurso: El yugo de Sión.*

Analizando la selección de citas de la sentencia podríamos escribir por lo menos quince páginas, las mismas que redactó Estela María Pérez; pero toca ya atender al fallo, en el que la jueza condenaba a un año y tres meses de prisión a Pedro Varela Geiss "como criminalmente responsable en concepto de autor de un delito de difusión de ideas genocidas", y a un año y seis meses de prisión por "un delito cometido con ocasión de los Derechos fundamentales y de las Libertades públicas garantizados por la Constitución". Es un sarcasmo insoportable, una injusticia manifiesta, que se condenara a Varela por un delito contra los derechos fundamentales y las libertades constitucionales, cuando era precisamente víctima de la vulneración de estos derechos y libertades en su persona. Se acordaba asimismo "el comiso de todos los libros relatados en los hechos probados... procediéndose a su destrucción una vez firme la sentencia".

La sentencia no fue firme hasta finales de octubre de 2010. Previamente, en mayo de 2010, la Audiencia Provincial vio el recurso de apelación. Esta corte de la Audiencia guardó por lo menos el decoro que se debía a sí misma como tribunal de justicia y absolvió a Pedro Varela del segundo delito, por el que había sido condenado a un año y seis meses de prisión; pero mantuvo el primero: "difusión de ideas genocidas", por el cual había sido condenado a un año y tres meses. Finalmente, otra jueza de Barcelona, la titular del Juzgado de lo Penal nº 15, no accedió a conceder a Pedro Varela la suspensión de la pena que había solicitado. La juez hacía constar en la resolución que al ordenar el ingreso en la cárcel del librero había considerado el hecho de que tuviera otra condena de siete meses de prisión del año 2008, un hecho que desde el punto de vista penal ponía "de manifiesto una trayectoria delictiva que demuestra su peligrosidad".

Pedro Varela ingresó en prisión el domingo 12 de diciembre de 2010. Era una mañana luminosa de invierno, limpia de nubes, como lo estaba Pedro de delitos. Llegó en una pequeña caravana de coches, acompañado de un grupo numeroso de amigos y simpatizantes que lo arroparon y animaron hasta el último momento. En una gran pancarta enarbolada por varias personas se leía: "Por el derecho a informar. No más editores en la cárcel". Otro acompañante llevaba una pancarta individual con la frase "Se prohíben libros y se encierra a editores". Con una entereza y una dignidad admirables, consciente de la necesidad de dar ejemplo de fortaleza, Varela exhortó a sus amigos a no desanimarse. Evocó la prisión de Quevedo en las mazmorras de San Marcos de León y asumió que había llegado el momento de afrontar el encarcelamiento. Pidió a todos que recordasen al mundo que se perseguían libros y se enviaba a prisión a editores. "Podemos conseguir entre todos -les dijo- que no se encarcele a nadie más por este motivo." Entre abrazos y besos se despidió después de dar las gracias y cruzó la verja. Fue alejándose hacia las oficinas de control de acceso con un telón de fondo de aplausos y gritos emocionados de "¡Ánimo Pedro!" "¡Bravo!" y "¡No te olvidaremos Pedro!". Por fortuna, no se le prohibió escribir, lo cual permitió que pudiera redactar una serie de cartas en la celda 88 del centro penitenciario de Can Brians 1, donde cumplió la condena. Más tarde estos textos serían editados con el título *Cartas desde prisión. Pensamientos y reflexiones de un disidente*.

El 8 de marzo de 2011, Isabel Gallardo Hernández, otra jueza sustituta adscrita al juzgado de lo Penal nº 15 de Barcelona, emitió un auto en el que disponía que se llevara a la práctica la Ejecutoria de destrucción de los libros, según se había ordenado en la sentencia de 5 de marzo de 2010. Citaremos un fragmento de la parte dispositiva del auto para que quede constancia del índice de libros prohibidos en España, un país donde teóricamente hay libertad de expresión y, en consecuencia, no existen libros prohibidos.

"DISPONGO: acordar la destrucción de todos los ejemplares de los libros con los siguientes títulos:

1° Mi lucha. 2° Autorretrato de León Degrelle, un fascista. 3° Hitler y sus filósofos. 4° Hitler, discursos de los años 1933/1934/1935. Obras completas (tomo 1). 5° Los crímenes de los 'buenos'. 6° Fundamento de biopolítica: olvido y exageración del factor racial. 7. Raza, inteligencia y educación. 8° Nobilitas. 9° Hombre nuevo. 10° Ética revolucionaria. 11° Guardia de hierro. El fascismo rumano. 12° Los protocolos de los sabios de Sión. 13° Ecumenismo a tres bandas: judíos, cristianos y musulmanes. 14° La lluvia verde de Yusuf. 15° El pensamiento wagneriano. 16° La historia de los vencidos (el suicidio de occidente). Tomo II. 17° Manual del jefe. De la Guardia de Hierro.

Asimismo procédase a la destrucción del busto de Hitler, la esvástica de hierro, cascos militares, así como las fotografías, carteles de temática nacionalsocialista intervenidos.

Devuélvanse las banderas y el material de oficina al penado."

Constatar que todo se hace en nombre de la democracia, la libertad y los derechos fundamentales es en extremo deplorable. Cabe preguntarse por qué hay que destruir bustos de personajes históricos, esvásticas, cascos militares, fotos o carteles. Si se nos responde que Hitler representa el mal absoluto, deberemos alegar que el comunismo ha engendrado los peores criminales de la historia. Que sepamos, no hay sentencias que obliguen a destruir bustos de Lenin, Trotsky, Kaganóvich, Beria o Stalin que se hallen en domicilios particulares. Otra cosa es que estatuas emplazadas en lugares públicos hayan sido retiradas en algunos países, cuando no derribadas por las poblaciones indignadas tras años de totalitarismo comunista.

En cuanto a los libros, qué puede decirse de la destrucción de obras que se leen en todo el mundo y pueden consultarse libremente en las bibliotecas españolas. Cómo puede aceptarse la prohibición de textos en España sólo porque un tribunal en Barcelona ha considerado hecho probado que "el contenido de los libros ocupados refleja el menosprecio al pueblo judío y a otras minorías." Es un sarcasmo insultante que haya que destruir obras donde se critica a los judíos, mientras en Israel el odio racial está en la base de la educación. Los talmudistas, que odian visceralmente a los cristianos, enseñan en "Abhodah Zarah" que "incluso el mejor de los goyim (gentiles o no-judíos) debe ser asesinado". ¿Acaso esta enseñanza no destila odio racial y fanatismo de la peor calaña? Maurice Samuel (1895-1972), un intelectual sionista, en el capítulo XIV de su obra *You Gentiles* (*Vosotros Gentiles*), titulado "We, the Destroyers" (Nosotros, los Destructores) escribe estas palabras dirigiéndose a los gentiles: "Nosotros, judíos, somos los destructores y seguiremos siéndolo. Nada de lo que podáis hacer colmará nuestras demandas y necesidades. Nosotros destruiremos eternamente porque queremos que el mundo sea nuestro." ¿No es esto racismo criminal?

Cabe suponer que la jueza Pérez Franco no prevaricó y que si hubiera tenido la suficiente erudición sobre los temas que estaba juzgando no hubiera ordenado quemar, por ejemplo, *El pensamiento wagneriano* (12 ejemplares intervenidos), obra del pensador británico Houston Stewart Chamberlain, porque en la página 83 el autor se atrevió a escribir que "la influencia del judaísmo acelera y favorece el progreso de la degeneración empujando al hombre hacia un torbellino desenfrenado que no le deja tiempo ni para reconocerse ni para tomar conciencia de esta lamentable decadencia..." La cita procede del apartado "hechos probados", en la angustiosa sentencia de 5 de marzo de 2010.

"De la escuela de la guerra de la vida. - Lo que no me mata, me hace más fuerte." Esta frase de Nietzsche en *El crepúsculo de los ídolos* es idónea para explicar el estado de ánimo con que salió Pedro Varela de la prisión de Can Brians el 8 de marzo de 2012. "A partir de ahora redoblaré mis esfuerzos", declaró tras mostrarse decidido a reanudar las actividades en su librería y a seguir luchando contra la represión. Un año más tarde, el 5 de marzo de 2013, el Tribunal Europeo de Derechos Humanos de Estrasburgo condenó a España a pagar 13.000 euros a Varela, pues entendió que la Audiencia Provincial de Barcelona debería haberle permitido preparar y ejercer su defensa de manera más efectiva y con mayor plazo de tiempo tras la sentencia del Tribunal Constitucional en 2007. Fue una victoria moral, pues el librero había solicitado 125.000 euros de indemnización. Los magistrados del Tribunal de Estrasburgo consideraron por unanimidad que "sólo se le permitió conocer de manera tardía el cambio de calificación" del delito por el que se le condenó a siete meses de cárcel.

El hecho de que La Librería Europa y su propietario hubieran sido capaces de continuar con los ciclos de conferencias y de reorganizar de nuevo sus actividades comerciales y culturales no gustó a sus enemigos. Una docena de esbirros encapuchados fueron enviados el 11 de marzo de 2014 a la calle Séneca. Estos valientes se presentaron en la librería sobre las diez y media de la mañana y a plena luz del día, con la insolencia de quien se sabe impune, comenzaron el ataque: desde la calle rompieron las cristaleras de los escaparates con objetos contundentes y luego arrojaron botes de pintura contra libros y mobiliario. Por fortuna, el personal de la librería no fue agredido. Según testigos presenciales, el grupo era de unas veinte personas, pero sólo los encapuchados actuaron con violencia. Pedro Varela presentó denuncia ante los Mossos d'Esquadra, aunque con pocas esperanzas, por no decir ninguna, de que se detuviera a nadie, pues nunca antes hubo detenciones.

Alemania, el Estado que persigue a su propia sombra, no podía quedar al margen, sin participar en el acoso al librero y editor español. Su aparición en la persecución se produjo en febrero de 2009, fecha en que el Consulado General de Alemania en Barcelona presentó una denuncia contra Pedro Varela por comercializar *Mein Kampf* (*Mi lucha*) sin autorización del Estado de Baviera. La publicación de la obra en Alemania fue delito hasta el 30 de abril de 2015, fecha en que, setenta años después de la muerte de Hitler, el libro quedó bajo dominio público. Con este pretexto, el infatigable Miguel Ángel Aguilar, un jurista "progresista" de la camada de Baltasar Garzón, Santiago Vidal, José María Mena y otros por el estilo, conocido como el fiscal del odio, puesto que está al frente del Servicio contra delitos de Odio y Discriminación de la Fiscalía de Barcelona, acusó en septiembre de 2015 a Pedro Varela por un delito contra la propiedad intelectual, delito que, dicho sea de paso, nada tiene que ver con el odio y la discriminación. El fiscal del odio pedía, sumiso, dos años de prisión para Varela, su inhabilitación por tres años como editor y comerciante y una multa de 10.800 euros por editar el libro sin autorización ni licencia, pese a saber que los derechos de la obra pertenecían al Estado alemán de Baviera en virtud de una sentencia de la Cámara de Justicia de Múnich. Además, reclamaba otra multa de 216.000 euros y una indemnización de 67.637 euros al Estado de Baviera.

Sobre los derechos de la obra de Hitler, sabemos que Paula Hitler, la hermana del "Führer", había confiado a François Genoud, "Sheik François" (ver nota 9), la gestión editorial de numerosos textos de su hermano, incluido *Mein Kampf.* El banquero suizo estaba trabajando en la redacción de un acuerdo global con ella para hacerse con los derechos de toda la obra de Adolf Hitler, pero Paula murió en 1960. Ya entonces, las autoridades bávaras, que se habían apoderado del contrato entre Hitler y la casa editorial del NSDAP (Franz Eher Verlag), reivindicaban ansiosas los derechos para el Estado de Baviera.

Sea como fuere, el odio hacia Pedro Varela debería constar entre los hechos probados, puesto que *Mein Kampf* se ha vendido y se está vendiendo en todo el mundo. En India, por ejemplo, Hitler es un autor de culto. Su famosa obra se ha convertido en un clásico que desde hace tiempo es un éxito de ventas. Puede comprarse en tenderetes callejeros y de vez en vez se sitúa en la lista de los diez libros más vendidos. El abogado de Pedro Varela, Fernando Oriente, rechazó en su escrito de defensa que el Estado de Baviera y la República Federal de Alemania tuvieran o hubieran tenido los derechos y argumentó que el cónsul alemán "carecía de cualquier legitimidad". El letrado recordó que la primera edición del libro en España es de 1935 y que los derechos de autor de una persona fallecida antes del 7 de diciembre de 1987 son libres, tal y como se establece en un real decreto de 1996 sobre la Ley de Propiedad Intelectual. El abogado de Varela lamentó que la intención de Baviera fuera "actuar de censor del pensamiento, impidiendo la libre difusión de ideas que consagra la Constitución".

Nos disponíamos a concluir, pero hemos leído en la edición de 28 de enero de 2016 de *El País* en Cataluña el siguiente titular: "El fiscal estudia el acto de un neonazi en la librería Europa". En la noticia se lee: "el histórico líder ultraderechista Ernesto Milá presentará allí (en la librería Europa) su nuevo libro *El tiempo del despertar*, que ensalza el auge del nazismo." Es decir, el fiscal del odio entiende que la presentación de un libro puede ser un acto criminal. Después de haber enterrado a más de cien millones de víctimas del comunismo en todo el mundo, después de la opresión de esta ideología totalitaria en media Europa durante cincuenta años, disertar sobre los campeones comunistas sigue siendo "progresista"; pero si el conferenciante es "un neonazi", nos hallamos frente al mal absoluto, ante la apología del nacionalsocialismo, del odio racial, del antisemitismo.

Por desgracia, el revanchismo, el rencor y el odio están hoy al orden del día en España, pero anidan en los pechos de los "antifascistas", siempre tan democráticos. Ochenta años después de la guerra civil, amparados en una Ley de Memoria Histórica que se utliza sectariamente para recordar sólo los crímenes de uno de los bandos en la contienda fratricida, los partidos de la llamada "izquierda progresista", que han logrado el poder en los grandes ayuntamientos gracias a pactos de todos contra uno, se dedican a destruir monumentos, a quitar placas en memoria de religiosos fusilados, a cambiar los nombres de las calles... Cargados de razón y de superioridad moral, como de costumbre, exhiben una intolerancia y un fanatismo que atentan contra la concordia y la reconciliación entre los españoles, que parecían aseguradas gracias a la Constitución de 1978. Por ello, visto el ambiente que se respira, cabe sospechar que la persecución contra Pedro Varela no cesará.

Post Scriptum

Lamentablemente, meses después de haber redactado la última oración, nuestra sospecha se ha hecho realidad: habiendo ya concluido *Historia proscrita*, hemos conocido que el 7 de julio de 2016 entró en el Juzgado de Guardia (Juzgado de Instrucción número 18 de Barcelona) una nueva querella presentada por el Ministerio Fiscal contra la Asociación Cultural Editorial Ojeda como persona jurídica y contra su vicepresidente Pedro Varela. Asimismo, la querella iba dirigida contra Carlos Sanagustín

García, Antonio de Zuloaga Canet, Viorica Minzararu y Nicoleta Aurelia Damian, personas vinculadas a la asociación y a la Librería Europa. La jueza Carmen García Martínez ordenó de inmediato medidas "cautelares urgentes", las cuales incluían: el cese de las actividades de la Editorial Ojeda, la clausura de la Librería Europa y el bloqueo de las dos páginas web de la librería. Absurdamente, la Fiscalía del Odio de Barcelona se acogía al artículo 510.1 a, de la Constitución española, que alude a Derechos Fundamentales y Libertades Públicas, para proseguir su acoso despiadado contra Varela.

El viernes 8 de julio, los Mossos d'Esquadra arrestaron en sus casas a las dos dependientas de la Librería Europa, ambas de origen rumano, y a los dos miembros de la Asociación Cultural Editorial Ojeda. Pedro Varela no se hallaba en la ciudad, puesto que había viajado con su hija menor y estaba de acampada en las montañas de algún lugar de España. En el registo de la librería se decomisaron quince mil libros y los equipos informáticos. La Librería Europa quedó precintada. A las 7:00 de la misma mañana la policía catalana irrumpió asimismo en el domicilio de Pedro Varela. Además de los ordenadores, los agentes se apoderaron de todos los fondos en efectivo que guardaba en su casa.

Tras conocer que se había dictado una orden de busca y captura, Pedro Varela emitió un comunicado en el que anunció que se presentaría en el juzgado, cosa que hizo el 15 de julio. Acompañado por sus abogados, el librero y editor llegó al Juzgado de Instrucción número nueve, que había dictado la orden de busca y captura. Se negó a declarar. El fiscal del odio, Miguel Ángel Aguilar, pidió su ingreso en prisión con el argumento de que existía riesgo de fuga y de que sus delitos eran reiterados. El juez dictó prisión eludible con una fianza de 30.000 euros, cantidad que Varela no pudo pagar. Luis Gómez y Javier Berzosa, los abogados, trataron de conseguir una rebaja. Argumentaron que su cliente no era un hombre rico y que no podía usar el dinero aprehendido por los Mossos d'Esquadra en su domicilio para hacer frente a la fianza. "Lo que tiene - precisó Berzosa- se lo llevaron en el registro de su casa". De este modo, Varela ingresó en la cárcel Modelo de

Barcelona. Por fortuna, un amigo abonó el mismo día el depósito judicial y Pedro pudo recobrar la libertad al anochecer.

En cuanto a las otras personas, después de pasar veinticuatro horas detenidas, quedaron en libertad con cargos acusadas de promover el odio y la discriminación por participar en la "organización de conferencias en la librería donde se enaltece y justifica el genocidio nazi y se niega el Holocausto judío". La Fiscalía pretendía encarcelar a los dos varones, el presidente y el tesorero de la Asociación Cultural Editorial Ojeda, pero el juez los dejó en libertad. A los pocos días del precinto de la Librería Europa, apareció frente a la puerta de cremallera una espléndida corona de flores depositada sobre un caballete de madera con la siguiente inscripción: "De la cultura y la libertad a Librería Europa".

El 18 de julio, Esteban Ibarra, un supuesto adalid de la tolerancia que preside el Movimiento Contra la Intolerancia, una ONG que desde 1995 ha recibido cerca de siete millones de euros en subvenciones públicas, presentó querella contra Pedro Varela y los otros responsables de la librería y de la editorial. Ibarra anunció que iba a ejercer la acción popular y que contaba con la participación de la Federación de Comunidades Judías de España, la Liga Internacional Contra el Racismo (LICRA), la Comunidad Judía Bet Shalom de Barcelona, etc., etc.. Para acabar de rematar el linchamiento público contra un sólo hombre, el Ayuntamiento de Barcelona anunció por boca del teniente de alcalde Jaume Asens, responsable estatal de derechos humanos en Podemos, que el Ayuntamiento se personaría como acusación en la causa "por la ofensa a toda la ciudad". Jaume Asens, un "antisistema" convertido en separatista, declaró que "la Librería Europa era un cuartel general de la extrema derecha en la ciudad".

Durante el franquismo existía la censura, la cual servía de protección a los libreros, pues sabían qué obras no podían vender. Ahora no hay censura en España y ningún librero debería en teoría temer nada. Sin embargo, se persigue con saña a un empresario, un hombre capaz de "ofender a toda una ciudad" con la venta de libros. Mucho nos tememos que en esta ocasión los enemigos de

Pedro Varela están decididos a encerrarlo para siempre en una cárcel de silencio. Tras más de veinte años de persecución, Varela se ha convertido en un disidente legendario en España y en uno de los más tenaces de Europa. Sus convicciones y su dignidad como persona quedan ejemplificadas en una actitud modélica de resistencia pacífica. Su lucha por la libertad de expresión y de pensamiento merece el reconocimiento no sólo de quienes compartimos sus puntos de vista revisionistas, sino de cuantos creen de veras en la libertad.

En el momento de revisar estas líneas para la edición de *Criminales de pensamiento*, más de tres años después de haber escrito lo anterior, el juicio sigue pendiente y tanto la Librería Europa como la editorial Ojeda siguen clausuradas.

Otros libreros y editores perseguidos en Cataluña

El caso que sigue a continuación confirma la injusticia cometida con Pedro Varela. Conocido como el caso de la Librería Kalki, afectó a cuatro libreros y editores que acabaron absueltos por el Tribunal Supremo mientras Varela, también librero y editor, se hallaba cumpliendo condena en prisión por unos hechos idénticos. De ello podrían extraerse muchas y variadas conclusiones, que dejamos para el final. Ahora nos limitaremos a narrar sucintamente los hechos tras perfilar unos trazos aun más concisos sobre los personajes: Óscar Panadero, Ramón Bau, Juan Antonio Llopart y Carlos García, condenados por la Audiencia Provincial de Barcelona por difusión de ideas genocidas en sentencia de 28 de septiembre de 2009.

El primero, Óscar Panadero, hijo de un responsable del PSUC, sobrino de anarquistas y nieto de falangistas, se formó desde niño en las discusiones de los tres credos ideológicos y acabó escogiendo el nacionalsocialismo. Nacido en Barcelona en 1977, abandonó con notas excelentes los estudios y optó por una formación autodidacta. Ni los docentes ni sus progenitores lograron convencer al joven adolescente, quien confirmó que no pensaba claudicar ante una escuela que enseñaba falsedades. Tras pasar por asociaciones como Alternativa Europea y el Movimiento

Social Republicano, acabó en el Círculo de Estudios Indoeuropeos (CEI), cuyo presidente era Ramón Bau. En enero de 2003, tras vender su hacienda y abandonar un buen trabajo, inauguró la Librería Kalki, de la que fue propietario y administrador. Sólo medio año más tarde comenzó su proceso de persecución política: el 8 de julio de 2003 y el 25 de mayo de 2004, la policía autonómica irrumpió en el establecimiento y, como en el caso de la Librería Europa, se secuestraron miles de libros y revistas, además de catálogos, folletos, etc.

El segundo, Ramón Bau, también barcelonés, participó a los diecisiete años en la fundación del Círculo Español de Amigos de Europa y junto a Pedro Varela trabajó en su actividad editorial. Bau colaboró estrechamente con Varela y llegó a ser secretario general de CEDADE. En 1984 montó Ediciones Bau, Bausp y Wotton y editó más de un centenar de revistas. En junio de 1998 fundó el Círculo de Estudios Indoeuropeos. Bau, intelectual que atesora un amplio bagaje de conocimientos, aparte de nacionalsocialista convencido, se declara wagneriano.

Juan Antonio Llopart, el tercero de los catalanes perseguidos, nació en Molins de Rei en el seno de una familia falangista. Fundador de Ediciones Nueva República, fue también impulsor de la revista *Nihil Obstat*. Llopart, desde Ediciones Nueva República patrocinó y organizó unas Jornadas de Disidencia que contaron durante varios años con asistencia de personalidades internacionales, luchadores contracorriente en el ámbito de la cultura. Es autor de varias obras y ha colaborado en distintas publicaciones.

El cuarto, Carlos García, miembro del CEI y también de tradición falangista, se declara estudioso del nacionalsocialismo. Secretario de Óscar Panadero, ha contado una anécdota significativa sobre su detención: cuando en 2004 diez policías irrumpieron de noche en su domicilio, el que llevaba la voz cantante iba de paisano y lucía una estrella roja comunista en la solapa. García considera que era una manera de hacerle saber quiénes iban a por él.

Pues bien, tras ser detenidos de manera humillante y pasar varios días retenidos en los calabozos, se abrió contra ellos un procedimiento en el Juzgado de Instrucción n° 4 de Sant Feliu de Llobregat. Una vez decretada la apertura de juicio oral, se remitió el caso a la Audiencia Provincial de Barcelona, que el 28 de septiembre de 2009 dictó sentencia. Los cuatro fueron condenados a penas de hasta tres años y medio de cárcel por delitos de difusión de ideas genocidas, delitos contra los derechos fundamentales y las libertades, y por asociación ilícita. Ramón Bau, presidente de CEI, y Óscar Panadero, dueño de la Librería Kalki, recibieron tres años y medio de pena; Carlos García, tres años; Juan Antonio Llopart, administrador de Ediciones Nueva República, no fue condenado por asociación ilícita, por lo que su condena quedó en dos años y medio de prisión.

Los abogados interpusieron recurso de casación ante el Tribunal Supremo por infracción de Ley y de precepto Constitucional, así como por quebrantamiento de Forma. El 12 de abril de 2011 el Supremo dictó la Sentencia 259/2011, cuyo ponente fue el magistrado Miguel Colmenero Menéndez de Luarca. El fallo consideraba que había lugar a los recursos de casación por infracción de Ley y precepto Constitucional, así como por quebrantamiento de Forma. En consecuencia, los acusados fueron absueltos de los delitos por los que venían condenados y quedaban sin efecto todos los pronunciamientos de la sentencia de la Audiencia. La sentencia constaba de 218 páginas. En el apartado de "Fundamentos de Derecho" se daban los mismos argumentos que, esgrimidos en su día por la defensa de Pedro Varela, habían sido rechazados por los tribunales catalanes que lo habían juzgado y condenado. Sigue la cita de un fragmento:

"Por todo ello, tratándose de editores o libreros, la posesión de algunos ejemplares de tales obras, en mayor o menor número, con la finalidad de proceder a su venta, o a su distribución, al igual que ocurriría si se tratara de otras muchas obras posibles de temática similar, o incluso contrarias en su sentido más profundo aunque igualmente discriminatorio y excluyente, no supone por sí misma un acto de difusión de las ideas más allá del mero hecho de poner sus soportes documentales a disposición de posibles usuarios, y por lo tanto, nada distinto de lo esperable de su dedicación profesional, sin que, aunque contengan alguna forma de justificación del genocidio, se aprecie sólo por ello una incitación directa al odio, la discriminación o la violencia contra esos grupos, o indirecta a la comisión de actos constitutivos de genocidio, y sin que tampoco, aunque en esas obras se contengan conceptos, ideas o doctrinas discriminatorias u ofensivas para grupos de personas, pueda apreciarse que solo con esos actos de difusión se venga a crear un clima de hostilidad que suponga un peligro cierto de concreción en actos específicos de violencia contra aquellos.

No se describe en los hechos probados, como sería necesario para aplicar el tipo, ningún acto de promoción, publicidad, defensa pública, recomendación, ensalzamiento o incitación o similares imputados a los acusados que vinieran referidos a la bondad de las ideas o doctrinas contenidas en los libros que editaban, distribuían o vendían en razón de su contenido filonazi, discriminatorio o proclive al genocidio o justificación del mismo, o a la conveniencia de adquirirlos para conocimiento y desarrollo de aquellas, o que aconsejaran de alguna forma su puesta en práctica, que pudieran considerarse como actividades de difusión, que tuvieran mayor alcance y fueran distintas del hecho de editar determinadas obras o de disponer de ejemplares a disposición de los eventuales clientes.

Tampoco se aprecia en los actos imputados en el relato fáctico un ensalzamiento de dirigentes del nazismo en razón de sus actividades discriminatorias o genocidas, por lo que sin perjuicio de la opinión que a cada uno tales personas pudieran merecer, en relación con lo hasta ahora dicho, no puede valorarse como una incitación indirecta al genocidio o como una actividad encaminada a la creación de un clima hostil del que pudiera desprenderse la concreción de actos específicos contra las personas ofendidas o contra los grupos de los que forman parte."

Dicho en román paladino ("en el cual suele el pueblo fablar a su vecino"), el hecho de que libreros o editores, en el ejercicio de su actividad profesional, vendan o editen ciertos libros no supone que justifiquen el genocidio, el odio o la violencia contra nadie. El Supremo, y ello sería aplicable al caso de Pedro Varela, no consideró que en los "hechos probados" hubiera nada relacionado con actos de promoción o justificación de la praxis de las ideas contenidas en los libros editados o distribuidos. Tampoco entendió que se pudiera atribuir a los condenados ninguna incitación al genocidio en función de los actos imputados en el relato de los hechos. En cuanto a la pretensión de que los acusados formaban parte de una asociación ilícita, el Supremo explicó en la sentencia que "no basta con acreditar la ideología del grupo o de sus intregrantes" y consideró que con los datos disponibles no se desprendía que el grupo fuera "una organización estructurada con medios que permitan transformar la orientación ideológica en promoción de la discriminación."

La STC 235 de 7 de noviembre de 2007 y la Sentencia nº 259 de 12 de abril de 2011 de la Sala de lo Penal del Tribunal Supremo amparan los derechos a la libertad ideológica y de expresión, por lo que cualquier idea puede ser defendida y difundida. Sin embargo, en lugar de felicitarse por dos sentencias que venían a proteger las libertades de todos, algunos medios "progresistas", siempre serviles a la voz de sus amos, se rasgaron las vestiduras y consideraron que las sentencias suponían un retroceso. O sea, cuando la actuación de jueces y fiscales se produce de acuerdo a determinados intereses, aunque se restrinjan los derechos fundamentales, se trata de sentencias ejemplares; pero en el caso contrario los magistrados son conservadores y carcas. En su sectarismo, estos medios y los grupos que se esconden tras ellos ignoran que la Constitución no prohíbe las ideologías, estén en uno u otro extremo del espectro político. Según los jueces del Supremo, la Constitución "no prohibe las ideologías", por lo que "las ideas como tales no deben ser perseguidas penalmente". El Supremo insistía en que la tolerancia con todo tipo de ideas permite aceptar incluso aquellas que cuestionan la propia Constitución, "por muy rechazables que puedan considerarse". En definitiva, el Tribunal Supremo se apoyaba en la jurisprudencia del Tribunal Constitucional, según el cual "al resguardo de la libertad de opinión cabe cualquiera, por equivocada o peligrosa que pueda parecer al lector, incluso las que ataquen al propio sistema democrático. La Constitución protege también a quienes la niegan".

La sentencia del Supremo supuso un duro revés, un varapalo, para la Audiencia de Barcelona. Cuando se produjo,

Pedro Varela seguía en la prisión de Can Brians. En junio de 2011, medio año después de haber ingresado voluntariamente, la junta de tratamiento del centro penitenciario le denegó el permiso para poder ver a su esposa y a su hija pequeña, a la que no había vuelto a ver. Puesto que las competencias en materia de ejecución penitenciaria están transferidas a la Generalitat de Catalunya, es evidente que los funcionarios del centro obedecían instrucciones políticas del Gobierno catalán. Pedro Varela había solicitado el tercer grado y le había sido denegado. El 3 de marzo de 2011, presentó un recurso contra la denegación. Si se hubiera querido hacer justicia, tan pronto se conoció la sentencia del Supremo que absolvía a los cuatro libreros y editores condenados por los mismos delitos, el Juzgado de Vigilancia Penitenciaria correspondiente tendría que haber resuelto el recurso contra la denegación de tercer grado e instado de oficio a la puesta en libertad condicional del penado. Pese a que la jurisprudencia del Tribunal Supremo no considera delito los hechos por los que estaba en prisión, Varela cumplió su condena íntegramente. De este modo, quedó demostrado una vez más que su caso era político y nada tenía que ver con la equidad y la justicia.

7. Víctimas principales de la persecución en Suecia

Ditlieb Felderer, el judío burlón que utiliza la sátira corrosiva

Este revisionista que ha sido acusado, procesado, condenado y encarcelado en Suecia, mantiene en la actualidad una página web irreverente, *Ditliebradio*, en la que ha optado por un humor socarrón para denunciar las imposturas. De una manera sarcástica, macabra, se sirve de todo tipo de fotografías irónicas, incluidas las pornográficas, para burlarse de las mentiras sobre el Holocausto, de los crímenes del sionismo, del acatamiento de la Iglesia Católica al dogma de fe, de los testigos de Jehová y de todo lo que haga falta. En ocasiones echa mano de fotomontajes atrevidos e ingeniosos para conseguir ilustrar mejor sus denuncias. Por todo ello, Felderer es conocido como el revisionista excéntrico. Su extraño sentido del humor ha sido utilizado por los exterminacionistas y propagandistas para desacreditarlo. A él parece importarle muy poco, pues cree que no debe respetarse en absoluto la "sensibilidad" de los falsificadores de la historia y mentirosos compulsivos.

Según Elliot Y. Neaman, Dr. en Historia por la Universidad California en Berkeley y profesor de la Universidad de San Francisco, Ditlieb Felderer es judío, puesto que lo era su madre, la cual descendía de una familia de testigos de Jehová. Nacido en Innsbruck en 1942, huyó de los nazis con su familia: pasaron a Italia y desde allí acabaron emigrando a Suecia, donse se educó. Tiene por tanto nacionalidad sueca. En 1976, trabajando para una publicación de los testigos de Jehová, comenzó a viajar a los campos. Años más tarde, entre 1978 y 1980 realizó una segunda ronda de visitas a los campos que teóricamente habían sido de exterminio. Fue uno los primeros investigadores que buscó evidencias en Auschwitz. En estos viajes, tomó cerca de 30.000

fotos, en las que dejó registrados hasta los detalles más triviales de las instalaciones. Muchas de ellas son utilizadas en sus fotomontajes. En Auschwitz, Felderer fotografió la piscina, el moderno hospital y su sección de ginecología, el teatro, la biblioteca, las aulas donde se daban clases de escultura, la cocina, que era una de las instalaciones más grandes del campo. Tuvo acceso a archivos que requerían un permiso especial y descubrió en ellos la partitura musical de un pieza titulada "Vals de Auschwitz", que supuestamente pudo ser intrepretado por la orquesta del campo.

Entre sus principales aportaciones como revisionista figura el descubrimiento del papel que jugaban en los campos los testigos de Jehová, que cooperaban con la administración de las SS. Hemos dicho ya anteriormente que, siendo un prominente testigo de Jehová, fue expulsado de la secta cuando denunció que era falso que los alemanes hubieran exterminado a 60.000 miembros, pues de acuerdo con sus investigaciones estableció que sólo habían muerto 203 de ellos (véase la nota 3). Fue coincidiendo con esta disputa con la dirección de la secta cuando cayó en sus manos el libro de Richard Verrall (Richard Harwood) *Did Six Million Realy Die?*, del cual publicó en 1977 una edición en sueco de la que distribuyó unas 10.000 copias. Desde entonces su compromiso con el revisionismo histórico ha sido permanente. Después de fundar en 1978 la revista *Bible Researcher*, en 1979, año en que conoció a Ernst Zündel, publicó con el seudónimo de Abraham Cohen el libro *Auschwitz Exit*. Fruto de sus investigaciones, el mismo año se editó su obra *Diary of Anne Frank -A Hoax?*

Ya entonces Felderer era aficionado a ciertas excentricidades, algunas de las cuales inquietaban a Zündel, pues las consideraba contraproducentes. Una de ellas acabó costándole la cárcel. Puesto que en el Museo de Auschwitz se exhiben cabellos de supuestas víctimas asesinadas en las cámaras de gas, a Felderer se le ocurrió la idea de burlarse mediante un panfleto que circuló profusamente, cuyo título era: "Por favor acepte este cabello de una víctima gaseada". El folleto fue enviado a los funcionarios del Museo de Auschwitz. Intercalados en el texto del volante había dibujos y chistes que se burlaban de los funcionarios del museo y de los exterminacionistas. En el primer dibujo, una mujer sonriente sostenía un regalo envuelto con la inscripción: "Por favor, envíenos todos sus trastos. Los necesitamos para nuestras exposiciones auténticas y documentación". El segundo chiste era un payaso que decía: "Soy un experto exterminacionista. Remítanos generosamente sus documentos a todas nuestras direcciones. Será recordado por ello". La tercera ilustración era un hombre que lloraba lágrimas de cocodrilo, el texto abajo rezaba: "¡Fui gaseado seis veces! ¡No! Diez veces, ¡No! ¡... y hay otros 5.999.999 como yo en Neu Jork! ¡Los seis millones de judíos gaseados son un timo!"". Durante el primer juicio de Zündel se le preguntó y él explicó que en su opinión la sátira era necesaria para denunciar una impostura sustentada por Estados poderosos y el poder del dinero.

En 1980, la policía sueca arrestó a Ditlieb Felderer por la publicación del panfleto. En esta primera ocasión pasó tres semanas en la cárcel. En 1982 fue detenido por segunda vez a causa del polémico folleto. Esta vez fue acusado de agitación contra un grupo étnico y un tribunal de Estocolmo le condenó a seis meses de cárcel. Felderer declaró que durante este encarcelamiento lo trataron de manera inhumana. Según dijo, sin saber si era de día o de noche, pasó la mayor parte del tiempo mirando la pared de un búnker de hormigón de dos por tres metros, pues casi no se le permitió salir a respirar aire puro. La celda no tenía baño y era escoltado y encerrado en un lavabo cuando necesitaba hacer sus necesidades fisiológicas. En protesta por su situación y porque le impedían escribir, llevó a cabo tres huelgas de hambre, hasta que por fin le permitieron realizar algún ejercicio y le proporcionaron papel y lápiz. Felderer denunció que había sido golpeado varias veces y que había tenido que soportar insultos.

En 1988, en el segundo juicio de Zündel, enseñó 300 dispositivas tomadas en sus visitas a los campos y reclamó protección para el revisionismo y la libertad de expresión en lugar de persecución. La Corona le presentó varios de sus panfletos. Le pidió que leyera uno titulado "Tres aportaciones judías a la civilización occidental". Las contribuciones aludían a la bomba atómica, desarrollada por Robert Oppenheimer; la bomba de hidrógeno, cuyo padre fue Edward Teller; y la bomba de neutrones, de Samuel Cohen. Los tres eran judíos. Felderer testificó que su volante decía mucho sobre cierta gente que había creado estas armas terribles de destrucción. En otro de los volantes que le mostraron se hacía alusión a su ingreso en un hospital psiquiátrico cuando estaba siendo juzgado: denunciaba que en Suecia se internaba a los detractores y comparaba esta práctica con la utilizada en la Unión Soviética. La acusación de la Corona replicó a Felderer que no podía aceptar que las autoridades suecas pensaban que estaba enfermo y que necesitaba ayuda; pero él insistió en que los tests que le habían hecho demostraban que estaba perfectamente sano.

Parece ser que tras su declaración en el proceso de Toronto pensó que había hecho ya cuanto estaba en su mano y sus investigaciones remitieron. Ernst Zündel siempre reconoció el excelente trabajo de Felderer en los campos y en relación con el diario de Ana Frank, pero consideraba que la sátira no era un género eficaz para un historiador porque puede poner en cuestión la seriedad del resto de los trabajos. Zündel llegó a lamentar que Felderer hubiera llegado demasiado lejos en sus burlas a través de los panfletos y los dibujos. A pesar de su desaparición de la escena, Felderer ha denunciado acoso e insultos reiterados. No en vano es considerado uno de los investigadores pioneros del revisionismo.

Según apuntábamos en la nota 3, la última noticia que hemos tenido de Ditlieb Felderer es que en noviembre de 2013 culpó al juez judío Johan Hirschfeldt de estar detrás de "acciones terroristas" contra él y su esposa filipina. En *Ditliebradio*, su página web, Felderer se refirió entonces a documentos secretos del Ministerio de Exteriores de Suecia para formular acusaciones gravísimas contra Hirschfeldt, al que denunciaba por haber instigado a través de matones ataques contra ellos por encargo de la ADL (Anti-Difamation League). Parece ser que en uno de estos actos, que Felderer califica de terrorismo de Estado, su mujer estuvo a punto de perder la vida. Según Felderer, Carl Bildt, entonces ministro de Exteriores, podría incurrir en responsabilidades por su inacción. Felderer acusaba asimismo al juez Hirschfeldt de acosar con falsas imputaciones a Ahmed Rami, un revisionista marroquí que ha sufrido varios ataques y regenta desde hace bastantes años la página web *Radio Islam*.

Ahmed Rahmi, artífice de *Radio Islam* y principal revisionista musulmán

Este marroquí de origen bereber era oficial del Ejército Real Marroquí cuando el 16 de agosto de 1972 participó en un fallido golpe de Estado contra el rey Hassan II, al que consideraba un títere del poder judío. Tras pasar a la clandestinidad, Ahmed Rami se desplazó a París y desde allí viajó a Suecia, donde solicitó y obtuvo asilo político en 1973. Desde entonces vive en Estocolmo, donde ha publicado cinco libros en lengua sueca. Su aparición en estas páginas se debe a las actividades revisionistas que le acabaron costando el encarcelamiento en el país que lo había acogido.

En 1987 fundó y dirigió una emisora de radio llamada *Radio Islam*, que le permitió comunicar con los suecos y con los cerca de ochenta mil musulmanes que vivían en el país. Su lema era "Radio Islam -El luchador de la libertad. ¡Únete a la lucha conta la dominación y el racismo judío!". En sus emisiones radifónicas comenzó a lanzar contenidos revisionistas, en concreto los trabajos de Robert Faurisson. En 1988, la emisora informó sobre el desarrollo del juicio a Ernst Zündel en Toronto. Firme defensor de la causa palestina, Rami relacionó desde el principio el Holocausto a la usurpación sionista de Palestina y, consecuentemente, vinculó la liberación del pueblo palestino al esclarecimiento de las mentiras impuestas por el sionismo. Esta franqueza en sus planteamientos provocó que la estación de radio fuera tildada de antisemita, por lo que en 1989 el ministro de Justicia, presionado por el lobby judío, formuló una acusación por incitación al odio racial.

En septiembre de 1989 se inició un proceso contra Ahmed Rami que se prolongó hasta el mes de noviembre. Las sesiones comenzaron en la Corte de Distrito de Estocolmo el 15 de septiembre. Desde el primer momento la defensa de Rami rechazó las acusaciones de agravios y difamación contra un grupo étnico y planteó el argumento de que la libertad de expresión no podía ser restringida por el hecho de que alguien se sienta injuriado.

Además, el abogado Ingemar Folke insistió en que Rami se había limitado a citar pasajes de la Biblia en que los judíos aparecían como chantajistas, codiciosos, sádicos, explotadores y criminales. El hecho de que los textos procedieran del Pentateuco llevó a la prensa sueca a considerar que el tribunal debería acabar interpretando si había en ellos expresiones de racismo o de desprecio a otros grupos étnicos. El fiscal Hakan Bondestam llamó a declarar al rabino Morton Narrowe y al antiguo obispo luterano de Estocolmo, Krister Stendahl, profesor honorario en la Universidad de Harvard, que voló desde Estados Unidos para testificar contra el revisionista marroquí. Stendahl declaró que el escrito de Lutero *Los judíos y sus mentiras* no era cristiano y que Lutero era un antisemita. Por su parte, Rami presentó como testigos a Jan Hjärpe, reputado profesor de Islam en la Universidad de Lund y a Jan Bergman, profesor de religión en la Universidad de Upsala. Ambos declararon que en su opinión se atacaba la libertad de expresión en Suecia cuando se pretendía acallar las críticas a Israel y silenciar el tema palestino. El abogado Folke insistió en que era preciso diferenciar entre antisemitismo y antisionismo e hizo hincapié en que su cliente pretendía defender los derechos del pueblo palestino y que la crítica de las políticas de un Estado no podía considerarse odio racial. El diario *Expressen*, en un alarde de insidiosa mala fe, consideró en su edición de 23 de octubre de 1989 que era "prácticamente imposible separar antisemitismo de antisionismo".

En cuanto a los otros temas, se acusó a Rami de negar el Holocausto. Él mantuvo impasible que el pretendido genocidio de seis millones de judíos "era un enorme engaño de la propaganda". Algunos periódicos recogieron indignados las citas de Rami extraídas de *Los Protocolos de los Sabios de Sión* y su afirmación de que los judíos no habían sido exterminados en las cámaras de gas. El principal defensor de Rami y de los profesores Hjärpe y Bergman en la prensa sueca fue Jan Myrdal, hijo del premio Nobel Gunner Myrdal. A medida que avanzaba el proceso, el fiscal Bondestam se percató de que la prolongación del mismo era contraproducente, porque Rami lo aprovechaba para "continuar con su propaganda antisemita mientras era enjuiciado". El 14 de noviembre se pronunció el veredicto y Ahmed Rami fue considerado culpable. Cuando se dictó sentencia, fue condenado a seis meses de cárcel por "incitación contra un grupo étnico", por lo que en febrero de 1990 ingresó en prisión. El permiso de *Radio Islam* quedó cancelado durante un año. Robert Faurisson dio posteriormente noticia de las actividades de su colega revisionista en la cárcel. Según el profesor, Rami explicó con éxito sus puntos de vista no sólo a los presos, sino también a los guardias, razón por la cual las autoridades lo trasladaron a otro centro más pequeño, donde el resultado fue el mismo.

En cuanto a la cancelación del permiso para la radio, el Consejo de la Comunidad de Radio de Estocolmo permitió que la estación mantuviera sus emisiones hasta el 28 de noviembre de 1990. Cuando en 1991 la emisora reanudó sus actividades lo hizo bajo la dirección de David Janzon, un nacionalista sueco miembro de "Sveriges Nationella Förbund" (Alianza Nacional Sueca), el cual ulteriormente, en 1993, fue condenado por el mismo delito. De este modo, la estación radiofónica permaneció inactiva entre 1993 y 1995. La programación se restableció bajo la dirección de Ahmed Rami en 1996, año en que lanzó asimismo su famosa página web, que mantuvo el mismo nombre de *Radio Islam*. Inicialmente, este sitio web se mostró muy activo en su crítica al racismo judío y al dominio mundial del sionismo. Asimismo, textos revisionistas muy interesantes fueron apareciendo hasta en veintitrés idiomas. En la actualidad y desde hace ya unos años, la página, mantenida por un grupo de autodenominados "luchadores por la libertad" de diferentes países que apoyan a Ahmed Rami se renueva muy poco. Ignoramos cuál es la razón de su escasa actividad, aunque cabe pensar que la causa sea el acoso a Rami.

En este sentido, en sus *Écrits révisionnistes* [15] Robert Faurisson relata que entre el 17 y el 21 de marzo de 1992 viajó a Estocolmo invitado por su amigo marroquí. En la tarde/noche del

---

[15] *Écrits révisionnistes*, 4 volumenes, Omnia Veritas Limited, www.omnia-veritas.com.

mismo día de su llegada, Rami, dos jóvenes suecos y el profesor Faurisson fueron atacados y estuvieron a punto de ser linchados por individuos armados con palos, cuchillos y bombas lacrimógenas. Los líderes del grupo de agresores eran los responsables de un club de estudiantes judíos. La comunidad judía de Estocolmo consiguió gracias a estas amenazas la anulación de todas las conferencias que Ahmed Rami había organizado para dar la palabra al profesor Faurisson; pero no pudo evitarse que se expresara extensamente y en libertad a través de las ondas de *Radio Islam*. La segunda estancia del profesor en Estocolmo se produjo entre el 3 y el 6 de diciembre del mismo año. En el aeropuerto, el "profeta nazi", como lo calificó algún medio, fue recibido por Rami, unos amigos árabes y un somalí. Paradójicamente, dos manifestantes judíos sostenían una pancarta con la inscripción "¡Abajo el racismo!". Faurisson estuvo alojado en casa de su anfitrión y relata en los *Écrits* que se produjeron dos agresiones nocturnas contra el domicilio de Rami.

En octubre de 2000 Rami fue otra vez condenado por "incitación al odio racial". El tribunal sueco que lo juzgó en ausencia le impuso una multa de unos 25.000 dólares. Tanto en Francia como en Suecia fue investigado por "crímenes de odio" a causa de su papel en el mantenimiento de *Radio Islam*. En Suecia la investigación finalizó en 2004 y el fiscal no pudo aportar pruebas de que Ahmed Rami fuera el responsable de los contenidos que se exhibían en la página. El asunto de *Radio Islam* llegó al Parlamento sueco en noviembre de 2005. El debate tuvo lugar debido al gran número de demandas que las organizaciones judías interponían ante los tribunales, en las que exigían que Ahmed Rami fuera procesado en Suecia o que fuera presentado ante un tribunal internacional. Esta idea había sido propuesta en Marruecos por Robert Assaraf, el líder de la comunidad judía marroquí, quien en marzo de 2000, en unas declaraciones a la revista *Jeune Afrique*, preguntaba retóricamente: "¿No deberían los judíos marroquíes, que se hallan esparcidos por todo el mundo, movilizarse con el fin de llevar a juicio a Ahmed Rami?"

El debate en el Parlamento sueco se celebró el 10 de noviembre de 2005. Los miembros judíos de la cámara criticaron al Gobierno por haber abdicado ante Ahmed Rami y sus actividades antijudías en Suecia. El ministro de Justicia y del Interior Thomas Bodström se defendió con estas palabras: "En un Estado sometido al imperio de la ley, no me corresponde a mí o a los miembros del Parlamento imputar o juzgar a Ahmed Rami. Éste es un asunto de la Fiscalía. Pero ésta no ha sido capaz de encontrar ninguna evidencia que demuestre que Ahmed Rami ha violado la ley sueca." Ante el malestar de algunos diputados el ministro recordó: "La legislación sueca no prohíbe que se ponga en duda o se niegue el Holocausto." El ministro Bodström recordó que en Suecia se había acordado que no se podía obligar a los ciudadanos a creer en el Holocausto y que no era posible prohibir que se cuestionase su veracidad histórica. No obstante, sugirió "la posibilidad de ejercer alguna influencia en el Parlamento proponiendo una ley y, por supuesto, contribuyendo en el trabajo hecho en la Unión Europea".

Lo último que hemos conocido sobre Ahmed Rami y *Radio Islam* es que en diciembre de 2015 la policía italiana abrió una investigación. El motivo era la publicación en italiano en la página web de una lista de judíos influyentes que operaban en el país. Aparecían los nombres de periodistas, hombres de negocios, actores, y personalidades diversas, que eran calificados como "mafia judeo-nazi". Representantes de la comunidad judía consideraron que se trataba de una incitación a la violencia sectaria y utilizaron adjetivos como "inaceptable" o "despreciable" para referirse al asunto. El líder de la comunidad judía de Roma declaró al *Corriere della Sera* que "era una insoportable representación de odio antisemítico". Algunos abogados reclamaron que se procediera a cerrar de inmediato la "website". Por otra parte, Giuseppe Giulietti y Raffaele Lorusso, presidente y secretario general de la Federación Nacional de Prensa Italiana, consideraron que la publicación de la lista era "un acto miserable, racista e intolerable". En un comunicado de prensa escribieron: "Ofende en primer lugar a los musulmanes que han escogido la senda del diálogo y el respeto. Esta lista evoca los tiempos oscuros y los muros que deberíamos derribar entre todos".

Estos dos hipócritas se referían, naturalmente, a todos los muros menos el de ocho metros de altura levantado por los sionistas en Palestina. En cuanto al "diálogo y el respeto", no incluye, claro está, al pueblo palestino y mucho menos al millón y medio de gazatíes que viven en condiciones infrahumanas en su prisión al aire libre. Como es sabido, en julio/agosto de 2014 unas dos mil personas, una cuarta parte niños, fueron asesinadas y nueve mil quedaron malheridas, cuando no gravemente mutiladas. Por supuesto, aquello no fue "un acto miserable, racista e intolerable". Dos años después de los "tolerables" bombardeos contra los civiles palestinos, Gaza, gracias al "diálogo y el respeto", continúa en ruinas y sus habitantes siguen en la indigencia.

8. Víctimas principales de la persecución en Australia

Frederick Töben, encarcelado en Alemania, en Inglaterra y en Australia

El Dr. Fredrick Töben es una de las víctimas más ilustres y valientes del movimiento revisionista. Este australiano de origen alemán podría haber figurado en el apartado de las víctimas en Alemania, pues la "Bundesrepublik" es el país que más saña ha demostrado en su persecución. Hemos preferido, sin embargo, dedicarle un espacio exclusivo y situarlo en Australia porque es allí donde fundó en 1994 el Adelaide Institute, una institución dedicada a la investigación histórica que sería el equivalente en aquellas tierras del Institute for Historical Review de California.

Los lobbies de presión judíos en Australia no han cesado en su empeño de clausurar la website del Adelaide Institute. En 1996 el poderoso lobby judío "Executive Council of Australian Jewry" (ECAJ) emprendió las primeras acciones legales para cerrar la página del Instituto. El Dr. Töben, autor de numerosos trabajos sobre historia, educación y temas políticos, ha investigado en la mayoría de los campos de concentración que existen actualmente: Buchenwald, Dachau, Oranienburg, Sachsenhausen, Auschwitz-Birkenau, entre otros. En este último inspeccionó en abril de 1997 la supuesta cámara de gas y rodó un vídeo muy recomendable que forma parte del documental *Judea Declares War on Germany*, difundido por el IHR de Los Ángeles.

En 1999 viajó a Europa con el fin de llevar a cabo una investigación en diversos países, entre elllos Polonia, Ucrania, Hungría, la República Checa y Alemania. Estando en la oficina de un fiscal alemán famoso por sus actuaciones contra negacionistas, Hans-Heiko Klein, con quien supuestamente trataba sobre la legislación alemana que prohíbe la discrepancia con la versión oficial de la Segunda Guerra Mundial, fue arrestado el 9 de abril de 1999 por haber publicado o remitido a Alemania textos revisionistas del Adelaide Institute. En la orden de arresto se decía textualmente: "desde abril de 1996 y más recientemente entre enero y abril de 1999, ha enviado por correo desde Adelaida (Australia) a destinatarios de la República Federal de Alemania, entre otras cosas, un boletín informativo mensual del Adelaide Institute, del cual es el editor responsable." Todo un delito, sin duda, que justificaba, como se decía en la orden de arresto, su permanencia en prisión preventiva hasta que fuera juzgado.

Dicha prisión preventiva se prolongó ignominiosamente siete meses. El 3 de mayo, la oficina del fiscal del juzgado de instrucción de Mannheim la confirmó en una nueva orden de arresto. En las acusaciones, además del envío del boletín informativo, se especificaba que era "uno de los líderes revisionistas" y se concretaban algunos de los contenidos inadmisibles del boletín, como por ejemplo la declaración de que "el exterminio era una leyenda inventada por los judíos con el propósito de subyugar al pueblo alemán". En esta segunda orden de arresto se le acusaba de incitación al odio, de ataques contra la dignidad de otros y de denigrar la memoria de los judíos muertos, todo lo cual perturbaba la paz pública.

Apenas se supo en Australia la detención del director del Adelaide Institute, grupos defensores de los derechos civiles se movilizaron para denunciar que Fredrick Töben había sido arrestado en Alemania merced a "leyes draconianas contra la libertad de expresión". John Bennett, un conocido revisionista y activista australiano que preside la Unión de Libertades Civiles de Australia, instó a la gente a dirigirse a las embajadas y a otras instituciones alemanas para protestar. Bennett organizó un fondo para asegurar la defensa legal y la liberación de Töben. Otro grupo, "Electronic Frontiers Australia" (EFA), grupo independiente que promueve la libertad de expresión "online", se manifestó asimismo contra la detención y mostró su enojo por el hecho de que las autoridades alemanas tratasen el material colgado en una página web australiana como si hubiera sido publicado en Alemania. El presidente de EFA, el abogado Kimberley Heitman, acusó al

Gobierno alemán de tratar de legislar en la práctica para todo el mundo. También Mark Weber, director del IHR protestó indignado por el arresto y prisión preventiva de su colega australiano; pero nada cambió la situación de Töben en Alemania.

Después de siete meses de prisión sin fianza, el 8 de noviembre de 1999 fue presentado ante una corte del distrito de Mannheim presidida por el juez Klaus Kern. El primer día del juicio Töben anunció que no iba a defenderse de los cargos que se le imputaban porque ello sólo serviría para levantar contra él nuevas acusaciones por violaciones adicionales de las leyes alemanas sobre "negación del Holocausto" e "incitación al odio". Rechazó, eso sí, la pretensión de las autoridades alemanas de que los revisionistas fueran peligrosos neonazis o antisemtias. También su abogado, Ludwig Bock, anunció que tampoco él ejercería la defensa en representación del Dr. Töben, ya que corría el riesgo de ser también imputado. Por ello, se limitó a ler una declaración ante el tribunal en la que comparaba la persecución de Töben y de otros "negacionistas del Holocausto" con los juicios de brujas en la Edad Media. El letrado denunció que las leyes alemanas contra el revisionismo violaban gravemente el principio de libertad de expresión. Ante un periodista justificó la decisión de él y de su cliente: "Si digo algo, yo mismo iré a la cárcel, y si él dice cualquier cosa se expone a otro juicio".

El fiscal Klein confirmó posteriormente que estos temores estaban plenamente justificados: "Si hubieran repetido ante el tribunal cosas ilegales, habría formulado nuevos cargos". Como ha quedado ya explicado, el sistema legal en Alemania genera la indefensión de acusados y testigos e impide a los letrados ejercer libremente su profesión. De hecho, en noviembre de 1999 Ludwig Bock estaba en espera de conocer el resultado de su apelación, pues mientras defendía a Günter Deckert había sido condenado y multado con 9.000 marcos por haber denunciado que los líderes políticos y los jueces de su país prohibían el debate sobre el tema del Holocausto.

El juicio finalizó el 10 de noviembre de 1999. El tribunal consideró a Töben culpable de incitación al odio racial, de haber insultado la memoria de los muertos y de negación pública del genocidio porque en sus escritos enviados a personas en Alemania había cuestionado las evidencias de exterminio del Holocausto. Klaus Kern, el juez presidente, dijo que no cabía duda alguna de que Töben era culpable de "negación del Holocausto" y que, al no mostrar signos de rectificación de su conducta, debía ser condenado a prisión. Por ello, fue sentenciado a diez meses de cárcel. Por fortuna, el juez Kern tuvo en consideración que el acusado había pasado ya siete meses privado de libertad y aceptó el pago de una multa de 6.000 marcos en sustitución de los tres meses de condena que le quedaban. Los amigos alemanes de Frederick Töben reunieron enseguida el dinero y a las veinticuatro horas del veredicto quedó en libertad.

Especialmente importante en el fallo fue la resolución sobre internet, pues las consecuencias podían tener amplio alcance. La corte de Mannheim declaró que las leyes alemanas no tenían jurisdicción sobre los escritos y publicaciones online del Dr. Töben, por lo que rechazó entrar en las evidencias presentadas por la fiscalía en relación a la página web del Adelaide Institute. El juez Kern argumentó que el tribunal sólo podía considerar el material que Töben había enviado por correo electrónico o distribuido físicamente en Alemania. Tan pronto se halló en libertad, Töben declaró que se trataba de una victoria de la libertad de expresión: "Hemos salvado internet -dijo- como un lugar donde podemos decir la verdad sin ser castigados por ello." Por su parte, el fiscal Hans-Heiko Klein fue asimismo consciente de que el veredicto del tribunal podía sentar un precedente peligroso e interpuso de inmediato una apelación. "Es la primera vez -señaló- que un tribunal alemán ha decidido que algunas cosas dichas en internet en Alemania no pueden estar sometidas a las leyes alemanas. Esto es algo muy malo. Debilitará nuestra legislación que es muy importante para asegurar que la historia no se repita en Alemania."

Ya de vuelta en Australia, la lucha continuó con una nueva batalla. Según hemos apuntado al principio, en 1996 el ECAJ (Consejo Ejecutivo de la Judería Australiana), el más poderoso de los lobbies judíos de Australia, había presentado una denuncia cuya finalidad era prohibir en Internet la página web del Adelaide Institute. Un año después de que en el juicio de Alemania Töben hubiera logrado un triunfo para la libertad en Internet, el 10 de octubre de 2000, la "Human Rights and Equal Opportunity Commission" (HREOC), bajo presión de la judería de Australia, emitió una orden contra el Adelaide Institute. Kathleen McEvoy, comisionada de la HREOC, denunció que el Instituto había violado la Sección 18 C de la Ley de Discriminación Racial de 1975 mediante la publicación de materiales cuyo propósito primordial era denigrar a los judíos. McEvoy declaró que dichos materiales, "ninguno de los cuales tenía suficiente nivel histórico, intelectual o científico", deberían ser prohibidos porque eran "intimidatorios, insultantes y ofensivos". El vicepresidente de ECAJ, Jeremy Jones, se apresuró a reiterar que "el negacionismo del Holocausto de Töben era ofensivo, insultante y, como había confirmado la HREOC, ilegal". Jones añadió que la comisionada "había demostrado que comprendía la necesidad de aplicar leyes que incluyan internet y había respaldado la opinión de otras jurisdicciones de que el antisemitismo enmascarado de pseudohistoria es tan pernicioso como la peor de las formas de odio racial." Peter Wertheim, abogado del ECAJ en el proceso legal y líder de la comunidad judía, se refirió al caso como "un punto de referencia" porque "se ocupaba del odio en internet por primera vez en Australia y muy probablemente en el mundo."

La respuesta del Dr Töben fue desafiante: aseguró que no tenía intención de cumplir la orden de la HREOC (Comisión para Derechos Humanos e Igualdad de Oportunidades) y dijo que no pensaba disculparse por la publicación de "un material objetivamente correcto". Töben acusó a la HREOC de considerar únicamente los intereses de los judíos y calificó de inmoral su actuación. Dijo que "no pensaba hacer nada" porque no podía considerarse que la verdad fuera una ofensa para nadie. A principios de noviembre de 2000 el Australia/Israel & Jewish Affairs Council se unió al ECAJ en la demanda al Tribunal Federal del país para que hiciera cumplir la orden de censura de la HREOC contra Töben y el Adelaide Institute.

El intento de censura contra el Adelaide Institute supuso un precedente vergonzoso para un país con larga tradición en el respeto a las libertades civiles y a la libertad de expresión. Terry Lane, un veterano columnista y comentarista en televisión, preguntó a la comisionada McEvoy si "iba ordenar a cada persona sincera que desagrada a uno u otro grupo que cesara y que pidiera disculpas." Este periodista se atrevió a decir que las afirmaciones de Töben sobre las cámaras de gas "podían ser probadas o refutadas con la evidencia", por lo que no era preciso censurarlas de antemano. "Si Töben dice la verdad -añadió Lane- nada podrá pararlo. Si es un escritor malicioso, será ignorado. Deberíamos comprobar sus afirmaciones, no prohibirlas." Otro autor, Nigel Jackson, defensor de los derechos civiles, se refirió a la HREOC como un cuerpo "pseudojudicial" y calificó su orden como "una victoria de los intereses sobre los principios". El 17 de septiembre de 2002 el Tribunal Federal, en atención a la demanda de los lobbies judíos, confirmó la aplicación de las leyes de odio antirracial contra la página web del Adelaide Institute. En 2003, en el caso de Töben contra Jones, el Tribunal emitió la primera resolución en Australia en relación al odio racial contra grupos religiosos. Töben no retiró los materiales en cuestión y se negó asimismo a pedir disculpas.

En 2004, una corte de Mannheim emitió una Orden Europea de Detención y Entrega, EAW, ("European Arrest Warrant") contra Frederick Töben, al que acusaban de publicar online material antisemítico y/o de naturaleza revisionista en Australia, Alemania y otros países. Pese a la existencia de esta euroorden, el Dr. Töben estuvo viajando por el mundo sin problemas. En 2005 concedió una entrevista a la televisión pública iraní en la que denunció al Estado de Israel, "fundado sobre la mentira del Holocausto". En diciembre de 2006 participó en la Conferencia de Teherán junto a sus colegas revisionistas. Sin embargo, en su propio país seguían los problemas como consecuencia de su negativa a retirar los textos censurados de la página web del Instituto y, consecuentemente, del enfrentamiento que mantenía con la Corte Federal.

Jeremy Jones, del Consejo Ejecutivo de la Judería Australiana (ECAJ), proseguía mientras tanto incansable su persecución judicial en los tribunales. A finales de febrero de 2008 el Dr. Töben, citado ante el Tribunal Federal de Sidney, formuló contundentes acusaciones contra dos jueces judíos del alto Tribunal, Alan Goldberg y Stephen Rothman, a los que recriminó por "propagar el Holocausto judío" con la finalidad de "proteger una mentira histórica". El 7 de agosto de 2008 el periódico australiano *The Advertiser* informó que "el revisionista del Holocausto Frederick Töben podía ser encarcelado por menosprecio criminal al Tribunal Federal si no podía afrontar una multa." Se le acusaba de seguir publicando textos racistas en la página web del Adelaide Institute, a pesar de la orden del Tribunal Federal de septiembre de 2002 y de un nuevo requerimiento realizado en 2007.

Dos meses más tarde, el 1 de octubre de 2008, Töben viajaba de Estados Unidos a Dubai. Cuando su avión aterrizó en el aeropuerto de Heathrow para realizar un parada técnica. La policía británica subió a bordo y en aplicación de la EAW de 2004 arrestó en el avión al revisionista australiano. Presentado el día 3 ante una corte del distrito de Westminster, los jueces británicos decidieron mantenerlo preso en la cárcel londinense de Wandsworth hasta que se decidiera sobre la extradición solicitada. Töben declaró que estaba protegido por el tratado de Schengen y que no aceptaría ser extraditado, pero la vista quedó fijada para el día 17 de octubre.

Los revisionistas británicos se movilizaron ante el atropello perpetrado contra su colega australiano. Un grupo de simpatizantes, entre los que estaba David Irving, se manifestó ante el tribunal. La prensa dedicó bastante atención al asunto. *The Telegraph* informó adecuadamente sobre el caso Töben y calificó el arresto como "un descarado ataque a la libertad de expresión". En un editorial, este rotativo advirtió: "El arresto del Dr. Frederick Töben debería alarmarnos a todos". En el Parlamento, el portavoz del Partido Liberal Democrático, Chris Huhne, recordó que la "negación del Holocausto" no era un delito en Gran Bretaña, por lo que pidió a los tribunales británicos que rechazaran la extradición de Töben. Simultámneamente, Andreas Grossmann, el fiscal de la corte de distrito de Mannheim, se felicitó por el arresto y dijo que pese a los intentos de evitar la extradición a Alemania, esperaba sentar a Töben ante el tribunal el próximo año. Grossmann advirtió en declaraciones a medios de información australianos que la tozudez y el empecinamiento del acusado podían costarle cinco años de prisión en Alemania.

El 17 de octubre de 2008 había expectación. Periodistas con cámaras y micrófonos se congregaron frente a la "City of Westminster Magistrates Court". Kevin Lowry-Mullins, abogado de Töben, declaró antes de entrar que lucharían por cada cuestión. También atendió a los periodistas Lady Michèle Renouf, la modelo revisionista británica de origen australiano que regenta la página web *Jailing Opinions* (*Encarcelando opiniones*), la cual asistió a Töben desde que supo de su detención. Firme defensora de la libertad de investigación, de expresión y de pensamiento, Renouf resaltó la importancia de la decisión judicial para las libertades en el Reino Unido. Pero hubo que seguir esperando, pues la vista quedó aplazada hasta el día 29 de octubre. Lowry-Mullins explicó a la salida el alcance que tendría la resolución, puesto que se trataba de dilucidar si un Estado podía solicitar la extradición al Reino Unido de cualquier persona, incluso si el crimen imputado no era delito en el país.

Por fin el 29 de octubre llegó la victoria esperada por Töben, Lady Renouf y tantos revisionistas en todo el mundo. Daphne Wickham, la juez de la Corte de Magistrados de Westminster, dictaminó ante una sala repleta de simpatizantes de Töben que la euroorden no era válida porque no concretaba suficientemente los delitos: no mencionaba el nombre de la website, ni dónde ni cuándo se habían publicado los materiales, pues se limitaba a decir publicaciones en internet en todo el mundo. Melanie Cumberland, la letrada que representaba a las autoridades alemanas, argumentó que la información requerida podría ser aportada; pero la juez del distrito dijo: "El requisito, desde mi punto de vista, no puede ser cumplido con una información gota a gota como y cuando la aporte la autoridad del país emisor. Considero que los detalles son vagos e imprecisos. Estimo que la orden no es válida, por lo que desimputo al acusado." Es decir, sin entrar siquiera a pronunciarse sobre si los supuestos crímenes de opinión eran delitos que permitían la extradición, la juez levantó los cargos contra el Dr. Töben por defectos formales en la orden de arresto. Cumberland anunció que pensaba recurrir al Tribunal Supremo. En espera de dicha apelación, la juez Wickham, tras prohibirle hacer declaraciones a la prensa, concedió la libertad provisional a Töben bajo fianza de 100.000 libras esterlinas con la condición de que diera una dirección reconocida, que sería la de Lady Renouf.

Michèle Renouf declaró a la salida que no temían acabar ante el Tribunal Supremo, pues ello permitiría que el caso del Dr. Töben adquiriera mayor repercusión internacional. Finalmente, tal vez considerando que la presentación del recurso podía acabar siendo nociva para los intereses del lobby del Holocausto, el 18 de noviembre se comunicó a los abogados de Töben que las autoridades alemanas renunciaban a apelar. El 19 de noviembre por la tarde, mientras el Parlamento británico homenajeaba al sionista Shimon Peres con la concesión de la Orden de San Miguel y San Jorge, Fredrick Töben festejó la libertad con sus amigos. El 21 de noviembre Kevin Lowry-Mullins informó que se le había devuelto el pasaporte y que se estaba preparando para abandonar Gran Bretaña. El abogado lamentó que su cliente no hubiera recibido ninguna indemnización por los casi dos meses que había estado retenido contra su voluntad en Londres.

El 3 de diciembre de 2008 Töben estaba ya de regreso en Australia; pero lejos de disfrutar de una tregua, tuvo que afrontar la continuación de la persecución que el Consejo Ejecutivo de la Judería Australiana había iniciado en 1996. En abril de 2009, Töben fue declarado culpable por haber ignorado la orden del Tribunal Federal que le obligaba a suprimir ciertos materiales de la página web del Adelaide Institute. Condenado a tres meses de cárcel, alegó que no tenía dinero para pagar una multa que evitara la entrada en prisión y mucho menos para hacer frente a las costas legales de un proceso judicial tan largo, como exigía Jeremy Jones, que había iniciado el pleito en representación de las organizaciones judías. Töben recurrió en junio la sentencia.

La vista de la apelación se celebró el 13 de agosto de 2009. El abogado David Perkins hizo saber a la corte que los textos publicados en la website del Adelaide Institute eran sólo "una gota en un cubo de agua" si se comparaba con la cantidad de material revisionista disponible en la red. Los jueces insistieron en que el caso no tenía que ver con el Holocausto, las cámaras de gas o la ejecución de judíos durante la Segunda Guerra Mundial, sino con la desobediencia de las órdenes del Tribunal Federal. Evidentemente, ello era una argucia, es decir, un argumento falso expuesto con habilidad suficiente para que pareciera verdadero. La Corte Federal no hubiera ordenado en 2002 retirar el material sin la presión de los lobbies judíos que pretendían la prohibición de los textos que cuestionaban la versión oficial de la historia. Los tres jueces del Tribunal Federal de Australia rechazaron, pues, la apelación y confirmaron el ingreso en prisión. "Ustedes siguen órdenes ciegamente, caballeros", dijo Töben dirigiéndose a los jueces mientras salía de la sala de juicios.

De este modo, Frederick Töben se convirtió entonces en el primer prisionero de conciencia en la historia legal de Australia. Inicialmente pasó una semana encerrado en un bloque de castigo de máxima seguridad en la cárcel de Yatala, en los suburbios del norte de Adelaide, una prisión en la que son internados los peores criminales. Posteriormente, fue trasladado a un centro de internamiento mucho menos riguroso en Cadell, a unos doscientos kilómetros al noreste de Adelaide, donde pudo recibir el apoyo de sus amigos, que no dejaron de visitarlo. El Adelaide Institute pasó a ser dirigido por Peter Hartung, empresario y consejero político con un espíritu de resistencia digno de su antecesor y amigo.

En cuanto a las costas del proceso, El Dr. Töben tuvo que hacerse cargo de ellas. El 25 de junio de 2010, Jeremy Jones, que se comportaba como el sabueso que no suelta su presa, cumplimentó un pliego de costas judiciales y gastos que ascendía a 104.412 dólares. El 30 de junio el Tribunal Federal decidió solicitar 56.435 dólares como provisión y el 15 de septiembre de 2010 emitió un certificado de tasación en el que se estimaba que la cantidad solicitada por el Tribunal era la correcta. Comenzó así otra complicada batalla legal entre Jeremy Jones y Fredrick Töben que se prolongó más de dos años, por lo que la cantidad demandada fue incrementándose. El 27 de febrero de 2012 Jeremy Jones pidió una nueva tasación de las costas. El 10 de abril, el Dr. Töben presentó una solicitud de interlocutoria en la que, entre otras cosas, solicitaba que se eliminase o excluyera la liquidación de las costas judiciales. El 3 de mayo de 2012 el juez Mansfield rechazó la pretensión de Töben, que tuvo que pagar además los gastos correspondientes de la solicitud de interlocutoria. El 18 de mayo de 2012, Fredrick Töben escribió a Jeremy Jones en estos términos:

> "Su reclamación contra mí en el asunto de las costas que exceden los 175.000 dólares es injusta e inadmisble. He vendido mi casa en la que había vivido veintisiete años, el único activo de que disponía, para satisfacer sus peticiones previas. No tengo otros fondos o valores y no podré pagar ni un céntimo. Si es preciso, puede usted pedir mi insolvencia. En todo momento he ejercido mi derecho a la libertad de expresión. Con el fin de demostrar la injusticia que me ha ocasionado, mantengo una reclamación cruzada contra usted en el Tribunal Federal, reclamando daños por violaciones de las secciones 18 (1) y 20 (1) de la cláusula 2 de 'Competition and Consumer Act' (no nos arriesgamos a traducir el título de dicha ley). También me propongo interponer una demanda por difamación. Las causas de esta acción se remontan a su artículo de 31 de agosto de 2009 ('La última palabra: desprecio por la verdad'), que publicó usted en internet y sigue allí. Si los pleitos que propongo son atendidos por el Tribunal, espero recibir una cantidad considerable por daños y perjuicios, suficiente para atender a sus reclamaciones por costas. Sin embargo, estoy preparado para renunciar a mis derechos legales de emprender demandas contra usted por las acciones arriba mencionadas, siempre y cuando usted suspenda su demanda por costas.
>
> Quedo a la espera de sus consejos."

En estas líneas, extraídas de los archivos documentales del Adelaide Institute, donde figuran los textos del proceso judicial, queda reflejada la lucha desigual de un hombre humilde, carente de recursos, contra los lobbies judíos australianos, cuya riqueza es prácticamente ilimitada. Tras pasar por las prisiones de Alemania, Inglaterra y Australia, Fredrick Töben había perdido todos sus bienes materiales y estaba arruinado, pero atesoraba un convencimiento y una grandeza ejemplares, que le permiten constituirse hoy en paradigma de todos aquellos que se esfuerzan de una u otra forma para que futuras generaciones de jóvenes estudien una historia universal verdadera, en la que los impostores queden desenmascarados.

Sin espacio para más detalles, añadiremos que después de diecisiete años de persecución legal por representantes de la comunidad judía de Australia, el 24 de septiembre de 2012 el Dr. Fredrick Töben fue declarado insolvente por los magistrados del Tribunal Federal de Sidney. Tras haber expirado el plazo legal para apelar, *The Australian jewishnews* dio la noticia a finales de octubre con el titular "Töben amarrado". Según las leyes australianas, la declaración de insolvencia implicaba la confiscación del pasaporte con el fin de facilitar el control de su hacienda y sus ingresos. De este modo, "amarrado", quedaba condenado a vivir como un pobre el resto de sus días como castigo por sus "crímenes".

9. Víctimas de la persecución en el Reino Unido

Alison Chabloz, condenada en Inglaterra por tres canciones

Alison Chabloz, la bloguera de Charlesworth (Glossop), en el condado inglés de Derbyshire, declaró lo siguiente en 2018 a *The Barnes Review*: "Soy la única cantante en la historia moderna británica que ha sido encarcelada por cantar canciones que nadie está obligado a escuchar." Chabloz escribió e interpretó canciones que no gustaron a los intocables, que iniciaron la persecución. La organización CAA (Campaign Against Antisemitism), presidida por Gideon Falter, interpuso una querella que más tarde fue asumida por el CPR (Crown Prosecution Service). Muchos meses antes de ser detenida, Alison Chabloz había estado recibiendo sospechosas cartas anónimas, que entregaba regularmente a la policía de Glossop. El agente encargado había pedido expresamente a Alison que no las abriera. Sin embargo, a pesar de que incluso había recibido amenazas de muerte, como por ejemplo: "Ten cuidado de que alguien no te empuje bajo un tren", la investigación cesó incomprensiblemente cuando en noviembre de 2016 fue arrestada por vez primera.

En la citada entrevista a *The Barnes Review*, Chabloz explica que trabajaba como cantante en cruceros cuando en 2010 comenzó a interesarse en política. El sufrimiento del pueblo palestino, víctima permanente del sionismo internacional, fue la clave que le permitió el tránsito hacia el gran espacio de libertad intelectual del revisionismo. En el camino conoció al futbolista Nicolas Anelka, amigo y defensor de la causa palestina, y al actor y cómico francés Dieudonné M'bala M'bala, quien la puso sobre la pista del imprescindible profesor Robert Faurisson.

En 2014 viajó a Alemania, concretamente a Hamburgo, donde tuvo seis semanas de formación antes de comenzar un contrato de trabajo de tres meses en un barco. Allí comprobó por primera vez que el poder de ciertos judíos es ilimitado. El capitán del barco la llamó a su despacho y le mostró unas capturas de pantalla con unos tweets intercambiados con una sionista llamada Ambrosine Shitrit. En ellos defendía una vez más a los palestinos y utilizaba la sátira para criticar al Estado sionista. Shitrit expuso en su website los mensajes de Alison Chabloz como ejemplo de antisemitismo. Ello fue suficiente para que fuese humillada y despedida por el propio capitán. A las nueve de la noche del primer día de contrato estaba de pie en el muelle y sin trabajo. Trató de negociar con la empresa, una sucursal alemana de Costa Cruises, filial europea de Carnival Group, sociedad anglo-americana que domina el mercado de cruceros, la cual está dirigida por Micky Arison, un hombre de negocios estadounidense nacido en Israel. Por supuesto, no hubo nada que negociar.

En lugar de asustarse o desmoralizarse, Chabloz continuó activa "online" y prosiguió sus lecturas de textos revisionistas. En 2015 la compañía suiza Uniworld le ofreció un nuevo trabajo. De abril a octubre cumplió contrato en un barco que navegaba por ríos europeos, lo cual no le impidió participar en agosto en el Edinburgh Art Festival, al que ya había acudido en años anteriores. Pronto el organizador le hizo saber que estaban recibiendo presiones para que sus actuaciones fuesen canceladas, toda vez que era considerada una antisemita negacionista del Holocausto a la que no se debería conceder espacio en Edimburgo. Pese a todas las protestas, la organización aguantó el chaparrón y Alison Chabloz pudo continuar cantando. El último día fue fotografiada en la calle Princess de Edimburgo haciendo el saludo de la quenelle, gesto popularizado por Dieudonné que consiste en alargar hacia abajo un brazo en diagonal con la palma de la mano boca abajo mientras la mano contraria se toca el hombro. Alison mostró la foto en su cuenta de Twiter, una decisión que iba a desencadenar el proceso en su contra, puesto que dos días más tarde la asociación Campaign Against Anti-Semitism la publicó en su blog y anunció la denuncia ante la Policía. Un día después *The Times of Israel* se sumó a la ofensiva contra la cantante.

Entre los hechos más reconfortantes de 2016 merece destacarse el contacto que estableció con Gerard Menuhin, autor de *Tell the Truth and Shame the Devil*, cuya actuación en defensa de Horst Mahler ha sido comentada anteriormente. Alison recibió como regalo un poema de Menuhin titulado *Tell Me More Lies*, al que puso música. Además, compuso en 2016 las canciones que habían de costarle una condena de dos años de cárcel. En "Survivors" aludía directamente el tema del Holocausto. En otra de las canciones cuestionadas se refería a Auschwitz como "un parque temático" y a las cámaras de gas como "una fábula". En una canción titulada "Haavara" denunció el Haavara Agreement, asunto al que dedicamos diez páginas en el capítulo VIII de nuestra *Historia proscrita*. Como sabemos, es el pacto de colaboración entre nazis y judíos, que supuso un tránsfer de Alemania a Palestina de más de 60.000 sionistas alemanes con toda su fortuna.

Aparte de su arresto, lo peor del año 2016 fue la imposibilidad de volver a interpretar sus canciones alternativas en Edimburgo. No obstante, Chabloz actuó en septiembre en el London Forum, un mitin nacionalista. Su cuenta de Twiter llegó a alcanzar los 3.500 seguidores; pero en octubre fue suspendida. Poco antes de su arresto, recibió una carta de la Policía en la que se le comunicaba que la investigación por las provocaciones y amenazas anónimas recibidas había sido infructuosa. Finalmente, una tarde del mes de noviembre se produjo la detención. Tras ser interrogada, quedó presa seis horas en una celda mientras los policías registraban su casa, donde se apoderaron del ordenador portátil, que no le fue devuelto hasta un año más tarde. Al día siguiente pudo salir en libertad bajo fianza. Se le comunicó que estaba siendo investigada por distribución de material "racista" a través de sus canciones y por acoso a dos mujeres, una de las cuales era Shitrit, quien había provocado su despido en Hamburgo. Una semana más tarde recibió una citación del Tribunal de Primera Instancia de Westminster por su canción "Survivors". La Corona añadió más cargos por tres de las canciones consideradas sumamente ofensivas y se sumó a la denuncia privada interpuesta por Gideon Falter, presidente de la CAA, por lo que se convirtió de este modo en una querella pública.

A lo largo de 2017 Alison Chabloz vio restringidos sus derechos y su libertad. Se sucedieron las vistas, en las que fue nuevamente interrogada. A causa de los repetidos traslados a Londres, pasó varias noches en celdas del condado de Derbyshire. Por fin, tras recusar a un juez considerado amigo declarado de Israel y haber cuestionado a dos testigos de la acusación, el proceso tuvo lugar en mayo de 2018. En la puerta del Tribunal de Westminster Alison Chabloz y sus seguidores fueron acosados a su llegada por grupos con banderas de Israel. El día del juicio, el 25 de mayo concretamente, un individuo fornido con dos tatuajes muy visibles: en la cara la estrella sionista y en el cuello la palabra "Chosen" (clara alusión de pertenencia al pueblo escogido por Dios), rezumando odio por todos los poros, se encaró con un hombre y lo empujó delante de testigos con intención de tirarlo al suelo. También Lady Michèle Renouf, que asistió a la vista, fue increpada a la salida. El día 14 de junio, al ir a recoger la sentencia, Chabloz llegó con unos amigos del Frente Nacional y fue de nuevo obsequiada con los habituales insultos: "escoria", "nazi", etc., proferidos por varios amigos de la libertad de expresión cuando la ejercen ellos.

Los magistrados del Tribunal de Westminster concluyeron que Alison Chabloz, la bloguera de Charlesworth, de 54 años, era culpable de difundir en YouTube material gravemente ofensivo. La condena aludía a las letras de tres canciones en las que, según dijo el juez John Zani, pretendía insultar al pueblo judío. La fiscal Karen Robinson tergiversó los hechos hasta el punto de afirmar que no eran canciones políticas, sino "un disfraz para atacar a un grupo de gente por su devoción a una religión". El abogado Adrián Davis, por su parte, advirtió al juez que su fallo sería fundamental, puesto que sentaría un precedente en el ejercicio de la libertad de expresión. "Es difícil saber -dijo- qué derecho ha sido violado por las canciones de la Sra. Chabloz."

Alison Chabloz fue condenada a dos años de prisión suspendida, es decir condicionada a que no reincidiera en el delito. Se le prohibió también durante un año el uso de las redes sociales. Además, le fue impuesta la obligación de prestar 180 horas de servicios a la comunidad de Derbyshire, que ni la había denunciado ni pedía indemnización de ningún tipo y en la que no existe ninguna sinagoga. En la sentencia el tribunal constató que no había arrepentimiento en la Sra. Chabloz y la advertía de que si aspiraba a convertirse en "una mártir de su causa" y no respetaba los términos de la sentencia suspendida, acabaría en la cárcel. El querellante Gideon Falter mostró su satisfacción y declaró que Alison Chabloz era una antisemita "implacable y repulsiva" que incitaba al odio a los judíos al afirmar que "el Holocausto era un engaño perpetrado por los judíos para defraudar al mundo". Como de costumbre, repetía la cantinela habitual: "Esta sentencia envía un fuerte mensaje de que en Gran Bretaña no se tolerarán las teorías de conspiración antisemita y negación del Holocausto."

Como era de esperar, Chabloz perdió la apelación. El 13 de febrero de 2019 el juez Christopher Hehir, de la Southwark Crown Court de Londres, ratificó la condena. El tribunal estimó que la cantante había perdido el sentido de la perspectiva al considerar a los judíos "ladrones, mentirosos y usurpadores". Por su parte, Gideon Falter se encargó de resaltar la importancia del éxito de su demanda al constatar que se trataba de "la primera condena en el Reino Unido por negación del Holocausto en los medios sociales". Y advirtió que "otros antisemitas que piensan que pueden maltratar "online" a la comunidad judía impunemente deberían tomar nota".

10. Otras víctimas de la persecución por crímenes de pensamiento

Todos contra el obispo católico Richard Williamson

El caso del obispo católico inglés Richard Nelson Williamson es conocido internacionalmente por la repercusión que tuvieron unas declaraciones suyas sobre el Holocausto. Monseñor Williamson perteneció a la Fraternidad San Pío X y fue excomulgado por Juan Pablo II en 1988. En noviembre de 2008 la televisión sueca grabó con él una entrevista en Regensburg (Alemania), la cual fue emitida el 21 de enero de 2009, pocos días antes de que el Papa Benedicto XVI hiciera público un decreto por el que le levantaba la excomunión a él y a otros tres obispos renegados. Las palabras del obispo produjeron un escándalo mediático, desatado por organizaciones sionistas, y llegaron a poner en peligro las relaciones del Vaticano con los líderes religiosos judíos. La entrevista comienza así:

P. "- Monseñor Williamson, ¿Son éstas sus palabras? 'Ni un solo judío fue asesinado en las cámaras de gas. No son más que mentiras, mentiras, mentiras.' ¿Son éstas sus palabras?

R. - Creo que usted me cita de Canadá, sí, hace muchos años. Creo que la evidencia histórica está abrumadoramente en contra de que seis millones de judíos hayan sido asesinados en cámaras de gas como consecuencia de una política deliberada de Adolf Hitler.

P. - Pero usted dijo que ni un solo judío fue asesinado.

R. - En cámaras de gas.

P. - Así que no hubo cámaras de gas.

R. - Creo que no hubo cámaras de gas, sí."

El dogma de fe del Holocausto acababa de ser negado públicamente por un obispo católico. ¡Anatema! Durante el resto de la entrevista, Williamson acudió a los revisionistas y dijo que según ellos entre 200.000 y 300.000 judíos habían muerto en los campos de concentración, pero ninguno de ellos en cámaras de gas. Tras preguntar al entrevistador si había oído hablar del *Informe Leuchter*, monseñor Williamson ilustró al periodista cuando éste respondió que no lo conocía: la investigación en Auschwitz, las condiciones de una cámara de gas, las características del Zyklon B fueron los temas explicados por el sacerdote. El entrevistador reaccionó con una pregunta: "Si esto no es antisemitismo, ¿qué es antisemitismo?" La respuesta fue que la verdad histórica no podía ser antisemitismo.

Las críticas ante un crimen de pensamiento tan atroz fueron feroces y las demandas inmediatas. Ya el mismo mes de enero el fiscal de Regensburg, Günter Ruckdaeschel, anunció que se había abierto una investigación contra Williamson. Las críticas se hicieron extensivas al Papa Benedicto XVI por haberle levantado la excomunión. Un portavoz del Vaticano señaló de inmediato que las opiniones del obispo eran inaceptables y que violaban las enseñanzas de la Iglesia. En un artículo publicado en primera página, el periódico vaticano *L'Osservatore Romano* reafirmaba que el Papa deploraba cualquier forma de antisemitismo y que todos los católicos deberían hacer lo mismo. El rabino David Rosen del "American Jewish Committee", el rabino Marvin Hier del Centro Simon Wiesenthal y la Agencia Judía, en la práctica portavoz del Gobierno israelí, denunciaron al Vaticano por haber perdonado a un negacionista del Holocausto.

Por su parte el obispo Williamson, ya de vuelta en su sede de La Reja, en la provincia de Buenos Aires, agradeció al Papa su decisión, que calificó como "un paso adelante para la Iglesia". El 26 de enero de 2009, el cardenal Angelo Bagnasco, presidente de la Conferencia Episcopal Italiana, defendió la decisión del Papa de rehabilitar a Williamson, pero censuró sus puntos de vista como "infundados e injustificados". El presidente de la Conferencia Episcopal en Alemania, Heinrich Mussinghoff, se apresuró también a "condenar enérgicamente la negación explícita del

Holocausto". Monseñor Williamson realizó una declaración en la que pedía perdón al Sumo Pontífice por haberle causado "aflicciones y problemas" a causa de sus puntos de vista sobre el Holocausto, que él mismo calificó de "imprudentes".

El clamor y las presiones de las organizaciones judías se multiplicaron y pusieron en evidencia la incapacidad del Vaticano para dar una respuesta que no fuera obediencia y docilidad. Charlotte Knobloch, presidenta del Consejo Central de Judíos en Alemania, anunció que en estas circunstancias suspendía sus diálogos con los líderes católicos. El 3 de febrero de 2009, el Rabinato Supremo de Israel rompió oficialmente las relaciones con el Vaticano y canceló un encuentro fijado para los días 2 y 4 de marzo con la Comisión de la Santa Sede encargada de las relaciones con los judíos. Oded Weiner, director general del Rabinato, dirigió una carta al cardenal Walter Casper, en la que le decía: "sin una disculpa y una retractación públicas, será difícil continuar el diálogo."

El mismo día 3 de febrero, Angela Merkel, fiel a la voz de sus amos, exigió al Papa Benedicto XVI que clarificase la posición de la Iglesia: "El Papa y el Vaticano -dijo- deben dejar claro sin ambigüedades que no puede haber negacionismo". En Alemania toda la maquinaria para atizar el fuego del "escándalo" estaba en pleno funcionamiento: El *Bild Zeitung* advirtió al Papa que "no se podía negar el exterminio de seis millones de judíos" sin una reacción. El *Süddeutsche Zeitung* aplaudió la advertencia de la canciller y recordó que un Papa alemán no podía "respaldar a un negacionista del Holocausto" sin ofender a la comunidad judía. El *Berliner Zeitung* escribió que Williamson no había sólo murmurado en privado, sino que había hablado públicamente, por lo que pedía al Papa que lo excomulgase de nuevo. Para tratar de contener las críticas, el 4 de febrero Benedicto XVI ordenó a Richard Williamson que se retractara "de manera pública e inequívoca."

El obispo había estado viviendo durante cinco años en Argentina, pero el 19 de febrero fue declarado "persona non grata". El Ministerio del Interior de Argentina, a través de la Dirección

Nacional de Migraciones, instó al obispo británico a abandonar el país en el plazo de diez días. En la nota se decía textualmente que se tenía en cuenta "la notoriedad pública luego de sus declaraciones antisemitas a un medio sueco, en las cuales puso en duda que el pueblo judío haya sido víctima del Holocausto". El Gobierno argentino añadía en la nota que las manifestaciones de Williamson "agredían profundamente al pueblo judío y a la humanidad".

Monseñor Williamson, que viajó a Inglaterra, resistió, sin embargo, todas las presiones y en una entrevista a *Der Spiegel* dijo que siempre había buscado la verdad y por ello se convirtió al catolicismo. Declaró que estaba convencido de lo que había dicho: "Hoy digo lo mismo que dije en la entrevista con la televisión sueca: la evidencia histórica debe prevalecer y no las emociones. Y si encuentro otra evidencia contraria, me retractaré, pero eso llevará tiempo." El obispo redactó una disculpa por escrito, pero Federico Lombardi, portavoz del Vaticano, dijo que "no reunía las condiciones para que fuera admitido de nuevo en la Iglesia". Por supuesto, también la comunidad judía la rechazó. Marvin Hier, del Centro Simon Wiesenthal, exigió: "si quiere disculparse tiene que afirmar el Holocausto".

Brigitte Zypries, ministra de Justicia de Alemania, acabó desechando la posibilidad de emitir una EAW para que las autoridades británicas arrestaran al obispo y lo extraditaran a Alemania. Por fin, en abril de 2010 se celebró en Regensburg un juicio al que Williamson no se presentó. Tampoco acudieron a declarar los tres periodistas suecos que habían participado en la entrevista. El abogado Matthias Lossmann solicitó en vano la absolución. Monseñor Williamson fue condenado a pagar 10.000 euros de multa por "instigación al odio racial". Tras la correspondiente apelación, en julio de 2011, nuevamente en ausencia, Williamson fue condenado en segunda instancia a pagar 6.500 euros, pero debido a fallos procedimentales se obligó a una revisión del proceso. El 24 de febrero de 2012 quedó absuelto. El tribunal consideró que los cargos habían sido presentados de manera incorrecta porque la acusación no especificó adecuadamente la naturaleza de la ofensa. La sentencia quedó, pues anulada por los errores en el procedimiento. Puesto que quedó abierta la posibilidad de nuevas acusaciones, el 16 de enero de 2013 fue condenado en ausencia por tercera vez. En esta ocasión se rebajó la multa a 1.600 euros. Williamson se negó a pagar y apeló nuevamente.

Como se aprecia, lo importante del caso fue la bronca monumental, el acoso inclemente, las reacciones desmesuradas contra un sacerdote católico sólo porque se había atrevido a decir lo que pensaba. En nuestra opinión, lo verdaderamente lamentable del asunto no fueron las consabidas condenas y amenazas de las organizaciones judías internacionales o las exigencias al Papa de la prensa alemana y de la canciller Merkel, hija de una judía polaca y casada en segundas nupcias con un catedrático judío; sino la claudicación del Vaticano y de la Iglesia. "Yo he venido al mundo para dar testimonio de la verdad", le respondió Jesús a Pilatos cuando estaba a punto de ser entregado. "Conoceréis la verdad, y la verdad os hará libres", les enseñó a sus discípulos. Por desgracia, la Jerarquía católica hace ya mucho tiempo que ha renunciado a decir la verdad como enseñó Jesucristo. Tanto el Vaticano como la Cruz Roja saben muy bien cuál es la verdad sobre los llamados campos de exterminio; pero sus dirigentes actuales han capitulado, prefieren mentir y acatar penosamente el dogma de fe del Holocausto.

El 25 de marzo de 2016, Viernes Santo, el Santo Padre Francisco presidió el Vía Crucis en el Coliseo de Roma. El acto fue retransmitido por numerosas televisiones a cientos de millones de personas en todo el mundo. El Papa encargó al cardenal Gualtiero Basseti la redacción de las meditaciones. Para la Tercera Estación, Jesús cae por primera vez, Basseti se refirió a los sufrimientos del mundo actual. En el primer lugar de la meditación escribió: "...Hay sufrimientos que parecen negar el amor de Dios. ¿Dónde está Dios en los campos de exterminio?". Y poco después, antes de rezar el Padre nuestro: "..Te rogamos, Señor, por los judíos muertos en los campos de exterminio..." Es evidente que no había ninguna necesidad de mencionar entre las tragedias de hoy y en lugar preferente un sufrimiento de setenta años atrás. Sólo la servidumbre justifica esta mención del cardenal Basseti, quien, por descontado, olvidó escribir una sola palabra para el desgraciado pueblo palestino. Sí, como monseñor Williamson, la Iglesia sabe que los campos de exterminio no existieron. Conoce la verdad, pero afirma la mentira por cobardía, porque está subordinada al engaño e ignora las palabras de Cristo: "Conoceréis la verdad, y la verdad os hará libres".

Haviv Schieber, el judío que se cortó las venas para no ser deportado a Israel

En la obra *On the Wrong Side of Just About Everything But Right About It All* (*En el lado inadecuado de casi todo pero correcto en todo*), Dale Crowley Jr. narra que asistió al entierro de Haviv Schieber con sus amigos íntimos en medio de una ventisca de nieve, telón de fondo apropiado a la vida atormentada y valiente de este judío revisionista. Dale Crowley cita esta frase de Schieber: "Mis hermanos judíos aman odiar. No saben perdonar. Están enfermos y necesitan al doctor, Jesús, y la medicina, la Biblia." Schieber, pues, era cristiano y en sus artículos, entrevistas y declaraciones expresó siempre sus deseos de verdad y justicia. "El nazismo -dijo en una ocasión- me hizo tener miedo por ser judío. El sionismo hace que me avergüence de ser judío." Cuando se le preguntaba si los Protocolos de los Sabios de Sión eran auténticos, respondía invariablemente: "Da lo mismo. Todo se ha convertido en realidad."

Ernst Zündel aprendió mucho de Haviv Schieber, con el que mantuvo una buena amistad. Zündel lo tenía por una persona sumamente inteligente. De él obtuvo información de primera mano sobre el sionismo, pues Schieber le explicó la realidad del Estado de Israel. En 1932 Schieber era un apasionado sionista que emigró de su Polonia natal para vivir en la Palestina del Mandato Británico. Tuvo amigos palestinos y convivió e hizo negocios con ellos hasta que en 1936, desilusionado ante la realidad, optó por regresar a Polonia. Allí comprobó cómo en lugar de ayudar a los judíos más necesitados, las organizaciones sionistas seleccionaban únicamente a jóvenes socialistas que pudieran ser útiles en sus planes para el futuro Estado. En 1939, cuando se produjo la invasión nazi en Polonia, regresó a Palestina, donde se casó, formó una familia y llegó a ser el alcalde judío de Beersheba. Su desengaño definitivo con el sionismo se produjo cuando durante la guerra de conquista de 1948-1949 descubrió su verdadera naturaleza. Harto de asesinatos e injusticias, el 18 de marzo de 1959 llegó a Estados Unidos en un vuelo desde Israel.

Los sionistas comenzaron entonces su persecución y presionaron a las autoridades norteamericanas para que lo deportaran. La batalla legal para obtener el asilo político duró más de quince años. Inicialmente se le permitió permanecer hasta el 1 de febrero de 1960. El 4 de abril de 1961 una orden judicial ordenó su deportación, pero sus alegaciones de que sería perseguido físicamente en Israel fueron atendidas y se aplazó. Por fin el 5 de agosto de 1964 se le invitó a abandonar voluntariamente el país como alternativa a la deportación, pero se le advirtió de que si no abandonaba Estados Unidos sería deportado. El proceso de obtención de asilo se prolongó hasta principios de los años 1970. Todavía el 23 de junio de 1970 un tribunal de apelaciones le denegó el estatus indefinido de refugiado político. Cuando en una ocasión las presiones de los sionistas estaban a punto de fructificar, Haviv Schieber se cortó las venas de las muñecas en el aeropuerto de Washington D. C. para evitar que lo introdujeran en un avión con destino a Israel.

En Estados Unidos Schieber acabó siendo el Quijote admirado de un grupo de norteamericanos, judíos y cristianos, que vieron en él a un idealista indómito. Schieber se convirtió en un torbellino de actividad en defensa de los derechos del pueblo palestino y en la denuncia de la impostura del sionismo. Haviv Schieber murió en 1987. Durante los últimos años de vida, a pesar de que en 1985 sufrió dos serias operaciones quirúrgicas, prosiguió sus trabajos al frente de su "Holy Land State Committee", creado para luchar por un Estado en el que judíos, árabes y cristianos pudieran vivir en paz.

Hans Schmidt, el estadounidense encarcelado por cuatro palabras

Emigrado a Estados Unidos en 1949, Hans Schmidt obtuvo la nacionalidad en 1955. Además de casarse y tener dos hijos, se convirtió en empresario del ramo de la restauración; pero a la vez había fundado y presidido el German-American National Political Action Committee (GANPAC), una organización dedicada a la protección de los derechos y los intereses de la mayor minoría étnica del país. En 1985 sus oficinas en Santa Mónica (California) fueron atacadas y sufrieron daños de cierta importancia. Schmidt, que mantenía contactos con el IHR y había asistido a algunas conferencias del Instituto, editaba y publicaba dos contundentes boletines informativos, uno en lengua inglesa, *GANPAC Brief*, y otro en alemán, *USA-Bericht*. Activista en defensa de los derechos civiles, expresaba francamente sus opiniones y puntos de vista revisionistas, que incluían la denuncia de la falsificación de la historia y la campaña del Holocausto. Con la traición y la capitulación de los líderes políticos alemanes era asimismo implacable.

El 9 de agosto de 1995 fue arrestado en el aeropuerto de Frankfurt. Tenía 68 años y estaba ya jubilado. Había viajado a Alemania para visitar a su anciana madre y se disponía a volar de regreso a Florida. Schmidt fue detenido en cumplimiento de una orden de arresto emitida el 28 de marzo de 1995 por un juez de Schwerin, que fue sustituida por una segunda orden de arresto fechada el 5 de octubre. El "crimen" había sido el envío de una copia de su boletín informativo *USA-Bericht* (*Informe USA*) a la casa de Rudi Geil, miembro del "Bundesrat". En el boletín figuraba una carta abierta que había escrito en respuesta a un artículo publicado en *Die Zeit*. Ofendido por lo que leyó, Geil presentó la denuncia que originó la orden de arresto. El párrafo ofensivo que motivó la detención aludía a que "la izquierda, los anarquistas, el judío y el masón infestaban el sistema político, juntamente con la prensa controlada." De acuerdo con la orden de arresto las expresiones "el judío infestaba" y "el masón infestaba" estaban dirigidas contra estos dos grupos de población en Alemania. Los cargos que se le imputaron tenían que ver con el famoso párrafo 130 (I, 2) y eran los habituales.

Por primera vez un ciudadano norteamericano estaba arrestado por algo que había escrito en un correo enviado desde Estados Unidos, por expresar una opinión que era absolutamente legal en su país. Los líderes políticos estadounidenses, tan rápidos en condenar las violaciones de los derechos humanos y de la libertad de expresión cuando les interesa, guardaron silencio. Al preguntarles, despacharon el asunto con el consabido "asunto interno". Las protestas llegaron a través de activistas norteamericanos de derechos civiles, que lanzaron una avalancha de cartas a funcionarios y periodistas alemanes y publicaron anuncios en los periódicos en los que denunciaban el trato que recibía Schmidt. El 22 de agosto, por ejemplo, un grupo de ciudadanos se apostó ante el consulado alemán en Nueva York sosteniendo una gran pancarta con el título "Travelers Alert", en la que advertían a los americanos que planeaban viajar a Alemania que corrían el riesgo de ser encarcelados si expresaban "opiniones políticas incorrectas".

Estando encarcelado, Schmidt acusó a la Embajada de Estados Unidos de proporcionar información falsa a Alemania para facilitar su procesamiento. Debido a su delicada salud, los abogados consiguieron que se le concediera la libertad bajo fianza en enero de 1996. De este modo, tras pasar cinco meses en prisión, logró regresar a Estados Unidos y pudo evitar ulteriores persecuciones. Allí escribió un libro sobre su experiencia, titulado *Jailed in "Democratic" Germany* (*Encarcelado en Alemania "democrática"*), publicado en 1997. Hasta su muerte en 2010, siguió luchando contra el poder de los lobbies judíos y su influencia en Estados Unidos y en todo el mundo.

Arthur Topham, condenado en Canadá por "odio" a los judíos

Arthur Topham es un viejo luchador revisionista que en noviembre de 2015 fue condenado en Canadá por el crimen de "odio". Topham mantiene la página web *The Radical Press*. Desde hace ya ocho años ha venido resistiendo el acoso de los enemigos de la libertad de expresión, por lo que su combate está siendo largo y heroico. La página ha sido saboteada en varias ocasiones. El primer ataque contra los materiales colgados en la website se produjo en 2007. Ya entonces se presentaron cargos contra Topham al amparo de la Ley de Derechos Humanos de Canadá. Su primer arresto y encarcelamiento, el 16 de mayo de 2012, coincidió con un nuevo sabotaje de la página. Fue acusado de "promover obstinadamente odio contra gente de raza o religión judía". Se sabe que los dos individuos que lo demandaron actuaron inducidos por la logia masónica judía B'nai B'rith de Canadá.

El propio Topham ha desvelado que el texto que más contribuyó a la presentación de la querella fue un artículo satírico titulado *Israel Must Perish* (*Israel debe perecer*), escrito en mayo de 2011, en el que Arthur Topham parodiaba el famoso *Germany Must Perish*, la obra de Theodore N. Kaufman publicada en 1941. Lo que había hecho era simplemente sustituir los nombres en las frases que destilaban mas odio hacia Alemania. Es decir, cuando en el libro de Kaufmann figuraba "nazis", Topham había escrito "judíos"; en lugar de "Alemania", había escrito "Israel"; en vez de "Hitler", "Netanyahu". Pretendía con ello poner en evidencia la hipocresía de los judíos, que acusaban a los demás de odio. El 15 de abril de 2014, un juez de una corte provincial apellidado Morgan, emulando las prácticas de la Inquisición, pohibió la publicación de los nombres de los dos individuos que habían presentado la querella criminal contra Arthur Topham, editor de *The Radical Press*, por "crimen de odio".

El juicio contra Topham comenzó el 26 de octubre de 2015 y concluyó el 12 de noviembre con el veredicto de culpabilidad para Topham. En el momento de redactar esta reseña no se conoce todavía la sentencia, que podría ser de dos años menos un día. Los lectores interesados en conocer más detalles sobre el juicio pueden acudir a la página web de *The Radical Press*, donde figura la transcripción íntegra de los archivos de cada una de las sesiones del proceso. El músico de jazz y revisionista judío Gilad Atzmon intervino en el juicio y publicó asimismo el 8 de noviembre de 2015 un extracto. En él se explica que la Corona presentó entre los expertos en judaísmo y antisemitismo a Len Rudner, un "profesional judío" que durante quince años ha venido trabajando para el Congreso Judío de Canadá y la organización que le sucedió, la CIJA ("Center for Israel and Jewish Affairs"). Antes del inicio del proceso, este personaje había tratado de obligar al suministrador del servicio de internet a que cerrase la página. El mismo Rudner ha presentado demandas civiles contra Topham. Como en los casos de Pedro Varela y la Librería Europa o de Fredrick Töben y la página del Adelaide Institute, la mayoría de libros y textos presentados por Rudner en una lista pueden obtenerse en Internet o comprarse libremente en Amazon y en librerías.

Gilad Atzmon (ver nota 4), que además de músico es filósofo y autor de varios libros, fue el experto en cuestiones judías presentado Arthur Topham y su abogado Barcley Johnson para contrarrestar los argumentos de Rudner. La competencia de Atzmon en "políticas de identidad judía" fue reconocida por el tribunal. El jurado escuchó fascinado las precisas y complejas explicaciones de este judío sinigual, que aseguró que muchos de los escritos aparentemente antisemíticos fueron confeccionados por los primeros sionistas. Atzmon, antiguo soldado, vivió en primera persona la perversa ideología del sionismo y los mecanismos tribales que se aplican fanáticamente en Israel.

El viernes 20 de noviembre de 2015, habiendo sido declarado culpable en el juicio anterior, Arthur Topham compareció ante el Tribunal Supremo en Quesnel para una audiencia relacionada con el tema de la fianza y también con demandas adicionales relacionadas con la publicación en *The Radical Press* de una foto del jurado ante el edificio del Tribunal. Jennifer Johnson, el fiscal de la Corona, solicitó una serie de condiciones extremadamente duras. Parece ser que mientras que Topham y Johnson se personaron físicamente, Bruce Butler, el magistrado del Supremo, y el abogado defensor Barcley Johnson comparecieron vía telefónica desde Vancouver y Victoria respectivamente. El juez desestimó que la publicación de la foto de los miembros del jurado, que aparecían de pie mientras nevaba y fotografiados desde una distancia que no permitía distinguir con claridad sus rostros, pudiera suponer un peligro para su integridad. En cualquier caso, exigió su retirada.

Lo último que hemos sabido sobre Topham, cuya página *The Radical Press* está ahora censurada, es que el 6 de agosto de 2018 fue nuevamente detenido en su casa por un equipo especializado en crímenes de odio. Por orden del juez, el domicilio fue registrado. Archivos y ordenadores quedaron incautados. Debido a una orden judicial cuya vigencia concluía el 12 de septiembre de 2019, se le privó de la libertad de hacer públicos los nombres de los demandantes o de las organizaciones internacionales que los apoyan. En el momento de actualizar estas líneas, Arthur Topham permanece arrestado en su casa de Cottonwood.

11. Apéndice sobre la persecución despiadada de nonagenarios

Los perseguidos que figuran es este último apartado, que escribimos a modo de apéndice, no son ya revisionistas ni han cometido crímenes de pensamiento. Son personas que normalmente nunca entrarían en los manuales de historia. Formarían parte, quizá, de lo que Miguel de Unamuno consideró la intrahistoria. Sus nombres han figurado en los titulares de los periódicos un día o dos para desaparecer después para siempre. Precisamente por ello, para que no acaben en el olvido, hemos optado por incluirlos en nuestra obra, aunque sea de manera concisa. Son nonagenarios víctimas de una incalificable persecución por el simple hecho de haber servido como soldados en el Ejército durante la Segunda Guerra Mundial. Normalmente, estos ancianos que en su adolescencia sirvieron a su país deberían ser honrados y reconocidos; sin embargo son tratados como criminales.

El célebre caso de John Demjanjuk, extraditado, acusado, juzgado y sentenciado a muerte, ha sido ya comentado en el capítulo XII de *Historia proscrita*. Otro caso bastante conocido es el de Frank Walus, testigo de Zündel en el juicio de 1985. Acusado falsamente por el cazanazis Wiesenthal de ser el "Carnicero de Kielce", padeció una campaña inclemente en los medios estadounidenses, que propiciaron su apaleamiento público. Este mecánico estadounidense de origen alemán fue atacado siete veces por esbirros judíos, que casi lo asesinaron en un atentado con ácido. Para poder financiar su defensa vendió su casa y quedó arruinado. Perdió asimismo la ciudadanía estadounidense. Después de afrontar un largo y costoso proceso de apelación, ganó; pero su salud estaba ya muy deteriorada y tras sufrir varios ataques cardíacos murió. Como estos hay más casos que podríamos relatar; pero preferimos ceder ya el espacio a los exsoldados anónimos, de los que sólo presentaremos unos pocos ejemplos.

En abril de 2013 se dio a conocer en Alemania que los fiscales habían decidido llevar a cabo "un esfuerzo final" para encontrar a criminales nazis. Para ello se había confeccionado una lista con los nombres de cincuenta guardias de Auschwitz y de otros campos que seguían vivos, a los que se pensaba investigar con el fin de dar una satisfacción a los supervivientes del Holocausto. "Se lo debemos a las víctimas", dijo Kurt Schrimm, jefe de la Oficina Central de las Autoridades Judiciales para la Investigación de Crímenes Nacionalsocialistas, quien informó que el Museo de Auschwitz les había remitido la lista con los nombres de antiguos guardias.

Efrain Zuroff, furibundo cazanazis, director del Centro Simón Wiesenthal de Jerusalén y uno de los cerebros de la "Operación última oportunidad", declaró que el hecho de que la mayoría de los nombres que figuran en la lista sean octogenarios o nonagenarios no es razón para que no se haga "justicia". Autor de *Operation Last Chance: One Man's Quest to bring Nazi Criminals to Justice* (*Operación última oportunidad: la misión de un hombre para entregar a criminales nazis a la justicia*), este vengador justiciero declara en su obra: "No miren a estos hombres y digan que parecen débiles y frágiles. Piensen en alguien que en el momento culminante de su fuerza dedicó sus energías a asesinar a hombres mujeres y niños. El paso del tiempo no disminuye de ninguna manera la culpa de los asesinos. La ancianidad no debería otorgarles protección." La famosa Deborah Lipstadt, la profesora de la Universidad de Emory, apoyó la idea de que no hay límite de edad para perseguir a los criminales.

Laszlo Csatary

Es el primer nombre que aparece en la lista manejada por los fiscales alemanes y por el SWC (Simon Wiesenthal Center). En julio de 2012, poco después de la llegada del sionista Laurent Fabius al Ministerio de Exteriores, se produjo en Francia una reunión entre Fabius, los cazanazis y grupos de la comunidad judía. Como consecuencia del encuentro Francia pidió a Hungría el arresto de Laszlo Csatary, que vivía en Budapest con su propio nombre. Un portavoz del Ministerio declaró que "no podía haber inmunidad" para quienes habían llevado a cabo el Holocausto. El 18 de julio de 2102 el SWC informó que Csatary había sido detenido. Su abogado Gabor Horwath dijo que fue interrogado durante tres horas a puerta cerrada por un fiscal de Budapest, que lo acusó de antisemitismo. No se presentaron cargos contra él, pese a lo cual quedó en arresto domiciliario. Según sus perseguidores, participó en 1944 en la deportación de más de quince mil judíos a Auschwitz. Csatary negó ser un antisemita y citó ejemplos de relaciones con judíos en el seno de su familia y en su círculo de amistades. También negó haber sido comandante del gueto de Kosice, en la Hungría aliada de Alemania. Horwath dijo que "podría fácilmente haber sido confundido con otro". Para presionar, los justicieros organizaron manifestaciones ante el domicilo con carteles que rezaban "Última oportunidad para la justicia". Un grupo de la Unión Europea de Estudiantes Judíos, luciendo todos caras muy indignadas, formó una cadena con las manos atadas. Dos "activistas" subieron al piso y pegaron en la puerta esvásticas tachadas y un cartel con la consigna "Nosotros nunca olvidamos". En agosto de 2013, Laszlo Csatary murió a los 98 años mientras esperaba el juicio. Al informar sobre el fallecimiento, el abogado recordó que Csatary sólo había sido un intermediario entre los oficiales húngaros y alemanes y que no había estado envuelto en ningún crimen.

Samuel Kunz

El 21 de diciembre de 2010 Christoph Göke, portavoz de los fiscales de Dortmund, informó de que habían imputado a un hombre de 90 años, Samuel Kunz, antiguo guardia en Sobibor que había ayudado a exterminar a 430.000 judíos. Según la información aparecida en la prensa, Kunz admitió que había trabajado entre 1942-43 en el "campo de exterminio" de Belzec. Cuando su apartamento fue asaltado por la policía, el anciano negó que hubiera estado personalmente involucrado en ningún crimen. En la noticia se informaba de que se estaba produciendo una "ráfaga de arrestos" entre personas que rozaban los noventa años y que los cazadores de nazis habían mostrado su satisfacción por el celo que estaba demostrando la policía. Junto a la sangría de personas, proseguía la económica: días antes del arresto de Kunz, el 9 de diciembre de 2010, Rüdiger Grube, director ejecutivo de "Deutsche Bahn", declaró que el sufrimiento de la víctimas del nazismo no se olvidaba, por lo que la empresa estatal de ferrocarriles donaba 6.6 millones de dólares para financiar proyectos para supervivientes, entregados a EVZ (Fundación Recuerdo, Responsabilidad y Futuro).

Johan Breyer

Como consecuencia de una orden de arresto emitida por Alemania, en julio de 2014 Johan Breyer, un anciano de 89 años que había emigrado a Estados Unidos en 1952, fue arrestado en su casa de Filadelfia (Pensilvania), acusado de haber actuado como cómplice en el asesinato de cientos de miles de judíos. Breyer admitió que había sido un guardia en Auschwitz, pero dijo que había servido en el exterior y que no tenía nada que ver con los asesinatos. A pesar de que su abogado, Dennis Boyle, advirtió de que su cliente tenía una salud muy frágil para ser encarcelado mientras esperaba la vista para la extradición, el juez dijo que el centro de detención estaba equipado para atenderlo y rechazó cualquier fianza. La agencia de noticias Associated Press recogió unas declaraciones en Jerusalén del cazanazis Efraim Zuroff, el cual recordó a la opinión pública norteamericana, que en 2013 las autoridades alemanas habían expuesto carteles en algunas ciudades con el lema "Tarde, pero no demasiado tarde", por lo que el decrépito Breyer debía ser extraditado. Zuroff añadió que Alemania "merecía credibilidad" por "hacer un último esfuerzo en maximizar la persecución de los responsables del Holocausto."

Oskar Gröning

La vergonzosa campaña de carteles merita un comentario, pues Oskar Gröning fue uno de los treinta guardias de Auschwitz señalados en el contexto de la operación "Spät, aber nicht zu spät" (Tarde, pero no demasiado tarde) Unos dos mil carteles fueron desplegados en Berlín, Hamburgo y Colonia. En ellos figuraba en blanco y negro la fachada principal de Auschwitz al fondo y las vías de ferrocarril sobre la tierra nevada, que confluían antes de la entrada del campo. Abajo, una franja roja con la inscripción mencionada. El SWC ofrecía recompensas de 25.000 euros a quienes denunciaran a los abuelos. El Centro Wiesenthal informó que se tenían localizados seis casos en Baden-Würtenberg, siete en Baviera, dos en Sajonia-Anhalt, cuatro en Westfalia del Norte, cuatro en la Baja Sajonia, dos en Hesse y uno en Renania-Palatinado, Hamburgo, Schleswig-Holstein, Sajonia y Mecklenburg-Pomerania del Oeste. Todos ellos eran antiguos guardias.

Uno de los cuatro perseguidos en Baja Sajonia era Oskar Gröning, que fue arrestado en el mes de marzo de 2014. Cuando fue formalmente acusado en septiembre del mismo año, Gröning, conocido como el "contable de Auschwitz", tenía 93 años y fue imputado por complicidad en el asesinato de al menos 300.000 personas. "Oskar Gröning no mató a nadie con sus manos, pero formó parte de la maquinaria del exterminio", declaró la superviviente Judy Lysy al juez retirado Thomas Walter, el cual investigó sobre Gröning en Toronto y Montreal. El proceso comenzó en abril de 2015 y el débil estado de salud de Gröning obligó a suspender el juicio algunos días. La sentencia se hizo pública el 15 de julio. A pesar de que el fiscal había solicitado tres años y medio de cárcel, la corte de Luneburg, sin tener en consideración que Gröning tenía ya 94 años y no había matado a nadie, lo condenó a cuatro años. El ministro de Justicia, el socialdemócrata Heiko Maas, dijo que el proceso había contribuido a aliviar el "gran fracaso" del sistema judicial alemán, que sólo había conseguido llevar a los tribunales a medio centenar de los 6.500 miembros de las SS en Auschwitz que sobrevivieron a la guerra.

Reinhold Hanning

En el verano de 2015 el tribunal que iba a juzgar a Reinhold Hanning, antiguo guardia de Auschwitz de 93 años acusado de complicidad en el asesinato de 170.000 personas, estaba pendiente de un informe médico que determinase si este nonagenario estaba mentalmente capacitado para soportar un juicio. Anke Grudda, portavoz del tribunal de Detmold, en Westfalia del Norte, declaró a Associated Press que no podía comenzar el juicio hasta que el informe neurológico estuviera terminado. El diario británico *Daily Mail* informó que no se tenían evidencias suficientes para demostrar si Hanning había tomado él mismo decisiones o si únicamente había ayudado a otros en las labores. El caso contó con el aditamento de declaraciones de un supuesto nieto de víctimas, Tommy Lamm, de 69 años, quien desde Jerusalén contó la historia de sus abuelos, rapados y gaseados al poco tiempo de llegar a Auschwitz, y relacionó a Hanning con su muerte. Lamm aseguró que estaba dispuesto a ir a Alemania para colgarlo con sus propias manos. Finalmente, en noviembre de 2015 los neurólogos llegaron a la conclusión de que Reinhold Hanning podía soportar sesiones judiciales de dos horas diarias.

Siert Bruins

Acusado de haber matado a un miembro de la resistencia durante la guerra mundial, Siert Bruins, un holandés de nacimiento de 92 años que había sido guardia de seguridad, fue llevado a juicio en Alemania en septiembre de 2013. La acusación pública, pese a tratarse de un nonagenario, solicitó la cadena perpetua. El fiscal argumentó que Bruins había matado a Aldert Klaas Dijkema, quien en septiembre de 1944 trabajaba para la resistencia contra la ocupación alemana de Holanda. Sorprendentemente, el juez consideró que no había suficientes evidencias de que el acusado fuera el autor de los hechos imputados, acaecidos setenta años atrás. Detlef Hartmann, abogado de la hermana de Aldert Klaas, que supuestamente buscaba venganza, declaró que su cliente estaba trastornada por la decisión del tribunal. Por su parte, Siert Bruins abandonó la sala con un caminador sin capacidad para expresar ninguna opinión.

Una mujer de 91 años

Normalmente, muchas de las personas detenidas estaban enfermas, pues es imposible llegar a los noventa años sin graves deterioros físicos y sobre todo mentales. En la mayoría de los casos ni siquiera trascendió a la prensa el nombre completo de estos ancianos. Acabaremos, pues, con una víctima anónima, que servirá como símbolo de tantas personas desconocidas que han sufrido y sufren el odio insaciable que, ochenta años después, siguen exhibiendo las "víctimas" eternas; pero también como símbolo de la miseria moral y política de la República Federal de Alemania, cuya canciller Ángela Merkel declara cínicamente que su país debe pagar "eternamente" por el Holocausto. Un Estado que persigue a ancianos que sirvieron a su patria y que cumplieron las órdenes de sus superiores no tiene ni credibilidad ni dignidad.

El 22 de septiembre de 2015, *Fox News* daba esta noticia: "Mujer alemana, 91, acusada de 260.000 muertes en Auschwitz". En el cuerpo de la noticia se informaba de que una mujer no identificada de 91 años había sido acusada por los fiscales alemanes de haber participado en la muerte de 260.000 judíos en Auschwitz. *The Times of Israel*, una de las fuentes de *Fox News*, especificaba que la mujer, miembro de las SS, había sido operadora de radio a las órdenes del comandante del campo en julio de 1944. Heinz Döllel, portavoz de la Fiscalía, dijo que no parecía que la mujer no estuviera en condiciones de ser juzgada, aunque la corte no decidiría si debe proseguir con el caso hasta el próximo año. Lo más lógico es que el tribunal, considerando que ser operadora de radio es un crimen abominable, acabe juzgándola.

Índice

A

B

G

Galdeano Jordi, *205, 206, 208*
Galilei Galileo, *72*
Gallardo Isabel, *216*
Gandhi Mahatma, *68*
Garaudy Roger, *76, 130, 131, 132,*
133, 134, 135, 136, 137, 138,
139, 140, 141, 153
García Carlos, *198, 222, 224, 225,*
226
García Martínez Carmen, *222*
Garzón Baltasar, *13, 167, 168, 219*
Gauss Ernst, *56*
Gay Eugeni, *211*
Gayssot Jean-Claude (ley), *128, 136,*
140, 141, 145, 151, 153, 156,
158, 160, 162, 171, 180
Geil Rudi, *264*
Genoud François, *187, 188, 220*
Gerstein Kurt, *76*
Giulietti Giuseppe, *238*
Goethe Johann Wolfgang von, *15*
Göke Christoph, *271*
Goldberg Alan, *246*
Goldhagen Daniel, *193*
Goldmann Emma, *126*
Goldstein David, *31*
Gollia Rudolf, *173*
Gómez Luis, *222*
González Felipe, *165*
Graf Jürgen, *105, 176, 177, 182,*
183, 184, 185, 186, 187, 188, 189
Gray Charles, *172*
Grellier Claude, *153*
Griffiths Peter, *146, 150*
Gröning Oskar, *272, 273*
Grossmann Andreas, *99, 100, 246,*
247
Grouès Henri (padre Pierre), *137*
Grube Rüdiger, *272*
Grudda Anke, *273*

Guillaume Pierre, *136, 137, 150,*
151

H

Hampton Howard, *44*
Hanning Reinhold, *273, 274*
Hariri Rafik, *154*
Hartmann Detlef, *274*
Hartung Peter, *249*
Harwood Richard, *33, 128, 231*
Hassan II, *234*
Hassell Henning von, *43*
Haverbeck Úrsula, *84, 104, 105,*
106, 107, 108, 109, 110, 112,
119; Werner Georg, *104*
Hehir Christopher, *256*
Heitman Kimberley, *241*
Hennig Rigolf, *82, 85, 86*
Herder Johann Gottfried von, *93,*
95
Hernández Roberto, *176, 216*
Hier Marvin, *258*
Hilberg Raúl, *39, 42, 147, 148, 149*
Himmler Heinrich, *150*
Hirschfeldt Johan, *233*
Hitler Adolf, *36, 138, 148, 149, 155,*
173, 193, 217, 220; Paula, *220*
Hjärpe Jan, *235*
Hofmann (juez), *117, 118*
Holmes Gordon, *35*
Holming Göran, *167, 168*
Honsik Gerd, *13, 105, 163, 164,*
165, 166, 167, 168, 169, 199
Horwath Gabor, *271*
Huhne Chris, *246*

I

Ibarra Esteban, *223*
Ingelmo Ana, *208, 209*

Irving David, *42, 58, 97, 99, 170,*
171, 172, 173, 174, 175, 199,
200, 202, 246
Ittner Gerd, *14, 116, 122*

J

Jackson Nigel, *245*
Janzon David, *236*
Jehová, 39, *230, 231*
Johnson Jennifer, *267*; Samuel, *127*
Jonas E. Alexis, *114*
Jones Jeremy, *244, 245, 246, 248,*
249, 250
Jönsson Björn, *13, 111*

K

Kaganóvich Lazar, *124, 217*
Kahane Chai, *48*
Karls (Premio), *127*
Käther Kevin, *81*
Kaufmann Theodor, *116, 266*
Kayfetz Ben, *33, 36, 37*
Kayser Sra., *125*
Kelani Reem, *83*
Kern Klaus, *242, 243*
Kettiger Daniel, *96*
Klaas Aldert, *274*
Klein Hans-Heiko, *240, 242, 243*
Knirsch Robert Victor, *163, 164*
Knobloch Charlotte, *106, 259*
Knöner Helmut, *103*
Koberger (preboste), *164*
Koch (cónsul), *37*
Körber Florian, *67*
Krätztl (arzobispo), *164*
Kreisky Bruno, *20*
Kulaszka Bárbara, *51, 52, 152*
Kun Bela, *126*
Kunz Samuel, *271*

L

Lamm Tommy, *274*
Lane Terry, *245*
Lanzmann Claude, *150*
Larouche Janick, *31*
Larre Lucien, *147*
Lelong Michel, *133, 137*
Leman Johan, *193*
Lenin Vladimir Ilich, *207, 217*
Leuchter Fred, *27, 29, 39, 42, 49,*
54, 55, 97, 103, 108, 114, 119,
138, 151, 152, 170, 192, 199,
200, 258
Liebetreu Peter, *174*
Lindsey William, *39*
Lipstadt Deborah, *171, 172, 270*
Llopart Juan Antonio, *198, 224,*
225, 226
Locke Hugh, *41, 146, 147, 148*
Lombardi Federico, *260*
López Aguilar Juan Fernando, *167*
Lorusso Raffaele, *238*
Lossmann Matthias, *260*
Lowry-Mullins Kevin, *247, 248*
Lustiger Daniel, *139*
Luther Martin, *73*
Luxemburgo Rosa, *126*
Lysy Judy, *273*

M

Maas Heiko, *273*
MacDonald Flora, *41*
Mahler Axel, *83*; Horst, *13, 14, 73,*
74, 75, 76, 77, 78, 79, 80, 81, 82,
83, 84, 85, 86, 87, 89, 92, 105,
108, 155, 254
Maier-Dorn Emil, *28*
Mansfield (juez), *250*
Maragall Pasqual, *211*
Marshall Lauren, *39*

N

O

P

Q

R

U

Ullmann Nicolás, *151*, *152*
Untermayer Samuel, *31*

V

Varela Pedro y Maite, *198*, *199*,
200, *201*, *202*, *203*, *204*, *205*,
206, *208*, *209*, *210*, *211*, *212*,
213, *214*, *215*, *216*, *218*, *219*,
220, *221*, *222*, *223*, *224*, *225*,
226, *227*, *229*, *267*
Verbeke Edna, Herbert, Siegfried,
154, *158*, *160*, *161*, *191*, *192*,
193, *194*, *195*, *196*, *197*, *202*
Vergès Jacques, *137*
Verrall Richard, *231*
Vidal Santiago, *203*, *205*, *208*, *219*
Vidal-Naquet Pierre, *11*
Vogel (fiscal), *85*, *86*
Vogt Arthur, *182*
Voltaire François-Marie Arouet, *11*,
70
Voßkuhle Andreas, *84*
Vranitzky Franz, *165*
Vrba Rudolf, *147*, *148*, *150*

W

Walendy Udo, *101*, *102*, *103*, *104*
Walter Thomas, 259, 273
Walus Frank, *39*, *269*
Wandres Thomas, *67*
Weber Mark, *51*, *76*, *183*, *242*
Weiner Oded, *259*
Weishaupt Adam (Spartakus), *126*,
134
Weizsäcker Richard von, *27*, *28*
Wertheim Peter, *244*

Wever Bart de, *197*
Wickham Daphne, *247*, *248*
Wiesel Eli, *109*, *139*
Wiesenthal Simon, *20*, *49*, *52*, *76*,
78, *165*, *169*, *204*, *258*, *260*, *269*,
270, *273*
Williams Montel, *45*
Williamson Richard, *78*, *80*, *257*,
258, *259*, *260*, *261*, *262*
Wilson Woodrow, *31*
Wittmann Gerhard, *179*

X

Xiaobo Liu, *82*

Y

Youssef, 83

Z

Zani John, *255*
Ziegler Jean, *137*
Zimmermann Dirk, *14*, *122*
Zubko Keltie, *147*
Zuloaga Antonio de, *222*
Zündel Ernst, Pierre, Ingrid, Sigrid,
13, *20*, *21*, *22*, *24*, *29*, *30*, *31*, *32*,
33, *34*, *35*, *36*, *37*, *38*, *39*, *40*, *41*,
42, *43*, *44*, *45*, *46*, *47*, *48*, *49*, *50*,
51, *52*, *53*, *54*, *57*, *73*, *81*, *85*, *86*,
87, *88*, *89*, *90*, *91*, *92*, *93*, *95*, *97*,
102, *105*, *128*, *141*, *146*, *147*,
150, *151*, *152*, *155*, *170*, *180*,
183, *184*, *199*, *200*, *231*, *232*,
233, *234*, *262*, *269*
Zuroff Efrain, *270*, *272*
Zypries Brigitte, *260*

Otros libros

ⒸMNIAVERITAS   Omnia Veritas Ltd presenta:

HISTORIA PROSCRITA
I
LOS BANQUEROS Y LAS
REVOLUCIONES

POR

VICTORIA FORNER

Los procesos revolucionarios necesitan agentes, organización y, sobre todo, financiación, dinero.

LAS COSAS NO SON A VECES LO QUE APARENTAN...

ⒸMNIAVERITAS   Omnia Veritas Ltd presenta:

HISTORIA PROSCRITA
II
LA HISTORIA SILENCIADA
DE ENTREGUERRAS

POR

VICTORIA FORNER

"El verdadero crimen es acabar una guerra con el fin de hacer inevitable la próxima."

EL TRATADO DE VERSALLES FUE "UN DICTADO DE ODIO Y DE LATROCINIO"

ⒸMNIAVERITAS   Omnia Veritas Ltd presenta:

HISTORIA PROSCRITA
III
LA II GUERRA MUNDIAL
Y LA POSGUERRA

POR

VICTORIA FORNER

Distintas fuerzas trabajaban para la guerra en los países europeos

MUCHOS AGENTES SERVÍAN INTERESES DE UN PARTIDO BELICISTA TRANSNACIONAL

OMNIA VERITAS LTD PRESENTA:

IMPERIUM

LA FILOSOFÍA
DE LA HISTORIA
Y DE LA POLÍTICA

POR

FRANCIS PARKER YOCKEY

La palabra Europa cambia su significado: de ahora significará la Civilización Occidental; la unidad orgánica que creó, como fases de su vida las naciones-ideas de España, Italia, Francia, Inglaterra y Alemania.

Este libro es diferente de todos los demás

Omnia Veritas Ltd presente:

LA GUERRA OCULTA
de
Emmanuel Malynski

En esencia, La Guerra Oculta es una metafísica de la historia, es la concepción de la perenne lucha entre dos opuestos órdenes de fuerzas...

La Guerra Oculta es un libro que ha sido calificado de "maldito"

El análisis más anticonformista de los hechos históricos

Omnia Veritas Ltd presenta:

EUROPEA Y LA
IDEA DE NACIÓN
seguido de
HISTORIA COMO
SISTEMA
por
JOSÉ ORTEGA Y GASSET

Pero la nación europea llegó a ser "nación" porque añadiera formas de vida que pretenden representar una "manera de ser hombre"

Un programa de vida hacia el futuro

OMNIA VERITAS

EL ASCENSO
Y LA CAÍDA
DEL IMPERIO
SOVIÉTICO

Omnia Veritas Ltd presenta:

BAJO EL SIGNO DEL ESCORPIÓN

POR JURI LINA

La verdad sobre la Revolución Bolchevique

OMNIA VERITAS

Omnia Veritas Ltd presenta:

SINFONÍA EN ROJO MAYOR de JOSÉ LANDOWSKY

Los Rothschilds no eran los tesoreros, sino los jefes del primer comunismo secreto...

Finanza Internacional, capitalismo-comunista. "Ellos".

Una Radiografía de la Revolución...

OMNIA VERITAS

OMNIA VERITAS LTD PRESENTA:

HE AQUÍ UN CABALLO PÁLIDO

Creo, pues, que se está jugando una gran partida de ajedrez a unos niveles que apenas podemos imaginar, y nosotros somos los peones.

MILTON WILLIAM COOPER

Se nos han enseñado mentiras. La realidad no es en absoluto lo que percibimos.

OMNIA VERITAS
Omnia Veritas Ltd presenta:
LOS CRÍMENES DE
LOS "BUENOS"
por
Joaquín Bochaca
"Pero yo creo, tozudamente, estúpidamente, en la Verdad. Quiero creer en la Verdad."
Joaquín Bochaca
LOS CRÍMENES DE LOS "BUENOS"
Vivimos en plena falsificación histórica

OMNIA VERITAS
OMNIA VERITAS LTD PRESENTA:
WALL $TREET
Y EL ASCENSO DE HITLER
"La historia que usted está por leer es verdadera, contrariamente a lo que pueda suponerse..." ANTONY SUTTON
Un área de investigación histórica totalmente inexplorada...

OMNIA VERITAS
OMNIA VERITAS LTD PRESENTA:
WALL $TREET
Y LOS
BOLCHEVIQUES
"No pretendo hacerle creer a nadie que he descubierto una novedad – los políticos mienten..." ANTONY SUTTON
Anthony Sutton tiene una gran virtud: se atiene a la documentación concreta, verificable y confirmada

OMNIA VERITAS LTD PRESENTA:

JULIUS EVOLA

REVUELTA CONTRA EL MUNDO MODERNO

«Por todas partes, en el mundo de la Tradición, este conocimiento ha estado siempre presente como un eje inquebrantable en torno al cual todo lo demás estaba jerárquicamente organizado.»

Hay un orden físico y un orden metafísico

OMNIA VERITAS LTD PRESENTA:

JULIUS EVOLA

METAFÍSICA DEL SEXO

«Todo lo que en la experiencia del sexo y del amor comporta un cambio de nivel de la conciencia ordinaria...»

La investigación de los principios y de las significaciones últimas...

OMNIA VERITAS LTD PRESENTA:

JULIUS EVOLA

ESCRITOS SOBRE EL JUDAÍSMO

«El antisemitismo es una temática que ha acompañado a casi todas las fases de la historia occidental...»

El problema judío tiene orígenes antiquísimos

www.omnia-veritas.com

www.ingramcontent.com/pod-product-compliance
Lightning Source LLC
Chambersburg PA
CBHW070743270326
41927CB00010B/2083